U0644397

党德宣　韩忠超　李厥桐　侯向娟　王玉斌　等◎著

ZHONGGUO GAOLIANG CHNAYE

JISHU LUXIANTU YANJIU

中国高粱产业

技术路线图研究

中国农业出版社

北京

本书著者

党德宣　韩忠超　李厥桐　侯向娟　王玉斌

雷锦霞　樊芳芳　南　洋　牛　皓　石　莎

田承华　王美兔　闫海生　李　惠　杨慧勇

张　波

前言

产业技术路线图是 20 世纪中后期逐步兴起的一种由单个产业内部诞生的技术预测和技术规划方法，其制定和实施目的是改以往各为体系的纵向研究为多层次、点面结合的立体研究。通过绘制农业产业技术路线图，可以帮助科研、产业、政府等部门把握产业发展方向和趋势，为关键技术决策、合作决策和投资决策提供参考，支撑各部门预测未来市场技术及产品需求，识别本产业具有高潜力的科学和技术领域，明晰行业技术发展的优先顺序，确定产业体系研发与创新活动的中长期目标，有效管理科技资源，提高技术研发与市场需求的匹配度和科研资金的使用效率。

高粱产业技术路线图的制定，凝聚了高粱全产业链各个环节的部门领导、产业专家、技术研究者、技术推广者、生产者、供应链成员等的集体智慧。通过统筹高粱产业相关资源，寻找产业关键技术和存在的问题，建立技术创新体系，将产业内的上、中、下游的技术进行连接和延伸，为高粱产业的相关发展需求提供决策依据，提升产业的整体竞争力，促进我国高粱产业的高质量发展。

农业农村部人力资源开发中心、中国农学会十分重视和支持高粱产业技术路线图研究制定工作。本研究得到农业农村部人力资源开发中心、中国农学会研究咨询处韩忠超处长和李厥桐副处长的大力支持。相关领导、部门从制定产业技术路线图目标开始，即着手策划高粱产业技术路线图制定的全过程跟踪管理，使产业技术路线图制定工作井然有序、稳步推进。

2022 年 4 月 25 日，农业农村部人力资源开发中心、中国农学会线上召开了"高粱产业技术路线图研究项目启动会",山西农业大学高粱研究所平俊爱研究员团队、山西农业大学经济管理学院申潞玲研究员团队参加会议。会议充分讨论了开展高粱产业技术路线图研究制定工作的总体原则和整体思路,与会专家就高粱产业技术路线图制定提出了相应的设想和建议。在高粱产业技术路线图研究制定过程中,各研究小组也进行了大量的市场调研,共发放有效调查问卷 1 450 份,走访农户或企业 50 家,举办行业及专家座谈会 15 次、专家研讨会 6 次,凝练市场需求要素 100 多项、产业目标要素 50 多项,梳理技术壁垒 200 多项,提出了多项高粱产业的顶级研发需求,最终形成高粱产业的技术路线图,现展示给广大读者,以期对我国高粱产业的现代化发展起到重要的推动作用。

高粱产业技术路线图的研究制定是一种新的尝试,难免有不当或疏漏之处,敬请专家学者批评指正。

编 者

2024 年 8 月

目　录

CONTENTS

第一章
产业技术路线图原理
与总体概述

第一节　产业技术路线图原理

一、内涵

产业技术路线图是在产业技术规划的基础上，逐步兴起的一种由单个产业内部诞生的技术预测和技术规划方法，最早应用于20世纪中期美国汽车行业。20世纪70年代后期，摩托罗拉公司和康宁公司将绘制技术路线图的方法用于技术进化、技术定位及公司的商业战略。

原美国总统科学技术顾问、哈佛大学教授布兰斯科姆把技术路线图定义为"以科学知识和洞见为基础，关于技术前景的共识"。产业技术路线图的编制是一个通过征集、整合产业过程中不同部门相关者的意见，并不断达到统一的过程，主旨是为展示未来该产业技术发展的方向，体现产业技术创新路径。产业技术路线图通过直观展示技术发展轨迹、区域产业的交互动力机制、价值链升级路径，提供一个面向价值链升级的区域产业技术路线框架图，解决产业发展过程中"市场需求—产业目标—关键技术—研发需求—资源需求"等方面的关键问题，准确有效地对技术创新和技术攻关进行管理，预测产业发展需要的技术与产品，引导行业技术研发决策，降低技术创新风险。产业技术路线图主要使用建构和具象化的方法，使用图形或表格等直观的形式，通过不同层级的分类，分析产业发展的历史、现在与未来方向之间的递进与突破，并对发展趋势做出预设和判断，以辅助相关部门和组织制定相应的发展战略。重点在于起始阶段做好计划和意见统一，广泛整合各部门、各层面、各领域的研究成果，将未来发展趋势、潜在机会、风险与挑战、利润与效益进行综合考量，寻找到最适宜产业的发展路径和方向。

农业产业技术路线图是为了预测产业技术发展的方向和农业产业技术创新的路径，通过调研相关部门领导、专家学者、技术推广者和生产端、销售端、消费端的相关人员，形成农业产业科技发展方面的共识，体现了农业生产中产业利益相关者达成共识的过程。

二、意义

绘制农业产业技术路线图可以帮助科研、产业、政府等部门把握产业发展方向和趋势，取得关键技术决策、合作决策和投资决策，支撑各部门预测未来市场技术及产品需求，识别本产业具有高潜力的科学和技术领域，识别行业技术的优先顺序，确定产业体系研发与创新活动的中长期目标，有效管理科技资源，提高技术研发与市场需求的匹配度和科研资金的使用效率。

产业技术路线图作为产业战略集成规划方法，已经在许多发达国家和地区得到广泛应用，并被证明是一个行之有效的科技创新管理工具，有广阔的应用前景。经过广泛实践，也衍生出侧重点各不相同的多种路径。美国一般强调分析结果，技术路线图主要体现技术发展的方向；英国、加拿大、澳大利亚更看重过程讨论，通过技术路线图的制定，使利益相关者不断达成共识。产业技术路线图的制定和实施目的是改变以往各为体系的纵向研究，多层次、点面结合地进行研究。通过统筹高粱产业相关资源，梳理现有研究力量，寻找产业关键技术和存在的问题，建立技术创新体系，将产业内的上、中、下游的技术进行连接和延伸，为高粱产业的相关发展需求提供决策依据，形成具有权威性、专业性、前瞻性、开放性的高粱产业技术体系和发展服务平台，以助于提升产业的整体竞争力，促进我国高粱产业的高质量发展。

最终，通过产业技术发展的优先序的确立，探究我国高粱产业的优质高效发展的最优路径。通过明确发展中亟须突破的技术瓶颈，引导产业内的国际科技合作、技术承接，不断缩小我国与世界先进水平的差距。通过明晰产业发展需要的条件，促进各阶段技术集成、资源整合，促进各部门的协作，助力产业战略联盟的发展。

本书中高粱产业技术路线图的编制以过程为导向，通过调研高粱全产业链各个环节的部门领导、产业专家、技术研究者、技术推广者、生产者、供应链成员等，广泛征求建议，最终完成分析制作。

三、应用

技术路线图应用广泛，可服务于各个层面。国家层面上，技术路线图可以将产业升级目标映射分解到具体的技术发展路径上，预测技术发展的方向。可以为政府部门传达科技政策信息和为科技投入做决策依据，从而推动技术创新并对国家的相关技术发展做出贡献。产业层面上，技术路线图能够识别产业技术的优先顺序，并通过技术路线图制定发展过程、预测结果，促使产业界追求更加有利的合作，并整合资源优势，共同攻克亟须解决的技术问题。企业层面上，技术路线图一般适用于企业发展战略，并与业务发展框架相匹配，可以帮助企业识别技术鸿沟并找到发展机会。

产业技术路线图的绘制多以政府牵头、行业组织主导、产学研结合而形成。围绕产业链的前、中、后端的各个环节，首先对未来的市场需求进行分析，确定产业的未来发展目标；接着分析技术壁垒、凝练研发需求；最后使用简洁的图表体现产业发展的市场需求、阶段目标、技术壁垒等环节的相互逻辑关系，并据此来预测产业链各环节需要突破的核心技术。

第二节　产业技术路线图制定方法与步骤

一、可参考的方法

一般可参考的方法有德尔菲法、头脑风暴法、趋势外推法、关联树法、情景分析法、SWOT 分析法、雷达图分析法及层次分析法等。

二、基本内容

一张完整的产业技术路线图包括技术层、产品层、支撑体系和产业四个层次，涵盖产品或服务的市场需求、产业目标、技术壁垒、研发需求、资源状况五方面的主要内容。在制定产业技术路线图过程中，既要分析产业所处的政治、经济、社会、科技、生态、价值等外部环境要素，又要分析产业所拥有的资源、研发项目、技术方案、概念产品和市场需求等核心要素。从时间维度和关键技术优先序两方面，对促进产业未来发展的系列产品、关键技术及支撑体系进行系统研究和展望。

三、基本流程

编制工作包括三个阶段，即准备阶段、开发阶段和修正阶段，在每一阶段都有相应的核心工作内容。

第一阶段是产业技术路线图的启动与准备阶段，主要包括搭建研究团队、选择领域、界定范围与边界等；第二阶段是技术路线图制定的核心部分，包含形成产业技术路线图的各步骤，即分析市场需求、产业目标、技术壁垒、研发需求，绘制产业技术路线图和完成产业技术路线图报告等；第三阶段是技术路线图的后续修订和制定实施计划阶段，也是技术路线图不断完善的过程，包括对技术路线图的评估和修正，项目凝练、行动计划及执行过程中的定期评估与更新。

四、核心工作

一般来讲，产业技术路线图的绘制要通过召开高质量的研讨会有效整合资源与信息，采用头脑风暴法集中专家智慧，对调研获取的信息做出理性的评价和科学预测。通常在制定技术路线图的过程中，需要召开若干次递进式的系列研讨会，主要包括产业背景、现状和市场需求分析研讨会，产业发展驱动力以及产业目标分析研讨会，阻碍产业目标实现的技术壁垒分析研讨会，解决技术壁垒的研发需求分析研讨会，技术路线图绘制研讨会，以及后续的技术路线图管理和制定实施计划研讨会等。

五、绘制产业技术综合路线图

在完成上述基本步骤后，将几张技术路线图综合，绘制出综合技术路线图，并总结产业技术路线图的整个绘制过程，整合完成过程中所收集到的资料、运用的方法、制定的组织机制等，最终完成产业技术路线图报告。

为确保技术路线图在实施过程中更广泛地被接受并发挥作用，需要基于所制定的技术路线图举行大型专家组的论证会，并不断对技术路线图进行后续的修订、复审和更新。

产业技术路线图制定过程集成了来自经济、社会、科技和政府管理部门等各方面专家的意见，是各创新主体达成共识的过程。对这些观点的分析和研究形成未来的技术发展节点和有效路径。

第二章
世界高粱产业发展历史与现状

第一节 世界高粱发展概况

一、世界高粱生产情况

1961—2021 年，世界高粱生产呈现波动性变化，种植面积呈先增后减态势，总产量先升后降，亩①产量则为波动上升态势。下面将从种植面积、总产量、亩产量三个方面具体分析世界高粱生产变化情况。

（一）世界高粱种植面积

1. 总面积

世界高粱种植面积的变化趋势大致经历了增长、下降、短暂上升、波动下降四个阶段（图 2-1）。这些阶段性变化是多种因素作用的结果，绘就了丰富而动态的全球高粱产业图景。

2. 各大洲高粱种植面积

1961—2021 年，世界高粱种植地域分布出现较大变化。亚洲高粱种植面积占比的下降幅度最大，非洲和欧洲的占比不断增加，美洲和大洋洲则经历了不同程度的波动和变化。具体的变化见图 2-2。

亚洲高粱种植面积占比呈显著下降趋势。1961—1980 年，亚洲高粱种植面积占全球高粱种植面积的 50.80%；2021 年，该比例降至 13.70%，下降幅度达 73.03%，但亚洲仍然是高粱种植的主要地区。非洲高粱种植面积占全球比例呈快速增长趋势，从 1961—1980 年的 29.75% 上升至 2021 年的 68.75%，非洲已经成为全球高粱种植面积最大的区域。欧洲高粱种植面积占比最小，总体呈上升趋势，增长幅度达 45.83%。美洲高粱种植面积占比

---

① 亩为非法定计量单位。1 亩=1/15 公顷。——编者注

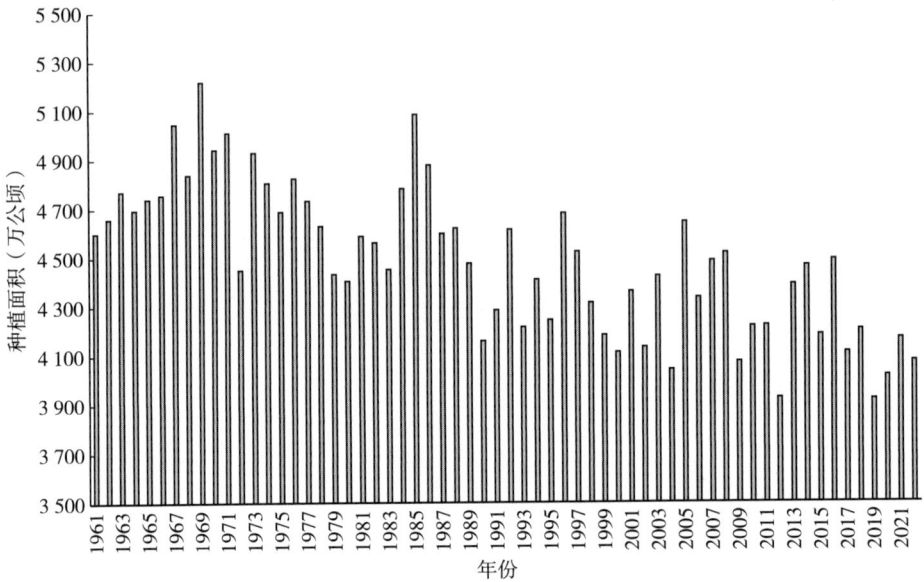

图 2-1　1961—2021 年世界高粱种植面积

(数据来源于 FAO)

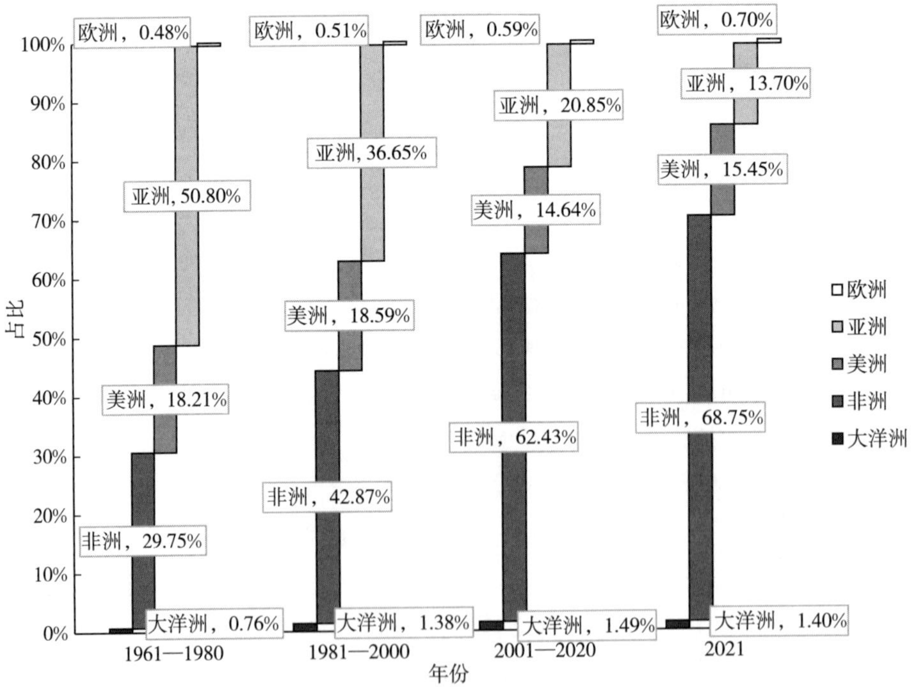

图 2-2　1961—2021 年世界各大洲高粱种植面积变化趋势

(数据来源于 FAO)

呈波动减少趋势，由 1961—1980 年的 18.21%，下降为 2021 年的 15.45%，下降幅度达 15.16%。大洋洲高粱种植面积占比相对较低，在过去 60 年中保持波动上涨的趋势，总体增长了 84.21%。

（二）世界高粱产量

1. 总产量

世界高粱产量变化总体呈现先升后降的趋势（图 2-3）。这种变化是种植面积和亩均产量共同作用的结果。

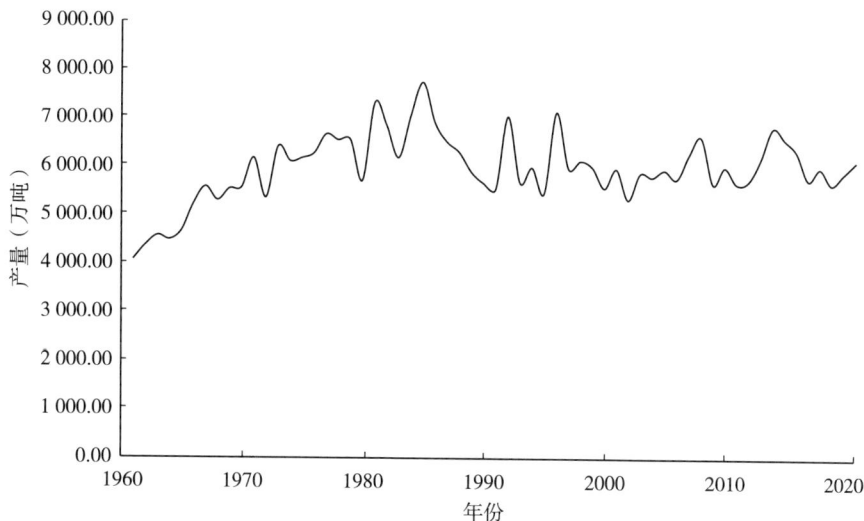

图 2-3　1961—2021 年世界高粱产量

（数据来源于 FAO）

世界高粱产量排名前十的国家发生了较大变化，唯有美国产量稳居世界第一，2021 年美国高粱产量占世界总产量的 18.54%。

2. 各大洲高粱产量

1961—1980 年，各大洲高粱产量占比悬殊，占比由大到小依次是美洲、亚洲、非洲、大洋洲和欧洲。之后，美洲高粱产量保持相对稳定，亚洲占比呈下降趋势，大洋洲和欧洲相对较低，非洲高粱占比增长幅度最为明显。

如图 2-4 所示，1961—2021 年，美洲高粱产量占比维持在较高水平，总产量从 1 439.07 万吨增长到 2 359.85 万吨，增长了 63.98%。亚洲是所有大洲中总产量下降最大的地区，总产量由 1 554.10 万吨下降为 869.45 万吨，下降幅度达到 44.05%，占比从 33.71% 下降到 14.17%。非洲高粱产量占比显著增加，从 19.89% 增加到 42.83%，总产量由 1 069.15 万吨增长为 2 628.04 万吨，增长了 145.81%。大洋洲和欧洲的高粱产量占比相对较低，但总体呈上升趋势。2021 年，高粱产量在 100 万吨以上的国家在各洲的分布为：非洲 8 个国家，美洲 5 个国家，亚洲 2 个国家，大洋洲 1 个国家。

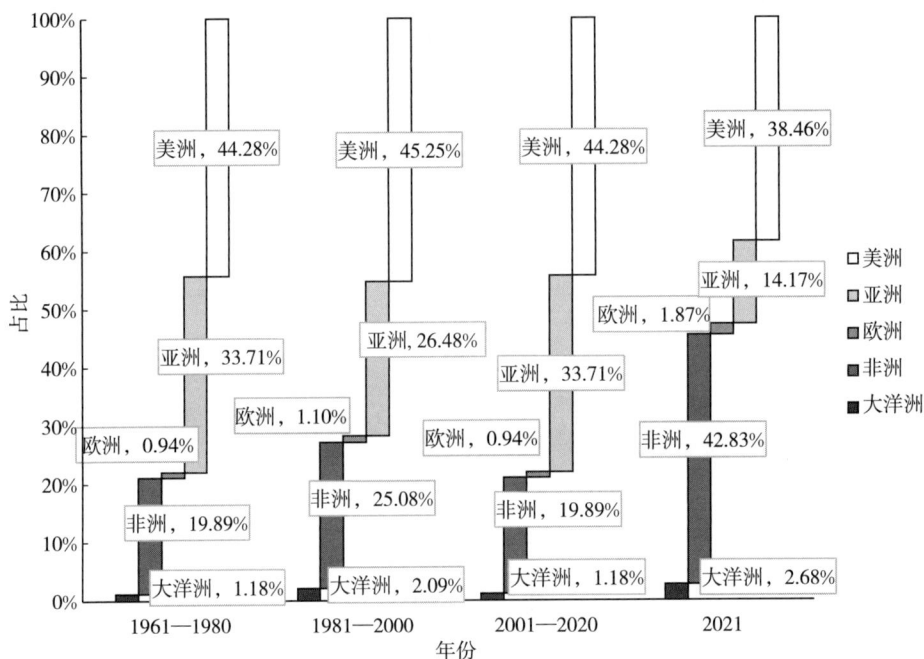

图 2-4　1961—2021 年世界各大洲高粱产量变化

(数据来源于 FAO)

（三）世界高粱单位面积产量

1. 总体情况

在全球高粱种植面积波动下降的情况下，单产的提高能更好地稳定高粱供给。全球高粱的单位面积产量在过去 61 年中经历了明显的增长（图 2-5）。

从 1961 年到 2021 年，全球高粱的单产呈现明显的波动上涨趋势。公顷产量从 1961 年的 889.6 千克/公顷增长到了 2021 年的 1 499.4 千克/公顷，总体上呈波动增长趋势。同一年内各国单产差异较大，1961 年单产最高为埃及的 3 544.6 千克/公顷，最低为突尼斯的 166.7 千克/公顷；2021 年，去除不合理数值，单产最高为 8 412.3 千克/公顷，最低为 171.7 千克/公顷，单产较高的国家一般为 4 500～6 100 千克/公顷。

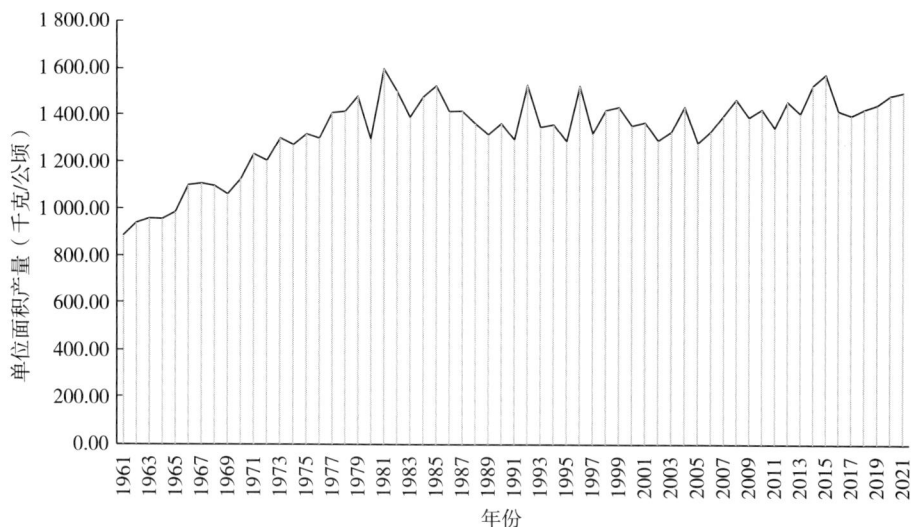

图 2-5　1961—2021 年世界高粱单位面积产量

（数据来源于 FAO）

2. 各大洲高粱单位面积产量

各大洲的单产水平如图 2-6 所示，存在显著的差异。总体来看，各大洲单产水平均有不同程度提高。

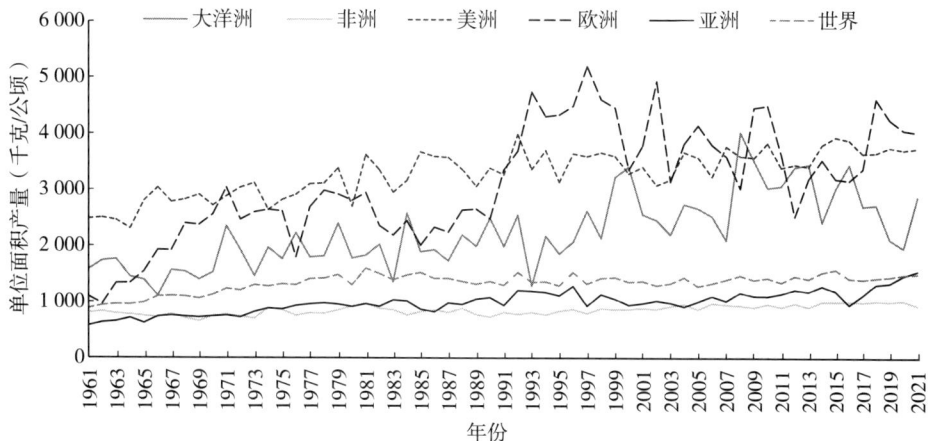

图 2-6　1961—2021 年全球及五大洲单位面积产量

（数据来源于 FAO）

五大洲单产水平差异较大。2021 年五大洲的单产水平可以分成三个梯队：第一梯队为＞3 000 千克/公顷，分别为美洲（3 731.1 千克/公顷）和欧洲（4 018.7 千克/公顷）；第二梯队为 1 500～3 000 千克/公顷，分别为大洋洲

（2 865 千克/公顷）和亚洲（1 550.7 千克/公顷）；第三梯队<1 500 千克/公顷，为非洲（934.1 千克/公顷）。其中，第一梯队的单位面积产量是第二梯队的 1.5 倍多，是第三梯队的 3 倍多。

各大洲内单产水平也有较大差异。非洲各国单产最高为 4 918.5 千克/公顷，最低为 171.7 千克/公顷；美洲最高为 4 434.3 千克/公顷，最低为 689.4 千克/公顷；欧洲最高 8 412.3 千克/公顷，最低为 1 216.3 千克/公顷；大洋洲最高为 4 262.5 千克/公顷，最低为 2 403.7 千克/公顷；亚洲最高为 5 826.2 千克/公顷，最低为 499.4 千克/公顷。

二、世界高粱加工情况

根据不同高粱种群的用途，粒用高粱用作食物、饲料、酿造等，而饲草高粱则用于干草和青饲料，帚用高粱用于制作扫帚和刷子。高粱粒（SGs）和高粱粉（SF）是常量营养素、微量元素和生物活性化合物的丰富来源，是很有前途的健康食品。在非洲和亚洲，高粱是很多人的食物；在美国和澳大利亚，高粱被用作动物饲料和乙醇生产。

第二节　世界高粱贸易情况

一、世界高粱进出口总体情况

（一）世界高粱进口情况及主要进口国

1961—2021 年全球高粱进口量大幅增加，主要进口国也发生较大变化。1961 年全球高粱进口量为 218 万吨，其中欧洲进口 177 万吨，占比 81.19%，主要进口国为荷兰、比利时、卢森堡、英国、丹麦、波兰。2021 年，全球高粱进口量约 1 103 万吨，其中亚洲进口 992 万吨，约占 89.94%。亚洲高粱进口又以东亚为主，约占 98.68%，中国是东亚最大的高粱进口国，约占 96.86%。据统计，中国于 2013 年开始大量进口高粱，个别年份超过了 1 000 万吨。

2021 年，全球高粱主要进口国除中国之外，日本、肯尼亚进口数量相对较多，占主要进口国进口总量的比例超过 1%；其他国家如苏丹、西班牙、索马里、墨西哥、南苏丹、厄立特里亚、乌干达等进口量均超过 5 万吨，但占比均不到 1%。

（二）世界高粱出口情况及主要出口国

1961—2021 年全球高粱出口量大幅增加，主要出口国也发生较大变化。

1961 年，全球高粱出口量为 228 万吨，其中美洲出口量为 203 万吨，占比 89.04%，全球主要出口国有美国、阿根廷、南非、苏丹、博茨瓦纳。2021 年，全球高粱出口量为 1 094 万吨，其中美洲出口量最大为 879 万吨，占比 80.35%；其次是大洋洲，出口量为 159 万吨，占比 14.53%。全球主要出口国有美国、阿根廷、澳大利亚，分别占全球高粱出口量的 60.74%、19.33%、14.58%，共计 94.65%。此外，法国、肯尼亚、乌克兰、印度也是出口量相对较多的国家。

二、世界高粱加工品贸易情况

根据 FAO 统计数据，世界高粱加工品贸易种类主要有高粱面粉和高粱麸皮，高粱啤酒仅在特定区域流行，国际贸易数据并未显示。

（一）高粱面粉的贸易情况

FAO 数据显示，1961—2013 年没有高粱面粉进出口，2014 年开始出现高粱面粉进出口数据，世界高粱面粉进口总量由 2014 年的 7 455.84 吨增长至 2021 年的 20 497.76 吨，增幅 174.92%。非洲和欧洲是早期主要进口地区，2021 年亚洲成为高粱面粉的主要进口地区。2021 年非洲高粱面粉的主要进口国家是马拉维和莱索托，亚洲高粱面粉主要进口国是泰国。

世界高粱面粉的出口量由 2014 年的 719.46 吨增长至 2021 年的 3 521.77 吨，增幅 389.50%。高粱面粉的主要出口地区中，非洲居首，其次是欧洲。2021 年非洲高粱面粉主要出口国是马拉维和南非，欧洲主要出口国是俄罗斯。

（二）高粱麸皮的贸易情况

由 FAO 数据可知，1961—2021 年，世界高粱麸皮的进出口有间断地进行。此处以 FAO 数据为依据进行分析。

数据显示，1961—1996 年没有高粱麸皮的进口，1997 年开始亚洲地区有少量高粱麸皮进口。2004 年全球高粱麸皮进口量出现历史高点 4 314 吨，主要进口国为非洲的利比亚，随后 13 年未出现高粱麸皮进口；2014 年再次出现高粱麸皮进口，但数量甚微；2017—2020 年 4 年出现较高的高粱麸皮进口量，均在 100 吨以上，主要进口国为亚洲的巴基斯坦。

世界高粱麸皮出口量与进口量不一致。FAO 数据显示，1961 年，世界高粱麸皮出口量为 14 347 吨，主要出口地区为非洲和亚洲。1961—1990 年，世界高粱麸皮出口量经历了先增后减的过程，1970 年达到历史高点 34 489 吨，这段时间高粱麸皮的主要出口地区为非洲、美洲和亚洲，主要出口国为苏丹、阿根廷、印度、巴基斯坦。1991—2013 年，世界高粱麸皮出口鲜有统计；2014 年开始，世界高粱麸皮有一定出口量，但数量相对历史低很多。

第三章
中国高粱产业发展
历史与现状分析

第一节　高粱发展历史及重要地位

一、高粱在中国的发展历程

高粱在中国种植历史长达 3 000 年之久。最初，高粱主要作为粮食作物之一被广泛种植，随着我国经济的增长和人民生活水平的提高，高粱的用途从单一的粮食作物逐步向多元化发展。新中国成立初期，我国高粱种植面积最大，达到 900 万公顷，单产 78.67 千克/亩，总产量达 1 110 万吨。20 世纪 60—70 年代，我国第一代高粱杂交种大面积推广，高粱种植面积在 600 万公顷左右。之后高粱面积逐步下降，但高粱单产大幅度提高，达到 266.67 千克/亩。目前，高粱种植面积基本稳定在 80 万公顷左右，产量 300 万吨左右，高粱生产的总体格局保持稳定。

近年来，随着国家支农力度持续增强，白酒、养殖行业的不断发展，市场需求拉动加大，高粱产业迅猛发展，中国已成为全球第一大高粱进口国，高粱也成为中国重要的杂粮作物。高粱是主要的酿造原料，且在饲料生产以及能源领域有较大的发展空间。

二、高粱生长特性及用途分类

高粱是高抗逆作物，在旱地、盐碱地种植较玉米表现出明显的抗旱、耐盐碱增产优势，而且耐涝、耐灾，在中低产田种植具有较大优势。高粱的生长特性体现在高光合效率、强杂种优势、强抗逆性三方面。由于高粱栽培区的气候、土壤、栽培制度的不同，栽培品种的多样性特点也不一样，故高粱的分布与生产带有明显的区域性，用途呈多元化。中国高粱按照用途不同主要分为酿造高粱、饲草高粱、食用高粱、能源高粱、帚用高粱、饲料高粱六类。

1. 酿造高粱

高粱作为酿酒、酿醋的主要原料由来已久，闻名中外的茅台、五粮液、泸州老窖、汾酒等无一不是以高粱作主料酿制而成。我国北方优质食用醋大多以高粱为原料酿制而成，如山西老陈醋，黑龙江双城烤醋、熏醋，辽宁喀左陈醋等。20世纪80年代，正式开始选育酿造专用高粱品种。1991年首次确定品质指标，经过近40年的发展，历经3次修订调整。直到2009年全国高粱品种鉴定委员会对酿造高粱品质指标再次进行了修订，籽粒淀粉含量≥70%，蛋白质含量7%～11%，单宁含量（1.0±0.5)%，这一指标一直沿用至今。

2. 饲草高粱

饲草高粱是利用高粱同苏丹草杂交而成的杂交种，具有再生力强、高光效、生物产量高、抗逆性强、适应范围广的特点。饲草高粱以茎叶等营养器官为主要产品，既可以青饲、青贮，又可作干草，以饲喂家畜为主要目的，本身不结实或很少结实。春播一年可收割2～3次。一般生物产量6 000～8 000千克/亩，最高产量潜力达10 000千克/亩以上。饲草高粱具有很高的饲用价值，发展潜力巨大。

3. 食用高粱

高粱是全球第五大粮食作物，也是中国重要的杂粮作物。高粱食用主要分为直接食用和深加工食用两方面。直接食用方面包括磨皮后用高粱米制作米饭或将高粱磨面后制作各种面食糕点，深加工食用主要包括制作糖浆、淀粉以及各种休闲食品。

4. 饲料高粱

饲料高粱主要是将高粱籽粒用作家畜和家禽的饲料，其饲用价值与玉米相似。由于高粱籽粒中含有单宁，在配方饲料中加入10%～15%的高粱籽粒，可有效地预防幼畜、幼禽的白痢病。

5. 能源高粱

能源高粱主要指甜高粱，其秸秆和籽粒通过固态和液态工艺可加工成燃料乙醇。甜高粱作为生物质能源作物是最具潜力的，每亩可产茎秆4 000～5 000千克，籽粒150～200千克，可转化乙醇407升。因此，甜高粱又称"高能作物"。

6. 帚用高粱

帚用高粱多为帚、粒兼用品种。其籽粒大而品质好，茎秆大多柔韧，色泽鲜艳。穗大而散，通常无穗轴或极短，侧枝发达而长，穗下垂。茎内髓部干燥，叶脉白。籽粒大多着生在分枝顶端，并有护颖包被，不易脱落。茎秆压扁取皮用于编织，穗子扎制扫帚或炊帚。

三、高粱产业的地位及价值

（一）中国高粱的地位变迁

中国栽培高粱的历史可以追溯到 3 000 年前，但直到明清时期，高粱才迅速在华北平原、东北平原大面积种植。1949 年至今，高粱种植规模整体呈现出波动式下降，增长较突出的年份为 1965 年后杂交种的使用时期。近年来我国白酒、饲料等领域的快速发展及高粱多功能开发，也使高粱的种植面积较前几年有所增长。

（二）中国高粱价值

中国高粱价值主要体现在经济、营养、生态、文化及战略储备等方面，随着消费需求和市场需求不断变化，高粱在国民经济生活中的价值越来越显现。

1. 经济价值

高粱的自身特性决定高粱具有多种经济价值，主要表现为粮食供应、饲料加工原料、酿造原料、生物质能源原料、工业原料等，通过原料供应，实现经济价值。

2. 营养价值

高粱的碳水化合物、蛋白质、微量营养素含量较高，体现出独特的营养特性。高粱中蛋白质占 8%～12%、脂肪占 2%～4%、碳水化合物占 65%～75%、膳食纤维占 10%左右。较高的膳食纤维、碳水化合物以及具有促进健康特性的多酚，特别是浓缩单宁的高含量，使得高粱多功能的营养价值突出。

3. 生态价值

高粱作为我国主要杂粮作物之一，能充分利用旱地、薄地、盐碱地等生态脆弱农田，通过"以种适地"同"以地适种"相结合，加大盐碱地等耕地后备资源的综合利用，探索盐碱地综合利用有效途径，发挥了高粱在土壤保护、生态恢复、生态平衡、环境适应等方面的生态价值。

4. 文化价值

高粱在中国种植历史悠久，衍生出了灿烂的高粱文化：一是高粱与中国的一些重要文化遗产有关，茅台、五粮液、汾酒等名酒的酿造工艺就与高粱密不可分，这些酿酒工艺的传承和发展，不仅是中国酿酒文化的传承，也是高粱文化的重要体现。二是在文学作品及影视剧中，高粱经常以坚韧顽强的生命力呈现出来，成为"民族的记忆"，高粱精神作为一种民族精神，得到了升华和彰显。三是高粱文化在新业态中的应用增加，高粱作为美丽乡村建设景观与休闲产业的特色产品，带动了文旅产业发展，未来随着酒文化、醋文化为主题的农村休闲旅游发展，高粱丰富的文化价值将越来越得到人们的认可。

5. 储备价值

高粱比较效益高于玉米等粮食作物，也为粮食战略储备和粮食安全起到一定保障作用。随着高粱用途的拓展，作为生物质能源的潜力也得到挖掘，在日益复杂的国际形势下，因地制宜发展高粱产业对保障我国能源安全同样具有重要的意义。

第二节　中国高粱产业发展的 SWOT 分析

一、发展优势

（一）资源优势

高粱具有抗旱、耐涝、耐盐碱、耐瘠薄等特性。据测算，我国目前有 15 亿亩盐碱地，其中约 5 亿亩有开发利用潜力，在 3%～5% 的盐碱地种植粒用高粱，产量可达 200 千克/亩，甜高粱生物产量可达 1 500 千克/亩。我国大面积的盐碱地、休耕区、中低产田等土地，为高粱种植提供了充足的土地资源。

（二）产业优势

高粱酿造业是我国传统的优势产业，以高粱为主要原料的酿造产品酒、醋享誉国内外，是我国重要的出口创汇商品。酿酒产业在我国多数省份属当地的支柱产业。2022 年我国白酒产量为 671 200 万升，完成销售收入 6 626.5 亿元，实现利润 2 201.7 亿元；2022 年我国食醋产量约 461 万吨，国内食醋出厂规模为 179.2 亿元。以高粱为原料的其他加工业，如高粱饲料饲草业、优质高粱米业、制糖业、能源乙醇业、高粱壳色素业以及高粱茎秆板材业等也都具有很大的发展空间，因此高粱具有很强的产业优势。

（三）科技优势

中国在长期高粱栽培中，形成了丰富多样的品种资源，为新品种选育奠定了丰厚的遗传基础，并不断选育出各种优良品种满足不同时期高粱生产的需要。

中国高粱研究具有很强的科技优势，全国许多科研单位都从事高粱研究和新品种选育。截至 2022 年底，新品种登记 787 个。2008 年，农业部启动了"国家高粱产业技术体系"建设项目，形成了强大的高粱产业技术体系。2017 年，"国家谷子糜子产业技术体系"和"国家高粱产业技术体系"合并为"国家谷子高粱产业技术体系"，这次合并增强了高粱产业科技自主创新能力，进一步为发展高粱生产、实现农民增收和产业可持续发展提供技术支撑。另外，在主产区的东北、华北和西南地区，以及华中、华东等地区布局有省市级高粱技术服务体系。

二、发展劣势

（一）品种同质化严重

高粱生产区域广，生态条件复杂，栽培方式多样，用途广泛，因此对品种的适应性、专用性要求较高。目前，品种选育滞后于生产需要。针对市场需求，选育专用、高产、矮秆、耐密、抗病、抗倒、适宜机械化栽培的各类型高粱新品种是解决品种同质化、拓宽高粱用途的重要途径之一。

（二）深加工开发利用薄弱

我国高粱深加工和多用途综合利用价值未得到充分开发，是高粱产业发展的主要限制因素。在饲用方面，多数饲料厂家对用高粱加工饲料认识不够，缺少上规模的龙头企业带动。在营养健康方面，未能深度开发利用好其营养保健功能，开发加工功能型食品及保健品。

（三）社会服务体系不健全

目前，高粱产业技术体系提供的技术服务多是产中技术，产前、产后全链条技术较少，服务内容较为单一。但在新型经营主体发展过程中，迫切需要产前、产中、产后等一系列全产业链的科技服务。高粱加工市场成熟度较低，高粱的科研、生产、销售等尚未形成一体化，缺乏有效的生产组织和管理，生产盲目性大，市场信息不畅，商品价格不稳，影响了农民的收入和种植积极性。缺乏对高粱产业全链条资金及政策支持，特别是高粱种植与大宗作物玉米相比，缺失相应的补贴政策，影响产业的进一步发展。科技服务工作机制还不够完善，服务积极性不高，缺少科研人员在科技服务方面的考核评价机制和激励奖励措施，科研人员开展科技服务的积极性和主动性没有得到充分发挥，科技服务水平有待进一步提高。

三、发展机遇

（一）政策机遇

质量农业、生态农业、文化农业、功能农业是未来农业发展的方向。近年来，酿造高粱、帚用高粱特色产业已成为高粱主产区脱贫致富、乡村振兴的主导产业和特色产业，为满足乡村振兴对特色产业的需求，主产区地方政府纷纷制定本区域特色产业发展规划，出台利好政策扶持培育高粱特色优势产业。2021年中央1号文件强调要开展盐碱地等耕地后备资源综合利用试点，推进"以种适地"同"以地适种"相结合。高粱的耐旱、耐涝和耐盐碱能力都极为出众，通过发展高粱产业用好盐碱地，能更好地落实盐碱地耕地后备资源的综合利用政策，有力地保障我国的粮食安全。以高粱文化为特色的美丽乡村建设已在主产区崭露头角，未来以红高粱文化为主题的农村休闲旅游将成为三产融合发展的新亮点。随着以高粱为原料的能源产业、多功能产品市场开发力度的加大，高粱产业将在乡村振兴发挥越来越重要的作用。

（二）市场机遇

高粱的多用途开发为高粱产业发展提供新的市场机遇。随着我国经济发展和人民生活水平的提高，人们的消费水平和消费需求也不断提高。以高粱为原料的白酒因其风味独特，市场需求加大，高中低端产品消费量增大。2021年我国高粱产量313万吨，白酒产量700万吨，即使按平均1千克高粱生产1千克白酒计算，缺口仍有400万吨。以高粱为原料的食醋产品也向多功能开发推进，市场潜力得到挖掘，为酿造高粱提供了广阔的市场。高粱作为重要饲料作物，早已在发达国家的饲养业中加以利用并占有重要地位，而我国在高粱饲料利用方面和发达国家相比存在很大差距，随着加工水平的提高，高粱作为配合饲料市场占有率不断提高。饲草高粱、帚用高粱、能源高粱等将随着乡村振兴战略的实施，高粱市场将更为广阔。

四、面临挑战

（一）国外市场对国内市场的冲击

我国高粱与国外高粱相比竞争优势较低。国外高粱生产成本低，高粱价格约是国内价格的 2/3，国外高粱大量涌入国内，对国内高粱市场冲击较大：一是，对国内高粱市场价格产生影响，造成价格偏低，影响种植者的经济效益和生产积极性；二是，进口高粱影响国内高粱饲料市场；三是，大量进口高粱进入削弱了我国高粱种植产业，高粱市场上产品的话语权减弱，进而影响我国高粱相关产业的发展。

（二）比较效益低

高粱种植效益的不稳定降低了农户种植高粱的意愿：一是高粱种植面积不断波动，虽然高粱对环境的适应能力强，但是由于高粱育种基础研究与管理技术等较落后，高粱的亩产量相比杂交玉米或者杂交水稻依然偏低，造成高粱种植面积的不稳定。二是传统种植高粱多选择低洼地或者盐碱地，不高产且也不易实现大面积机械化种植收割，相比其他作物经济价值不高。三是国内高粱的销售价格每年都会有较大的波动，影响了农民种植积极性。

（三）高粱育种等基础研究落后

中国高粱种质杂种优势基础研究缺乏。世界各国政府和国际组织都高度重视作物遗传资源多样性的收集保存工作，严控核质遗传资源的输出。我国高粱种质资源数量约占全球 10%，且以国内资源为主，但国内资源种质的遗传多样性不够广泛，外引种质资源数量占我国总数量的 28%，我国在种业源头上处于不利地位。

遗传改良、分子育种等现代技术较落后。高粱生物育种研究基础薄弱，处于跟跑阶段，到目前为止，我国高粱基于基因枪和农杆菌转化的育种方法尚未建立稳定、成熟、高通量的转化体系，不仅阻碍了高粱基因功能研究，也限制了高粱生物育种产业化应用。

第三节 中国高粱区划与发展现状

一、中国高粱种植区划

中国高粱分布广泛，在全国 24 个省份均有种植。由于各地高粱栽培区的气候、土壤、栽培制度不同，全国分为 4 个生态区，即春播早熟区、春播晚熟区、春夏兼播区和南方区。

（一）春播早熟区

包括黑龙江、吉林、内蒙古等省份全部，河北省承德、张家口坝下，山西、陕西省北部，宁夏干旱区，甘肃省中部与河西地区，新疆北部等。年平均气温 2.5~7.0℃，活动积温（≥10℃）2 000~3 000℃，无霜期 120~150 天，年降水量 100~700 毫米，生产品种以早熟和中早熟品种为主。由于积温较低，高粱生产易受低温冷害影响，应采取防低温、促早熟的技术措施，为一年一熟制。

（二）春播晚熟区

包括辽宁、河北、山西、陕西大部，北京、天津，宁夏黄灌区，甘肃东部和南部，新疆南部和东部等，是中国高粱主产区，单产水平高。本区位于北纬 32°—41°47′，年平均气温 8~14.2℃，活动积温 3 000~4 000℃，无霜期 150~250 天，年降水量 16.2~900 毫米。栽培品种多为晚熟种和中晚熟种，基本上为一年一熟或两年三熟。

（三）春夏兼播区

包括山东、江苏、河南、安徽、湖北、河北的部分地区，位于北纬 24°15′—38°15′，年平均气温 14~17℃，活动积温 4 000~5 000℃，无霜期 200~280 天，年降水量 600~1 300 毫米。本区春、夏播均有，春播多分布在土质较为瘠薄的低洼、盐碱地上，采用中晚熟种；夏播多种在平肥地上，作为夏收作物的后茬，多采用生育期 100 天以上的早熟种，为一年两熟或两年三熟制。

（四）南方区

包括华中南部，华南、西南地区全部，位于北纬 18°10′—30°10′，年平均气温 16~22℃，活动积温 5 000~6 000℃，无霜期 240~365 天，年降水量 1 000~2 000 毫米。本区种植高粱相对多的省份有四川、贵州、湖南等。品种为短日照、散穗、糯性品种，一年三熟制。

二、中国高粱产业发展现状

（一）种植规模变化趋势

1949 年至今，我国高粱种植规模呈波动式下降，种植面积由 13 383 万亩下降到 2022 年的 1 011.77 万亩，产量由 1 100 万吨下降为 309.39 万吨。20 世纪 60—70 年代，杂交种的大面积使用，高粱种植面积虽然减少，但总产量增长明显。80—90 年代受种植业结构调整、高粱市场需求变化，高粱种植面积与产量呈下滑状态。近年来，中国高粱种植面积呈波动中增长趋势。2015 年种植面积进入低谷的 637.41 万亩，2022 年波动增长至 1 011.77 万亩，7 年间增长了 374.36 万亩，年均增长率 6.9%；产量也从 2015 年的 220.3 万吨，增长至 2022 年的 309.39 万吨，年均增长率 4.9％。随着高粱多功能的开发和高粱市场的拓展，预计未来我国高粱种植面积和产量仍将呈现上升趋势。

1949 年至今，我国高粱种植单产则呈波动式上升趋势，由 50.44 千克/亩增长为 305.79 千克/亩，年均增长率为 2.5％。特别是 1965 年后，杂交种的大面积推广使用，高粱种植单产增长明显。

（二）主产区分布

我国高粱分布广泛，但具有一定的区域性，主要涉及东北、华北、西南三大主产区。东北（辽宁省、吉林省和黑龙江省）、华北（山西省、内蒙古自治区、河北省、天津市、北京市）以粳高粱生产为主；西南主产区（四川省、重庆市和贵州省）主要是糯高粱为主的产区。

2022 年统计数据显示，我国高粱分布主要集中在内蒙古、贵州、山西、四川、吉林、辽宁、河北等省（自治区）。其中，内蒙古、贵州和山西是我国主要的高粱种植地区，2022 年三省种植面积占到总面积 50％以上。其中，内蒙古种植面积最大，为 184.32 万亩，占全国高粱总种植面积（1 011.77 万亩）的 18.22％；其次为贵州，种植面积为 168.89 万亩，占比 16.70％；第三为山西，种植面积为 155.25 万亩，占比 15.34％。种植面积超 50 万亩的另有四川、吉林、辽宁、河北四省，这四个省份合计占全国总面积的 27.76％。

从产量区域分布来看，内蒙古高粱的产量处于遥遥领先的地位，2022 年产量为 72.26 万吨，占全国总产量（309.39 万吨）的 23.36％；其次为贵州和山西，产量分别为 37.46 万吨和 36.60 万吨，分别占比 12.11％、11.83％。

三、中国高粱现有品种和技术

（一）高粱的优良品种

长期以来，我国一直注重高粱优良品种的培育，经过多年的试验，筛选出各具特色、功能不同的高粱新品种，并进行示范推广，带动高粱产业的发展。高粱主产区主要种植品种如表 3-1 所示。

表 3-1　中国高粱主产区主要种植品种一览

省份	主要种植品种
内蒙古自治区	凤杂 4 号、吉杂 210、敖杂 1 号、吉杂 127、吉杂 130、赤杂 24 号、通杂 108、赤杂 16 号、赤杂 28、晋杂 22 号等

（续）

省份	主要种植品种
山西省	晋杂 22 号、晋杂 18 号、晋糯 3 号、晋杂 31 号、晋杂 34 号、晋早 5564、晋早 5577、晋粱 116、晋杂 38 号、晋杂 29 号、晋粱 111 号、晋粱 210 等
吉林省	凤杂 4 号、吉杂 124、吉杂 127、吉杂 210、吉杂 123、吉杂 319、吉杂 99、凤杂 9 号等
辽宁省	辽杂 19 号、辽杂 37、辽粘 3 号、辽糯 11、辽杂 52、辽糯 10、锦杂 109、沈杂 5 号等
黑龙江省	龙杂 17 号、龙杂 18 号、绥杂 7 号、绥杂 9 号、齐杂 722 号、齐杂 107 号、龙杂 20 号、龙杂 22 号、龙杂 25 号、糯粱 1 号、克杂 17 号等
四川省	泸糯 8 号、泸糯 13 号、泸州红 1 号、红缨子、青壳洋、川糯粱 1 号、国窖红 1 号等
贵州省	红缨子、红粱丰 1 号、红珍珠
河北省	冀酿 2 号、冀酿 4 号、晋杂 22 号、两糯 1 号等
陕西省	晋杂 22 号、晋杂 102、晋杂 18 号、晋杂 12 号、晋杂 31 号、晋早 5564 等

（二）中国高粱品种登记情况

20 世纪 70 年代到 2016 年，全国共审（认）定、鉴定品种 327 个。2017 年，高粱作为 7 种粮食作物之一被列为第一批 29 个非主要农作物目录，截至 2022 年共登记新品种 787 个。

（三）高粱产业技术现状

1. 专用品种选育研究

选育品种是现代农业中至关重要的一环，通过精心选择和培育植物品种，优化农作物的性状，使其适应不同生态区域环境条件、提高产量、抵抗病虫害、抗逆、改善品质等。这项工作对于粮食安全、农业可持续性和农业经济都具有深远的影响。通过遗传改良、分子育种等现代技术，可以更加精准地选育出具有特定优势的品种，有助于适应不断变化的气候、环境和市场需求。选品育种的成功不仅可以提高农业生产效益，还有助于应对全球性的食品安全挑战，推动农业可持续发展。目前，专用品种选育技术的发展方向主要集中在营养强化、抗病虫害、非生物胁迫耐受性、生物强化、特定最终用途、基因组选择和标记辅助育种等方面。

2. 栽培技术研究

集成配套轻简栽培技术对农业发展具有很大的影响。这一技术的关键在于整合先进的轻量化和简化农业栽培方法，通过使用精密农业技术、数字化农业手段以及低成本的栽培工具，使农业生产更为高效、可持续。这种集成方法不仅有助于提高农作物的产量和质量，还能减少资源浪费，降低环境影响，尤其对于小规模和资源有限的农户而言，轻简栽培技术能够降低劳动成本，提高生产效益，从而促进农业可持续发展，为粮食安全和农民生计创造更为可靠的基础。目前，集成配套轻简栽培技术发展主要集中在精准农业技术、垂直农业和可控环境农业、灌溉管理技术、低成本种植技术、移动和数字技术、小型机械化配套等。

3. 加工技术研究

目前，高粱加工技术主要集中在酿造业、食品加工和饲料加工等方面，而利用高粱籽粒高酚类化合物研发功能性食品、能源产品等精深加工技术仍缺失。

第四节　中国高粱供需分析

一、高粱供应市场分析

近年来，我国酿造、养殖行业的不断发展，使得市场对酿造用高粱和饲用高粱的需求增加，与此同时高粱的种植面积和产量也较之前有所增长。2022 年，中国高粱自产 309.39 万吨，进口 1 014 万吨，自产高粱供应量远不能满足市场需求。

二、高粱需求市场分析

（一）需求量

我国高粱消费市场较单一，消费总量总体变动不大。近年来，受市场影响，消费量变化较大。2010—2015 年中国高粱消费总量逐年上升。2015—2018 年受国家政策和市场波动等影响，高粱消费总量逐年下降，2018 年处于极低的水平，2019 年之后随着中国养殖业的恢复，饲用高粱需求增长，使得高粱消费总量有所回升，且 2021 年中国高粱消费量较 2015 年来看明显增长。

（二）需求结构

近年来，非饲用消费量有所增加但仍低于饲用消费量。非饲用消费主要分为食用、酿造和其他。2021 年，中国用于白酒酿造的高粱约为 440 万吨，占总消费量的 35%。饲用占总消费量的 61.3%，食用占 2.5%，其他占 1.2%。

第五节　中国高粱产业技术服务

一、中国高粱产业技术服务体系

中国高粱产业技术服务体系，包括国家级的高粱产业体系、主产区地方省份的科研院所以及高校成立的高粱研究机构与团队。

（一）国家级高粱产业技术体系基本情况

国家级技术服务体系主要有国家谷子高粱产业技术体系，以及中国科学院、中国农业科学院、中国农业大学等单位的高粱科研团队。2008 年，农业部启动了"国家高粱产业技术体系"建设项目，由国家高粱产业技术研发中心的首席科学家、岗位科学家和国家高粱产业技术综合试验站的科技人员参加，组成了强大的高粱产业技术体系。2017 年，将原来的"国家谷子糜子产业技术体系"和"国家高粱产业技术体系"合并成立"国家谷子高粱产业技术体系"，该体系共有 33 位岗位科学家和 29 位综合试验站站长组成，国家谷子高粱产业技术体系研发中心的挂靠依托单位为中国农业科学院作物科学研究所。

近些年产业体系锚定产业关键核心技术，在优质专用突破性品种培育、绿色高效生产技术等方面取得重要进展，构建了与产区政府、新型经营主体对接合作机制，全产业链服务县域经济发展成效显著。体系的成立为增强高粱产业科技自主创新能力、增加高粱生产、实现农民增收和产业可持续发展提供技术支撑。

（二）高粱主产区技术服务基本情况

省市级高粱技术服务体系主要布局在主产区的东北、华北和西南地区，以及华中、华东等地区。全国省级专业高粱研究所有两家，山西农业大学（山西省农业科学院）高粱研究所和辽宁省农业科学院高粱研究所。省级及地市级高粱科研团队主要布局在内蒙古、山西、吉林、贵州、辽宁、河北、四川、黑龙江、吉林、山东、安徽、江苏等。这些机构和团队长期致力于高粱种质资源的收集评价和遗传改良、高粱品种选育、高粱病虫害防治、高产栽培技术及加工利用、高粱产学研等多方面研究，为当地乃至全国的高粱产业发展提供品种和技术支撑。

二、全产业链技术服务现状

中国高粱产业技术服务结合生产实际，努力围绕全产业链发展需求，充分利用优势科技资源，解决行业发展中遇到的技术、产业化问题。技术服务的重点为以规模化、产业化为目标，致力于高粱产业链的研究、加工的技术创新。一方面，对现有的种质资源、育种方法进行创新，选育生产和市场需要的专用高粱新品种。同时，研究配套高产、高效栽培技术，支撑高粱种业和高粱种植业发展。另一方面，开发酿造、饲用、功能性食品等新产品，同时对高粱的上下游企业以及农资、银行、保险、大数据公司等服务机构进行有机整合，形成了高粱全产业链生产的闭环。不断促进高粱产业的规模化、规范化、标准化，提升科技服务水平，发展规模效益，增强竞争力。

第四章
高粱种质资源及利用

第一节　世界高粱种质资源

一、世界高粱种质资源的分布

高粱属植物约有 30 种，分布于世界温带和亚热带地区，中国有 5 种。

二、世界高粱种质资源的保存

截至 2006 年，全球共搜集到高粱种质资源 168 500 份。其中，位于印度南部城市海德拉巴的国际热带半干旱地区作物研究所（ICRISAT）从 90 多个国家收集到 36 774 份，占总数的 21.8%；美国 42 221 份，占 25.1%；印度 20 812 份，占 12.4%；中国 12 836 份，占 7.6%；其他国家合计 55 857 份，占 33.1%。这些高粱种质资源代表了目前高粱约 80% 的变异性，其中近 90% 来自热带半干旱地区的发展中国家。而 60% 的资源来自 6 个国家，分别是印度、埃塞俄比亚、苏丹、喀麦隆、斯威士兰和也门。从地理分布看，全世界收集到的高粱种质资源约有 63% 来自 40 个非洲国家，约 30% 来自 24 个亚洲国家，其余来自 11 个欧洲国家、13 个美洲国家以及澳大利亚。栽培种和野生种比为 99∶1，在栽培种中，地方品种资源约占总数的 84.2%。

三、世界高粱种质资源鉴定

世界高粱种质资源鉴定一般在非洲、印度和美国等世界高粱主要种植区域进行，对一些光周期敏感的晚熟种质资源，则在原产地或原产地附近进行鉴定。

世界高粱种质资源鉴定的性状包括农艺性状、生理性状、抗性性状等。对高粱种质资源鉴定的性状主要有穗形、穗整齐度、穗紧密度、穗长、株高、株色、倒伏性、分蘖性、茎秆质地、茎秆用途、节数、叶脉色、粒色、芒、生育期；抗病性有抗炭疽病、抗霜霉病、抗紫斑病、抗大斑病和抗锈病；抗虫性包括抗草地贪夜蛾、抗甘蔗黄蚜等。其他鉴定的性状还有光敏感性、铝毒性和锰毒性等。ICRISAT 在 20 世纪 80 年代初鉴定了 19 363 份高粱种质资源材料。

四、世界高粱杂交种选育

世界上第一个生产大面积应用的高粱杂交种是于 20 世纪 40 年代末至 50 年代初在美国育成的。Stephens 用卡佛尔高粱作轮回亲本与不育株回交，最终育成了核质互作型高粱雄性不育系，其雄性不育细胞质来自矮生黄迈罗，而雄性不育基因来自得克萨斯黑壳卡佛尔。

在此基础上，美国得克萨斯奇利克斯试验站先后转育成功几个高粱雄性不育系 Tx3197A、马丁 A、瑞兰 A、抗病麦地 A 等。之后，美国各州农业试验站和种子公司利用 Tx3197A 等不育系组配了一批杂交种，如 Tx3197A×Tx7078，其籽粒产量比栽培品种增产 20%～40%。1957 年，全美高粱杂交种生产面积占高粱的 15%；1960 年，高粱杂交种种植面积已占到 95%。

第二节　中国高粱种质资源

一、中国高粱种质资源分布

中国高粱又名蜀黍、秫秫、芦粟、茭子、木稷等。因为高粱在中国经过长期的栽培驯化，渐渐形成独特的中国高粱群，许多植物学形态与农艺性状均明显区别于非洲起源的各种高粱。中国高粱叶脉白色，颖壳包被小，易脱粒，米质好，分蘖少，气生根发达，茎成熟后髓部干涸，糖分少或不含糖分。另外，中国高粱与非洲高粱杂交，F_1 代容易产生较强的杂种优势，说明两种高粱遗传距离差异较大。高粱是中国最早栽培的禾谷类作物之一。在中国，高粱是酿造的重要原料，茅台、泸州老窖、汾酒等名酒和山西老陈醋都是以高粱籽粒为主要原料酿造的，而且高粱自古就有"五谷之精、百谷之长"的盛誉。

高粱在我国南北各省份均有栽培。我国保存的高粱资源总数 18 131 份，其中地方种 11 328 份。山西省高粱地方品种数居全国第 1 位，占全国的 12.8 %，若包括其周边地区则占 34.9 %。

二、高粱品种资源的保存

中国高粱遗传资源实行中央和地方双轨保存制度。现已注册的全部高粱遗传资源皆放入中国农业科学院国家种质基因库长期保存。国家种质基因库采用地温密封式保存法。保存的种子纯度为 100%，净度为 98% 以上，预计保存期长达 30 年。国家资源保存设有数据库，对入库的种质资源实行电脑管理。

由各省、自治区、直辖市农业科研院（所）进行地方保存的高粱遗传资源有两种方式：第一，各省（自治区、直辖市）的高粱品种按原产地分别由具代表性生态条件的市（地）级农业科学研究所负责保存和定期繁育。同时，省级农业科学院再保存一套完整的品种资源。第二，全省的高粱遗传资源集中在省级或市（地）级农业科学院（所）保存和定期繁育。例如，河南、山东两省农业科学院保存各自省的高粱遗传资源；安徽省宿县地区农业科学研究所保存安徽省的高粱遗传资源；江苏省徐州市农业科学研究所保存江苏省的高粱遗传资源。

由于各省（自治区、直辖市）资源保存的条件和设施不同，因而每次更换繁育的时间需 3~10 年。如果轮种更新的时间频繁，则在繁育过程中，或因技术方法不当，或因遗传漂变，有可能使品种混杂，或种质失纯，这是需要特别注意的问题。好在中国已建立了双轨保存体系，以保证中国高粱遗传资源不会损失。

三、高粱遗传资源性状鉴定

为了有效利用高粱遗传资源，必须了解和掌握资源的性状表现，因此，需要对遗传资源进行全面、系统的鉴定。我国从"六五"开始，高粱遗传资源的性状鉴定在全国范围内有计划地进行，实行全面规划，统一调查标准，在分工负责的基础上密切协作。对全部注册登记的种质资源的农艺性状、营养性状和抗性性状等进行了鉴定。

从 20 世纪 80 年代开始中国农业科学院对已注册的 10 414 份及后来收集的遗传资源的农艺性状、品质性状和抗性性状进行了遗传鉴定评价，从中筛选出许多具有优异性状的种质资源。根据这些种质资源的评价数据，上述 10 414 份高粱遗传资源共有 23 种性状资源被编入《中国高粱品种资源目录》中，同时被录入国家种质库数据库。入库的种质资源及其资料实行电脑管理，为高粱品种改良和亲本选育提供了参考依据。

四、高粱遗传资源的利用

（一）高粱遗传资源的直接利用

1. 直接筛选新品种

20 世纪 50 年代初，全国开始大规模地直接利用遗传资源中的优异资源为高粱生产服务。例如，辽宁省筛选出的优良地方品种"打锣棒""小黄壳""回头青，"山西省的"三尺三""离石黄"，四川省的"盐亭先锋"高粱，云南省的红糯高粱、糯高粱，甘肃省的"红把二齐"高粱、"矮老汉"等，作为当时的主干品种直接应用于生产，在当时的粮食生产中发挥了很大的作用，高粱单位面积产量比以前提高 10% 左右。

2. 直接用于杂交种组配

利用中国高粱地方品种作杂交亲本，通过有性杂交进行品种改良，是间接利用品种资源的主要途径之一。例如，山西省农业科学院用"三尺三"组配的"晋杂 5 号"就是典型的事例。父本"三尺三"株高只有 130 厘米，配合力高，适应性强。"晋杂 5 号"是当时中国春播晚熟区高粱的主栽杂交种，曾在我国的高粱生产上发挥出重要作用。据不完全统计，中国在 20 世纪 80 年代前生产上应用的 152 个高粱杂交种中，涉及 90 个恢复系，其中直接利用地方品种资源的恢复系为 63 个，占总数的 70%。由于中矮秆高粱杂交种的推广应用，使中国高粱单位面积产量从不到 100 千克/亩，很快上升到 150 千克/亩左右。

（二）中国高粱遗传资源的改良利用

1. 不育系创造研究利用

内蒙古赤峰市农业科学研究所利用卡佛尔高粱 Tx3197B 与中国高粱地方种"小青米"杂交，选育出"赤 10A"雄性不育系。

1996 年，山西省农业科学院高粱研究所以 A_3Tx398A 为母本、SX-1 为父本杂交，并连续多代回交转育而成，定名为 A_3SX-1A，利用其组配了"晋草 1 号""晋草 4 号"等饲草高粱杂交种，在生产上大面积应用。

吉林省农业科学院以 314B 为母本、V4B 为父本进行人工去雄杂交，连续多代回交转育而成，2002 年定名为 2055A，利用其组配了"吉杂 118""吉杂 122"等多个杂交种在生产上大面积推广。

2. 恢复系研究利用

选用中国高粱地方品种作杂交亲本选育新的亲本系是利用高粱种质资源

重要的途径之一，尤其是利用地方品种杂交选育恢复系更是突出。

吉林省农业科学院用中国高粱资源"护4号"与赫格瑞高粱"九头鸟"杂交选育的恢复系"吉恢7384"，表现配合力高，适应性广，抗逆性强，与"黑龙11A"组配的"同杂2号"杂交种，成为我国高粱春播早熟区的主栽品种；卡佛尔高粱Tx3197A与中国高粱"三尺三"组配的"晋杂5号"，经辐射处理选育的"晋辐1号"，与Tx3197A组配的"晋杂1号"，与Tx622A组配的"辽杂1号"，都成为不同时期我国高粱春播晚熟区种植面积最大的杂交种之一。

3. 抗性资源研究利用

（1）抗旱资源研究利用　山西省农业科学院高粱研究所吕鑫等（2013）对25个饲草高粱恢复系抗旱性采用抗旱系数、抗旱指数等鉴定，053423综合抗旱最好，可以作为抗旱恢复系用于饲草高粱抗旱亲本改良及杂交种的选育。王瑞等（2014）对61份高粱育种材料进行了抗旱性鉴定，筛选出抗旱性3级以上的材料14份，其中1级抗旱材料2份：BE35/糖和A2早B/Tx623-5B。

（2）耐盐资源研究利用　山西省农业科学院高粱研究所平俊爱等（1998）利用1.5%NaCl溶液浸种发芽法对36份高粱杂交种及亲本系进行了耐盐性鉴定，筛选出356A、7501A等耐盐1级品种（系）17份，TX623A等2级品种（系）8份。梁俊杰等（2013）对103份高粱材料的芽期和苗期耐盐性进行鉴定，筛选出芽期耐盐材料22份，苗期耐盐材料7份，芽期和苗期均达2级以上的耐盐材料只有1份——SX44B。吉林省农业科学院作物品种资源所研究发现萌发期和苗期耐盐资源522B。

（3）耐瘠资源研究利用　山西省农业科学院高粱研究所王瑞等（2020）对56份高粱材料耐瘠性进行综合评价，与正常处理相比，瘠薄胁迫下高粱材料生育期延长，株高变大，茎粗、穗长、穗宽、穗粒重和千粒重下降。鉴定筛选出耐瘠材料BTx378、BSX44和A2早BTx623-5B等。

（4）抗病虫研究利用　辽宁省农业科学院在20世纪90年代种质资源鉴定中，鉴定高抗螟种质21份，仅占鉴定种质的0.78%，并且只有极少部分能被辽宁省利用。徐秀德等对所收集高粱资源的抗病虫性状进行了创新与利用研究，通过目的抗性基因转移及优良基因聚合创造，筛选出了抗高粱丝黑穗病菌2号和3号生理小种、抗蚜虫、抗靶斑病的新资源，并且在育种中加以应用，选育出了新的抗性恢复系、不育系和杂交组合。

利用外国高粱抗蚜资源 7511 和 TAM428 进行抗蚜育种，育成抗蚜高粱杂交种 3 个并在生产中应用，高秆的"四杂 4 号"、中秆的"四杂 25 号"成为吉林省主推品种。

第五章
酿造高粱产业技术路线图

　　酿造高粱一般是指以高粱做主料或佐料，通过发酵、蒸馏等一系列工艺加工制成酒类和醋类等产品的高粱品种分类。

　　高粱酒是中国历史悠久的传统酒类之一。一些研究和考古发现，在明朝中叶，随着蒸馏酒技术的发展以及高粱作为酿造原料的普及，高粱酒开始逐渐崭露头角。明清时期，高粱酒的酿造工艺和设备不断改进完善，酒味更加浓郁，酒类品种也更丰富。近代以来，高粱酒的生产得到了进一步发展，中国白酒在国内外的酒市场上影响力逐渐扩大。高粱酒作为中国传统饮品之一，既是中国文化的重要组成部分，代表着中华传统文化的精髓，被用于文化活动、宴席、祭祀、接待外宾等场合，承载者中华民族文化与历史的记忆，又是中国文化美食中不可分割的一部分。现今，在全球范围内，高粱酒已经成为中国国酒的代表之一，得到了国内外消费者的广泛认可和喜爱。

　　高粱醋是中国传统的食醋之一，历史可以追溯到唐代。当时，中国就已经开始将高粱等谷物蒸熟之后，在风干的麸皮屑上面进行醋酸发酵来制作食醋。随着时间的推移，高粱醋的制作工艺逐渐得到改良和完善。清朝时期，高粱醋在全国各地已非常普及，特别是山西、江苏、安徽、浙江等省份，有很多的食醋作坊。素有"天下第一醋"盛誉的山西老陈醋是驰名中外的中国四大名醋之一。山西老陈醋以优质高粱、大麦、豌豆等为主要原料，经蒸、酵、熏、淋、晒、酿而成，以"色、香、醇、浓、酸"五大特征著称于世，色泽呈酱红色，食之具有"绵、酸、香、甜、鲜"的特点。山西老陈醋含有丰富的氨基酸、有机酸、糖类、维生素和盐等，具有软化血管、降低甘油三酯等独特养生保健功效。高粱醋主要用于美食佳肴的调料，被誉为"餐桌上的芳香佳酿"。近年来，高粱醋制作技术不断改进和提高，已成为中国传统醋类产品之一，有着很高的经济和文化价值。同时，高粱醋也成了许多人日常生活中的重要调味品，如腌制蔬果、美食佳肴的调味等，是中国美食文化中一道独具魅力的风味佳肴。

　　酿造高粱产业是一项系统工程，涉及基础研究、育种、生产、流通、加工和消费等环节，任何一个环节都会对全产业链建设产生重大影响。为了更加准确地从不同层面、不同角度探讨酿造高粱市场需求，确定下一步发展的目标，制定行之有效的产业技术路线，编写组根据调研、讨论和评定结果，确定酿造高粱发展技术路线图的研究范围。技术路线图的基本内容包括酿造高粱产品的市场需求、产业目标、技术壁垒、研发需求 4 个主要内容。产业路线图制定的基本流程可以分为三个阶段：第一阶段，酿造高粱产业技术路线图的启动与准备；第二阶段，酿造高粱产业技术路线图制定和开发；第三阶段，酿造高粱产业技术路线图的后续修正。在酿造高粱产业技术路线图制定过程中主要采用头脑风暴法、关联分析法、问卷调查法。其间，召开了七次研讨会，分别为：技术路线图的范围与边界界定、产业背景和现状分析、产业调查问卷制定、产业目标分析、技术壁垒分析、技术壁垒的研发需求分析、技术路线图绘制。本研究中酿造高粱产业技术路线图的定位是分析得出酿造高粱产业发展过程中的难点与关键点，并提出解决问题的技术优先顺序，以期给予酿造高粱产业发展技术支持与参考。

第一节　酿造高粱市场需求分析

　　酿造高粱市场需求分析是采用调研与研讨，筛选出目前酿造高粱市场上的一些需求要素，并排列出优先序列，为产业选择技术创新战略、确定技术创新组织形式及研发计划的组织管理等提供依据。

一、酿造高粱市场需求调研

　　在进行酿造高粱市场需求调研前，笔者通过查阅文献资料、政策文件，并且与各地区农业主管部门、企业等人员充分咨询研讨，收集针对酿造高粱的不同政策、不同区域的需求，整理出酿造高粱市场需求要素选项。既为市场需求分析打基础，也为后续开展酿造高粱产业目标分析、技术壁垒分析及相应的研发需求做了铺垫。

　　编制组经过多次研讨，拟出了酿造高粱产业市场需求问卷初稿，组织国内专家多轮论证，形成最终的酿造高粱市场需求调查问卷（表 5-1），并通过多种途径在全国范围内开展了问卷调查。利用国家谷子高粱产业技术体系、"科创中国"高粱产业科技服务团、"一带一路"国际高粱产业科技创新院、各地农业科研院所等平台，就酿造高粱的品种、生产、栽培、植物保护、加工、农机、市场需求与效益以及相关政策开展了调查研究，采用面谈、现场问卷和手机 APP 线上问卷的方式，面向科研单位、政府部门、种子企业、渠道经销商、种养殖户、农资销售商、加工企业和其他机构开展问卷调研，参与人数 306 人，其中填写酿造高粱市场需求调查问卷 123 人，参与问卷人员来源比例见图 5-1、图 5-2。

表 5-1　酿造高粱市场需求调查问卷

1. 您所在单位性质是?
   A. 科研单位
   B. 政府部门
   C. 种子企业
   D. 渠道经销商
   E. 种植户（种植合作社）
   F. 农资销售商
   G. 加工企业
   H. 其他（备注：　　　　　　　　）
2. 您的年龄层次为?
   A. 30 岁以下
   B. 30~40 岁
   C. 40~50 岁
   D. 50 岁以上
3. 请您对以下酿造高粱产品需求量进行排序。
   A. 高粱酒（白酒、啤酒等）
   B. 高粱醋（山西老陈醋等）
4. 请您对以下酿造高粱加工品市场需求要素进行排序。
   A. 商品价格
   B. 商品口味
   C. 产品外观
   D. 购买便捷性
5. 您的消费途径有?
   A. 集市
   B. 超市
   C. 网购
6. 您的酿造高粱加工产品年消费金额为?
   A. 100 元以下
   B. 100~500 元
   C. 500~1 000 元
   D. 1 000 元以上
7. 您的酿造高粱产品（酒、醋）购买频次一般为?
   A. 每天一次
   B. 1 周一次

（续）

C. 2周以上一次
8. 请您对以下酿造高粱的市场需求要素进行排序。
   A. 颁布酿造高粱相关的农业支持政策法规
   B. 配套酿造高粱的农业基础设施
   C. 建立酿造高粱生产的质量安全保障体系
   D. 控制酿造高粱制种成本、提高效益
   E. 研究酿造高粱专用栽培、制种、病虫害防治等技术
   F. 建立酿造高粱品种、技术等推广模式

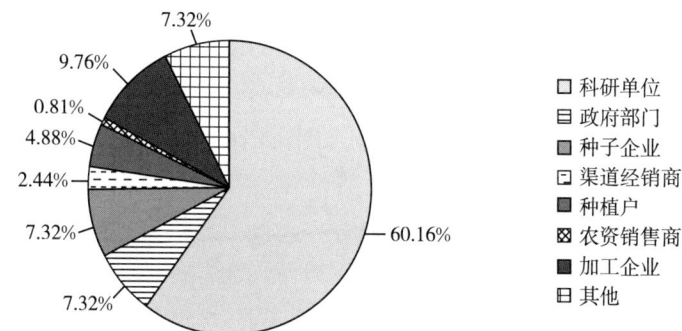

图 5-1 酿造高粱市场需求调研对象比例

编制组开展酿造高粱市场需求调研对象涉及 8 个群体。其中，科研单位被调查者占比最高，达 60.16%；农资销售商占比最少，为 0.81%。

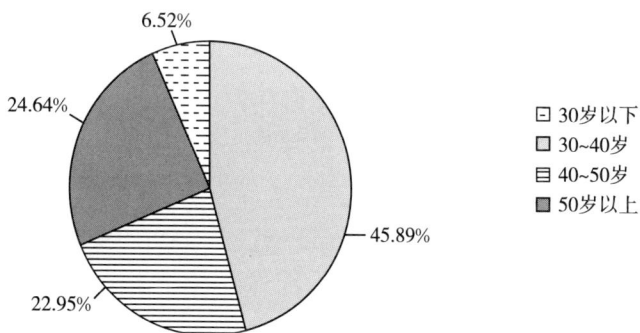

图 5-2 酿造高粱市场需求调研对象年龄结构

市场需求调研对象年龄结构显示，30～40 岁调研对象人数占比最高，为 45.89%；30 岁以下占比最少，为 6.52%。

二、酿造高粱市场需求分析研讨会

编制组召开多次研讨会，旨在识别分析未来市场对酿造高粱产业的产

品、服务、政策需求以及产业发展趋势与驱动力，以期为制定酿造高粱产业目标提供依据。研讨会的核心内容为：明确消费者对酿造高粱产品的需求，明确酿造高粱产品消费者购买意愿、渠道、频次，明确酿造高粱产业市场需求的优先序。研讨会的参与人员为：山西农业大学高粱研究所、山西农业大学农业经济管理学院、"一带一路"国际高粱产业科技创新院以及路线图编制组全体成员。

三、酿造高粱市场需求要素分析

市场需求分析主要是针对制定技术路线图的产业现状、产业在国民经济和区域经济中的地位进行分析，识别未来市场对产业和服务的需求，并分析产业的发展趋势，明确产业目标。核心工作是采取科学的办法，筛选出市场需求优先序，为产业选择技术创新战略、确定技术创新组织形式以及研发计划的组织管理等提供参考，为酿造高粱产业目标提供依据。

(一) 酿造高粱产品的不同需求

高粱作为主要原料用于酿造的产品有白酒、啤酒、山西老陈醋，白酒与山西老陈醋在中国具有悠久的历史和地域文化属性。高粱啤酒在非洲是一种传统饮料，具有悠久的饮用历史，目前在世界各国均有工业化生产。

通过调研酿造高粱不同类型产品的需求（表 5-2），结合研讨会头脑风暴值和调研问卷统计值进行了重要性评价，按公式计算各要素的重要值：

$$V = D \times T \tag{5-1}$$

式中，V 表示重要值，D 表示问卷统计值，T 表示头脑风暴统计值。结果显示，高粱酒（包括高粱白酒、高粱啤酒、料酒等）的需求量最高，重要值为 6.04；高粱醋（山西老陈醋等）的需求次之，重要值为 1.01。

表 5-2 酿造高粱产品需求调查

选项	头脑风暴值 T	调查问卷值 D	重要值 V	排序
高粱酒（白酒、啤酒等）	3.55	1.70	6.04	1
高粱醋（山西老陈醋等）	1.02	0.99	1.01	2

(二) 酿造高粱产品年消费金额以及购买频次

通过对酿造高粱产品年消费金额调查，消费金额在 1 000 元以上的占比最多，综合计算重要值为 1.25；消费金额在 500～1 000 元的占比最少，重要值为 0.33（表 5-3）。

表5-3　酿造高粱产品年消费金额调查

选项	头脑风暴值 T	调查问卷值 D	重要值 V	排序
100 元以下	3.55	28.46%	1.01	2
100~500 元	2.95	22.76%	0.67	3
500~1 000 元	2.02	16.26%	0.33	4
1 000 元以上	3.85	32.52%	1.25	1

在酿造高粱产品购买频次调查中，1 季度及以上 1 次购买的人员最多，占总调查人数的 70.73%，综合计算重要值为 2.74；1 周 1 次购买的人员最少，占总调查人数的 3.25%，重要值为 0.02（表5-4）。

表5-4　酿造高粱产品消费频次调查

选项	头脑风暴值 T	调查问卷值 D	重要值 V	排序
1 周 1 次	0.52	3.25%	0.02	3
1 月 1 次	1.42	26.02%	0.37	2
1 季度及以上 1 次	3.88	70.73%	2.74	1

（三）酿造高粱产品购买途径

在酿造高粱产品购买途径调查中，选择超市购买途径的人员最多，占调查人数的 83.74%，综合计算重要值为 3.26；选择除集市、超市、网购外的其他购买途径人员最少，占调查人数的 33.33%，重要值为 0.60（表5-5）。

表5-5　酿造高粱产品购买途径调查

选项	头脑风暴值 T	调查问卷值 D	重要值 V	排序
集市	1.95	39.02%	0.76	3
超市	3.89	83.74%	3.26	1
网购	2.74	61.79%	1.69	2
其他	1.81	33.33%	0.60	4

（四）酿造高粱加工产品市场需求要素排序

在酿造高粱加工产品市场需求要素排序调查中，商品口味是被调查人员最重视的，综合计算重要值为 11.74；关注产品外观占比人数最少，重要值为 1.84（表5-6）。

表 5-6　酿造高粱加工产品市场需求要素调查

选项	头脑风暴值 T	调查问卷值 D	重要值 V	排序
商品口味	3.58	3.28	11.74	1
商品价格	2.99	3.11	9.30	2
产品外观	1.21	1.52	1.84	4
购买便捷性	1.51	1.41	2.13	3

（五）酿造高粱的市场需求要素排序

酿造高粱市场需求要素中，排名第一的要素是建立酿造高粱生产的质量安全保障体系，重要值为 3.18；排名最后的要素是控制酿造高粱制种成本、提高效益的措施，重要值为 1.14（表 5-7）。

表 5-7　酿造高粱市场需求要素调查统计

产业目标要素	问卷统计值 D	头脑风暴值 T	重要值 V	排序
颁布酿造高粱相关的农业支持政策法规	0.75	3.94	2.96	2
配套酿造高粱的农业基础设施	0.64	3.05	1.95	4
建立酿造高粱生产的质量安全保障体系	0.79	4.02	3.18	1
控制酿造高粱制种成本，提高效益	0.40	2.85	1.14	6
研究酿造高粱专用栽培、制种、病虫害防治等技术	0.60	3.75	2.25	3
建立酿造高粱品种、技术等推广模式	0.50	3.02	1.51	5

第二节　酿造高粱产业目标分析

一、酿造高粱产业发展目标问卷调查

根据酿造高粱产业发展特征，在市场需求调研的基础上，查阅我国杂粮相关产业规划，由专家组头脑风暴法形成了酿造高粱产业目标调查问卷初稿，经多次会议论证及专家意见修改后，形成了酿造高粱产业目标调查问卷正式版（表 5-8）。问卷形成后，通过走访政府部门、科研单位、高校等高粱相关产业的工作人员，深入调研酿造高粱渠道经销商、基层农技人员、酿造高粱相关企业等，采用面谈、现场问卷和手机 APP 线上问卷的方式，就酿造高粱产业发展目标进行了问卷调查。参与问卷调查的人数达 110 人（图 5-3、图 5-4）。

表 5-8　酿造高粱产业发展目标调查问卷

1. 您所在单位性质是?
   A. 科研单位
   B. 高校
   C. 农村基层推广机构
   D. 行业行政主管部门
   E. 大型种植户（种植合作社）
   F. 企业

2. 您的年龄层次为?
   A. 30 岁以下
   B. 30～40 岁
   C. 40～50 岁
   D. 50 岁以上

3. 我国酿造高粱种植规模目标应定位在哪个级别最为合适（单选）?
   A. 800 万亩以下
   B. 800 万～1 500 万亩
   C. 1 500 万亩以上
   D. 不清楚

4. 酿造高粱产品产值预期目标?
   A. 3 000 亿元以下
   B. 3 000 亿～4 000 亿元
   C. 4 000 亿元以上

5. 您认为哪种经营模式更适合未来酿造高粱产业发展?
   A. 订单式
   B. 散户自营
   C. 企业自营

6. 请选择您认为重要的 5 个产业目标要素。
   A. 专用品种选育
   B. 完善高效育种技术平台、挖掘和利用优异基因
   C. 集成配套轻简栽培技术
   D. 建立病虫草害防治技术体系
   E. 产品质量安全
   F. 产业人才队伍与基础设施建设
   G. 建立专业行业协会
   H. 建立信息化技术服务平台
   I. 产品精深加工技术
   J. 完善产供销一体化体系

　　酿造高粱市场需求调研对象中科研单位占比最高，占 42.20%；大型种植户（种植合作社）占比最低，占 6.42%。

　　市场需求调研对象年龄在 30～40 岁占比最高，占 43.90%；30 岁以下占比最少，占 4.88%。

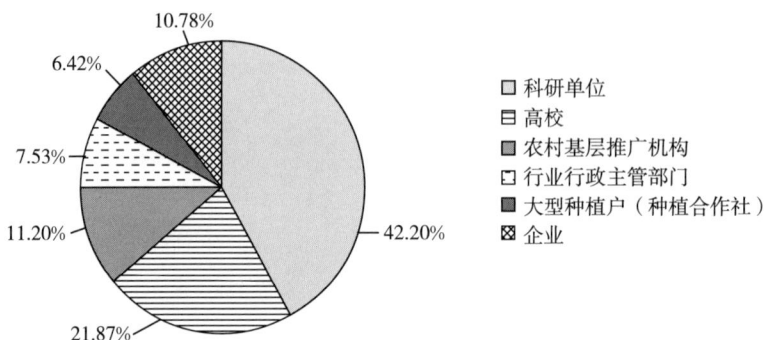

图 5 - 3　酿造高粱市场需求调研对象比例

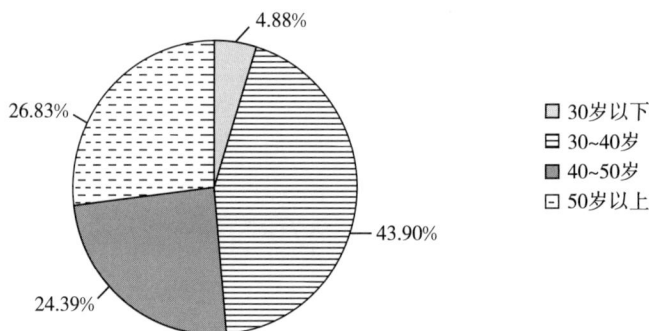

图 5 - 4　酿造高粱市场需求调研对象年龄结构

二、酿造高粱产业目标分析研讨会

　　研讨会通过科学的统计方法，会聚高粱产业领域专家对全国酿造高粱产业发展目标进行判定，研讨内容包括：确定酿造高粱产业发展目标，对酿造高粱产业链未来发展的总体目标进行分类；分析并罗列出与酿造高粱产业目标相关联的目标要素，确定主要产业目标要素；统计产业目标要素的优先顺序。研讨会参与人员为：国家高粱体系岗位专家、中国农业科学院、山西农业大学、山西省农业农村厅专家代表，以及高粱产业技术路线图编制组全体成员共 27 人。现场专家进行了头脑风暴会议，将调研的所有产业目标要素由专家进行产业目标要素排序，并将专家排序与调研表排序综合计算，对最终酿造高粱产业目标要素排序进行讨论并确定优先序。

三、酿造高粱产业目标调查问卷结果

　　对酿造高粱产业目标的分析采取了市场调研、网络问卷调查以及研讨会现场打分的方式，通过专家团头脑风暴法确定了酿造高粱产业的重要目标要素，统计分析了酿造高粱产业目标要素的优先序，并利用关联分析法建立了酿造高粱市场需求要素与酿造高粱产业目标要素的关联分析矩阵，获得最终的产业目标要素优先序。

（一）酿造高粱种植规模产业目标调查统计

酿造高粱种植规模产业目标调查统计显示，8.13%的被调查者认为酿造高粱种植规模应在800万亩以下，28.46%的认为规模应在800万~1 500万亩，24.39%的认为规模应在1 500万亩以上，见图5-5。

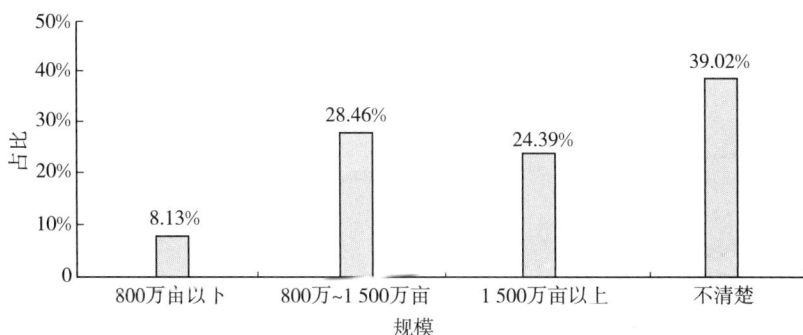

图5-5　酿造高粱种植规模目标调查统计结果

（二）酿造高粱产品产值预期目标调查统计

酿造高粱产品产值预期目标调查统计结果显示，13.82%的被调查者认为酿造高粱产品产值预期应在3 000亿元以下，17.89%的认为产值预期应在3 000亿~4 000亿元，23.58%的认为产值预期应在4 000亿元以上，详见图5-6。

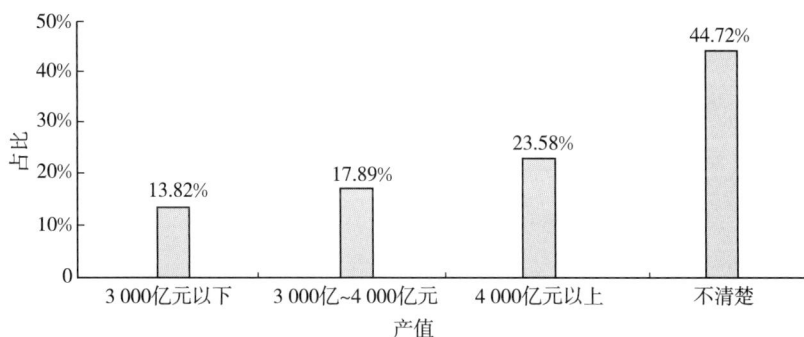

图5-6　酿造高粱产品产值预期目标调查统计结果

(三) 酿造高粱产业发展经营模式目标调研统计

酿造高粱产业发展经营模式目标调研统计结果见图 5-7。其中，80.49%的被调查者认为订单式生产是酿造高粱产业发展最佳经营模式，2.44%的认为散户自营是酿造高粱产业发展最佳经营模式，17.07%的认为企业自营是酿造高粱产业发展最佳经营模式。

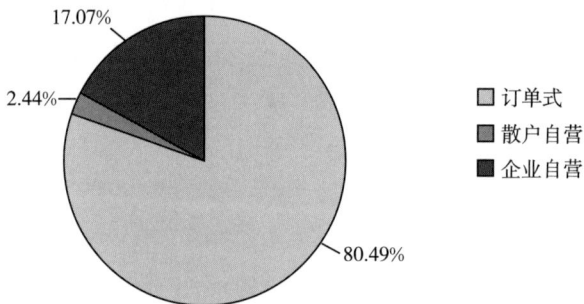

图 5-7 酿造高粱产业发展经营模式目标调查统计结果

(四) 酿造高粱产业目标要素排序

结合市场调研、网络调查问卷及专家组头脑风暴法对 10 个酿造高粱产业目标要素进行综合打分，按公式 5-1 计算各要素的重要值。对结果进行统计后得到各个要素的优先序 (表 5-9)，专家经过头脑风暴法对排名前 6 名的酿造高粱产业目标要素进行近期、中期、长期三个时间段的预期分析，得到多个相关产业目标要素 (表 5-10)。

表 5-9 酿造高粱产业目标要素排序

产业目标要素	问卷统计值 D	头脑风暴值 T	重要值 V	排序
专用品种选育	0.83	0.80	0.67	1
集成配套轻简栽培技术	0.50	0.50	0.25	2
完善高效育种技术平台、挖掘和利用优异基因	0.50	0.51	0.25	3
产品质量安全	0.43	0.48	0.21	4
完善产供销一体化体系	0.42	0.41	0.17	5
建立病虫草害防治技术体系	0.38	0.37	0.14	6
产品精深加工技术	0.35	0.36	0.13	7
产业人才队伍与基础设施建设	0.33	0.35	0.12	8
建立信息化技术服务平台	0.20	0.20	0.04	9
建立专业行业协会	0.07	0.07	0.005	10

表 5－10 酿造高粱产业目标要素调查问卷统计

产业目标要素	近期（＜3 年）	中期（3～8 年）	长期（＞8 年）
1. 专用品种选育	系统整理现有育种资源，重组国内外收集的酿造高粱种质资源，以系谱图清楚的骨干系为参考，开展高产、优质、广适型酿造高粱新品种的选育	引进新种质资源，利用生物技术方法，包括单倍体诱导技术、化学诱变技术等，丰富遗传多样性，建立核心种质库；开展分子标记辅助育种	优异表型与基因型精准鉴定，利用转基因技术与传统技术相结合，开展分子设计育种，定向选择目标性状
2. 集成配套轻简栽培技术	酿造高粱轻简艺机一体化技术研发，水肥高效技术研发，掌握酿造高粱全生育期水、肥、害规律	在一系列栽培措施基础上，集成酿造高粱轻简、高效栽培技术规程，配套专用肥	与农业机械应用成果整合形成完备的酿造高粱轻简栽培技术标准，并应用到生产中
3. 完善高效育种技术平台、挖掘和利用优异基因	通过国内外科研单位、企业联合研发，搜集、整理国内外酿造高粱优异材料	建立酿造高粱种子资源库，完成优异表型准鉴定与基因挖掘	建立酿造高粱种质、基因应用平台，高效分子育种技术平台
4. 产品质量安全	酿造高粱生产大数据分析，高效快速检测方式方法研究	酿造高粱生产环节质量体系、检测体系建立	建成酿造全生育期跟踪管理、产品溯源、质量检测标准化体系
5. 完善产供销一体化体系	开展酿造高粱产供销环节调研，精准分析数据、问题	建立区域联合沟通机制，需求信息发布平台	建成完善的酿造高粱产供销网络、大数据调配平台，实现按需生产、按质生产
6. 建立病虫草害防治技术体系	完善酿造高粱病、虫、草害等主要灾害监控体系及其发生规律研究	无公害防治药剂开发和综合防治技术研发，实现检测技术速测、精准、标准	实现酿造高粱生产、加工全程无公害化管理

（五）酿造高粱产业目标要素与市场需求要素关联分析

以酿造高粱市场需求要素 V_i 为基础，通过专家组头脑风暴法对产业目标要素的重要值 V_{ji} 进行评价，最终形成产业目标要素与市场需求要素的关联分析矩阵，通过公式 $\sum(V_{ji} \times V_i)$ ，最终获得酿造高粱产业目标要素在市场需求拉动下的优先序，详见表 5-11、表 5-12。

表 5 - 11　酿造高粱产业目标要素与市场需求要素关联分析

需求要素	V_1	V_2	V_3	V_4	V_5	V_6	$\sum(V_{ji}\times V_i)$	排序
重要值	3.176	2.955	2.250	1.952	1.510	1.140		
目标要素重要值(V_{ji}) 1	1	2	3	2	2	1	23.90	2
2	2	0	3	2	2	1	21.17	4
3	0	2	1	1	0	0	10.11	8
4	3	1	2	2	1	0	22.40	3
5	1	2	0	0	2	2	14.39	6
6	2	1	3	1	1	1	20.66	5
7	1	1	0	0	0	0	6.13	10
8	2	3	0	3	3	1	26.74	1
9	1	2	0	0	1	0	12.18	7
10	1	2	0	0	0	0	9.09	9

注：V_{ji} 表示酿造高粱产业目标要素与市场需求要素关联的重要值，V_i 表示酿造高粱市场需求要素。

表 5 - 12　关联分析后产业目标要素

产业目标要素	近期（<3 年）	中期（3~8 年）	长期（>8 年）
1. 集成配套轻简栽培技术	酿造高粱轻简艺机一体化技术研发，水肥高效技术研发，掌握酿造高粱全生育期水、肥、害规律	在一系列栽培措施基础上，集成酿造高粱轻简、高效栽培技术规程，配套专用肥	与农业机械应用成果整合形成完备的酿造高粱轻简栽培技术标准，并应用到生产中
2. 专用品种选育	系统整理现有育种资源，重组国内外收集的酿造高粱种质资源，以系谱图清楚的骨干系为参考，开展高产、优质、广适型酿造高粱新品种的选育	引进新种质资源，利用生物技术方法，包括单倍体诱导技术、化学诱变技术等，丰富遗传多样性，建立核心种质库；开展分子标记辅助育种	优异表型与基因型精准鉴定，利用转基因技术与传统技术相结合，开展分子设计育种，定向选择目标性状
3. 建立病虫草害防治技术体系	完善酿造高粱病、虫、草害等主要灾害监控体系及其发生规律研究	无公害防治药剂开发和综合防治技术研发，实现检测技术速测、精准、标准	实现酿造高粱生产、加工全程无公害化管理
4. 完善产供销一体化体系	开展酿造高粱产供销环节调研、精准分析，形成高效实用的数据区块链	建立区域联合沟通机制，信息共享平台	建成完善的酿造高粱产供销网络、大数据调配平台，实现按需生产、按质生产

（续）

产业目标要素	近期（<3 年）	中期（3~8 年）	长期（>8 年）
5. 产品质量安全	酿造高粱生产大数据分析，高效快速检测方式方法研究	酿造高粱生产环节质量体系、检测体系建立	建成酿造高粱质量跟踪管理、产品溯源、检测标准化体系
6. 完善高效育种技术平台、挖掘和利用优异基因	通过国内外科研单位、企业联合研发，搜集、整理国内外酿造高粱优异材料	建立酿造高粱种质资源库，完成优异表型精准鉴定与基因挖掘	建立酿造高粱种质、基因应用平台，高效分子育种技术平台

由酿造高粱产业目标要素与市场需求要素关联分析后得出 6 个产业目标要素在市场需求拉动下的优先发展战略。

集成配套栽培技术方面：急需开展艺机一体化技术研发，提高水肥利用效率以及酿造高粱全生育期水肥利用规律研究，进而集成轻简、高效技术规程，整合形成完备的酿造高粱技术标准，并推广应用到生产当中。

专用型品种选育方面：系统整理现有育种资源，重组国内外收集的酿造高粱种质资源，以系谱图清楚的骨干系为参考，开展高产、优质、广适型酿造高粱新品种的选育；引进新种质资源，利用生物技术方法，包括单倍体诱导技术、化学诱变技术等，丰富遗传多样性，建立核心种质库；开展分子标记辅助育种优异表型与基因型精准鉴定，利用转基因技术与传统技术相结合，开展分子设计育种，定向选择目标性状。

建立病虫草害防治技术体系方面：首要开展酿造高粱病虫草害等主要灾情联合监控体系建设与发生规律研究；通过无公害防治药剂开发和综合防治技术研发，实现检测技术速测、精准、标准化，最终实现酿造高粱生产体系无公害化管理。

完善产供销一体化体系方面：通过对酿造高粱产供销环节充分调研、精准分析，形成高效可用的数据区块链，进而建立区域性的联合沟通机制以及信息共享平台，最终建立起完善的酿造高粱产供销网络以及大数据平台，实现按需生产、按质生产。

产品质量安全方面：首先通过大数据分析开展高效快速的质量检测系统研究，建立全环节质量监测体系，形成酿造高粱全产业链质量跟踪管理、产品溯源检测标准化生产体系。

完善高效育种技术平台、挖掘和利用优异基因方面：首先是联合国内外科研单位、企业开展酿造高粱优质种质资源材料的收集整理；建立酿造高粱种质资源库，完成优异表型精准鉴定与基因挖掘；建立酿造高粱种质、基因应用平台，高效分子育种技术平台。

第三节　酿造高粱技术壁垒分析

技术壁垒分析是旨在提出、讨论和确定近期、中期、长期不同酿造高粱产业目标要素过程中存在的技术壁垒，以及多种技术壁垒要素的优先顺序，具体分析影响产业目标实现的技术难点，各个关键技术应用的现状、特点等。

一、酿造高粱技术壁垒问卷调查

根据酿造高粱产业发展现状及专家组对该领域的研究，编制组成员查阅资料，设计出技术壁垒调查问卷，专家组对调查问卷进行逐条分析，确立了酿造高粱全产业链四个环节（新品种选育、酿造高粱生产栽培技术、技术服务、流通加工及综合利用过程）中技术壁垒因素，形成酿造高粱产业技术壁垒调查问卷（表5-13）。采用面谈、现场问卷和手机 APP 线上问卷的方式，对科研单位、高校、农业基层推广机构、行政主管部门、大型种植户（种植合作社）、企业等人员开展问卷调查。参与问卷调查的人数达 98 人。调查对象及调查比例见图 5-8、图 5-9。

表 5-13　酿造高粱产业技术壁垒调查问卷

1. 您所在单位性质是？
　A. 科研单位
　B. 高校
　C. 农村基层推广机构
　D. 行业行政主管部门
　E. 大型种植户（种植合作社）
　F. 企业
2. 您的年龄层次为？
　A. 30 岁以下
　B. 30～40 岁
　C. 40～50 岁
　D. 50 岁以上
3. 请您对酿造高粱品种选育中技术壁垒要素排序。
　A. 优异种质资源缺乏，创新能力差
　B. 遗传转化体系不成熟

（续）

    C. 缺乏适宜区域生态气候的高抗逆、丰产性品种

    D. 基础科研缺乏稳定经费支持

    E. 研发团队不稳定，技术力量薄弱

    F. 专用科研试验装备缺乏

4. 请您对酿造高粱生产技术研究中技术壁垒要素排序。

    A. 水肥利用效率偏低

    B. 不同生态区病虫害发生规律研究不够深

    C. 产品安全质量的监测点建设尚不健全

    D. 山地、坡道等边缘区生产机械化程度低

    E. 高效、低毒、低残留农药及专用生物农药新产品的研发应用滞后

5. 请您对酿造高粱技术服务中技术壁垒要素排序。

    A. 缺乏稳定的经费支持

    B. 对市场假冒伪劣种子与知识产权保护应加强市场管理与监督

    C. 社会化农机服务组织不多，需构建社会渠道农机服务体系

    D. 技术服务体系缺乏合理的人才结构、稳定的农技队伍、健全的农技服务机制

    E. 建设分布合理的新品种、新技术示范展示基地

    F. 农业研究机构与农业推广机构脱节

6. 请您对酿造高粱流通加工及综合利用过程中技术壁垒要素排序。

    A. 加工产品种类少

    B. 加工新产品开发不足

    C. 缺乏良好的信誉体系和合同履约体系

    D. 产供销一体化程度低，缺乏专业的行业协会

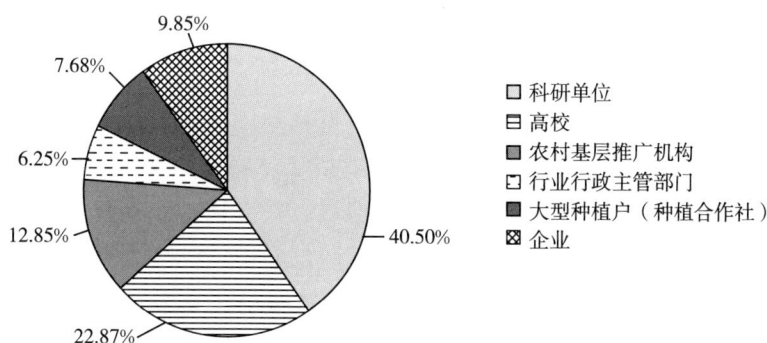

图 5-8　酿造高粱技术壁垒调查对象比例

    酿造高粱技术壁垒调查对象主要是由科研单位、高校、农业基层推广机构，占总调查人数的 76.22%；行业行政主管部门参加调查最少，占总调查人数的 6.25%。

    酿造高粱技术壁垒调查对象年龄主要集中在 30～50 岁，占总调查人数的 74.98%；30 岁以下参加调查人数最少，占总调查人数的 3.25%。

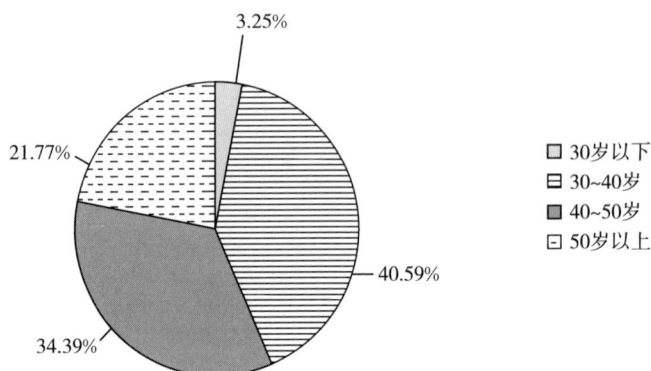

图 5-9　酿造高粱技术壁垒调查对象年龄结构

二、酿造高粱产业技术壁垒分析

分析酿造高粱全产业链涉及的技术壁垒，系统、清晰地描绘出酿造高粱全产业链涉及的技术领域以及各领域的关键技术，通过分析全产业链各关键技术应用现状和特点，总结得出酿造高粱全产业链 4 个环节的技术壁垒，并对产业链各环节的技术壁垒问题分别排序。

（一）酿造高粱产业技术壁垒优先排序

结合实地、网络调研及专家头脑风暴法，分别对酿造高粱全产业链各环节中的关键技术难点进行综合评价，对调查结果分析得出 6 大类技术壁垒要素，结果排序如下：

（1）酿造高粱种质资源多样性与创新缺乏，优质多抗性资源不足，广适性特异性新品种缺乏。

（2）酿造高粱相关产业缺乏稳定的项目经费支持，研发技术力量不强。

（3）酿造高粱品种配套轻简栽培技术研发滞后。

（4）酿造高粱用途开发及其现有加工品类的研发创新能力落后，精深加工能力不足。

（5）酿造高粱相关行业组织和体系建设不完善，专业服务人才缺乏。

（6）酿造高粱种子市场管理有待加强。

（二）行业服务链设计的关键技术难点、技术差距与障碍分析

根据技术壁垒调查结果，编制组进行了总结归纳，针对酿造高粱品种选育、生产技术研究、技术服务、流通加工及综合利用 4 个环节中的关键技术难点、技术差距和障碍进行了分析，分析结果见表 5-14。

表5-14　酿造高粱产业技术差距与障碍分析

技术领域	关键技术难点	技术差距与障碍分析
品种选育	1. 优异种质资源缺乏，创新能力差 2. 基础科研缺乏稳定经费支持 3. 缺乏适宜区域生态气候的高抗逆、丰产性品种 4. 遗传转化体系不成熟 5. 研发团队不稳定，技术力量薄弱 6. 专用科研试验装备缺乏	优质、抗逆、抗病种质多样性资源缺乏；重要性状遗传规律研究不透彻；种质资源创新技术落后
生产技术研究	7. 山地、坡道等边缘区生产机械化程度低 8. 水肥利用效率偏低 9. 不同生态区病虫害发生规律研究不够深 10. 高效、低毒、低残留农药及专用生物农药新产品的研发应用滞后 11. 产品安全质量的监测点建设尚不健全	各类型专用机械研发少；专用型肥料开发少；简化高效标准化技术缺乏；水肥一体化研究缺乏；生物农药研发滞后；生产安全监测以及质量安全监测缺乏
技术服务	12. 技术服务缺乏稳定的经费支持 13. 技术服务体系缺乏合理的人才结构、稳定的农技队伍、健全的农技服务机制 14. 建设分布合理的新品种、新技术示范展示基地 15. 社会化农机服务组织不多，需构建社会渠道农机服务体系 16. 对市场假冒伪劣种子与知识产权保护应加强市场管理与监督 17. 农业研究机构与农业推广机构脱节	面向酿造高粱种植户缺乏新型农民培训；县乡级缺乏专业的农业技术人员支持；缺乏稳定的经费支持酿造高粱技术服务
流通加工及综合利用	18. 加工新产品开发不足 19. 加工产品种类少 20. 产供销一体化程度低，缺乏专业的行业协会 21. 缺乏良好的信誉体系和合同履约体系	酿造高粱深加工产品单一；加工技术研究缺乏；酿造高粱供销信息不对称，市场波动大；规范化运营体系不健全

三、酿造高粱产业技术壁垒与产业目标关联分析

将4大类21个技术难点分别与酿造高粱产业目标要素进行关联度分析，经过专家组头脑风暴法，从近期、中期和长期三个时间点上，归纳出15个技术难点，详见表5-15、表5-16。

表 5 - 15 酿造高粱产业目标与技术难点关联分析

产业目标要素	V_1	V_2	V_3	V_4	V_5	V_6	$\sum (V_{ji} \times V_i)$	排序
重要值	0.668	0.251	0.254	0.209	0.173	0.137		
1	3	0	2	1	0	2	3.00	11
2	3	3	3	2	1	2	4.38	2
3	3	2	3	2	1	2	4.13	3
4	2	1	2	1	0	0	2.30	16
5	3	3	3	2	2	3	4.69	1
6	2	3	0	0	1	0	2.26	18
7	3	3	0	2	2	2	3.80	7
8	2	3	0	1	0	0	2.30	17
9	3	3	2	3	0	3	4.30	4
10	2	3	2	3	1	3	3.81	6
11	0	0	0	3	1	2	1.07	21
12	3	3	3	0	1	2	3.97	5
13	0	3	0	2	2	3	1.93	20
14	3	3	0	1	0	3	3.38	10
15	2	2	0	0	3	2	2.63	15
16	3	1	0	3	3	1	3.54	9
17	3	3	0	1	2	3	3.72	8
18	2	1	0	0	3	1	2.24	19
19	3	1	0	0	3	1	2.91	12
20	2	1	0	2	3	1	2.66	13
21	2	1	0	2	3	1	2.66	14

表 5 - 16 筛选的酿造高粱产业 15 个重要技术难点（技术壁垒要素）

重要性排序	技术壁垒要素	关键技术难点序号
1	研发团队不稳定，技术力量薄弱	5
2	基础科研缺乏稳定经费支持	2
3	缺乏适宜区域生态气候的高抗逆、丰产性品种	3
4	不同生态区病虫害发生规律研究不够深	9
5	技术服务缺乏稳定的经费支持	12
6	高效、低毒、低残留农药及专用生物农药新产品的研发应用滞后	10
7	山地、坡道等边缘区生产机械化程度低	7

（续）

重要性排序	技术壁垒要素	关键技术难点序号
8	农业研究机构与农业推广机构脱节	17
9	对市场假冒伪劣种子与知识产权保护应加强市场管理与监督	16
10	建设分布合理的新品种、新技术示范展示基地	14
11	优异种质资源缺乏，创新能力差	1
12	加工产品种类少	19
13	产供销一体化程度低，缺乏专业的行业协会	20
14	缺乏良好的信誉体系和合同履约体系	21
15	社会化农机服务组织不多，需构建社会渠道农机服务体系	15

对关联筛选的 15 个关键技术难点，从近期、中期、长期三个时间节点上对存在的技术壁垒作出了评价（表 5-17）。

表 5-17　酿造高粱产业技术壁垒与产业目标关联分析结果

技术领域	近期（<3年）	中期（3~8年）	长期（>8年）
品种选育	5. 研发团队不稳定，技术力量薄弱。 2. 基础科研缺乏稳定经费支持。 1. 优异种质资源缺乏，创新能力差	6. 研发团队不稳定，技术力量薄弱。 3. 缺乏适宜区域生态气候的高抗逆、丰产性品种。 1. 优异种质资源缺乏，创新能力差	3. 缺乏适宜区域生态气候的高抗逆、丰产性品种
生产技术研究	9. 不同生态区病虫害发生规律研究不够深。 7. 山地、坡道等边缘区生产机械化程度低	10. 高效、低毒、低残留农药及专用生物农药新产品的研发应用滞后。 7. 山地、坡道等边缘区生产机械化程度低	10. 高效、低毒、低残留农药及专用生物农药新产品的研发应用滞后
技术服务	12. 技术服务缺乏稳定的经费支持。 17. 农业研究机构与农业推广机构脱节。 14. 建设分布合理的新品种、新技术示范展示基地	12. 技术服务缺乏稳定的经费支持。 17. 农业研究机构与农业推广机构脱节。 14. 建设分布合理的新品种、新技术示范展示基地。 15. 社会化农机服务组织不多，需构建社会渠道农机服务体系	17. 农业研究机构与农业推广机构脱节。 14. 建设分布合理的新品种、新技术示范展示基地

（续）

技术领域	近期（<3 年）	中期（3～8 年）	长期（>8 年）
流通加工及综合利用	16. 对市场假冒伪劣种子与知识产权保护应加强市场管理与监督。 19. 加工产品种类少	16. 对市场假冒伪劣种子与知识产权保护应加强市场管理与监督。 20. 产供销一体化程度低，缺乏专业的行业协会。 21. 缺乏良好的信誉体系和合同履约体系	20. 产供销一体化程度低，缺乏专业的行业协会。 21. 缺乏良好的信誉体系和合同履约体系

第四节 酿造高粱研发需求分析

在总结市场需求分析、产业目标分析和技术壁垒分析三个阶段所提出的问题基础上，确定突破产业技术壁垒和关键技术难点的研发需求。找出现实与目标的差距，清晰需要培养和提升的技术，确定研发需求层次（顶级、高级、中级）。

一、酿造高粱技术研发需求分析

为全面了解酿造高粱产业发展的研发需要，邀请国内知名高粱专家进行了研讨，采用头脑风暴法列出了酿造高粱产业链环节重要因素（表5-18）。

表 5 - 18　酿造高粱产业链环节重要因素评价

环节	顶级	高级	中级
品种选育	资源改良与亲本系选育 优良亲本系筛选与测配 资源收集评价与信息库 优良组合筛选与鉴定 育种新技术新方法	重要基因克隆与标记利用 新品种示范与推广 种子质量检测 杂种优势利用模式研究	种植制种技术规程应用 种子采收与种子贮藏 制种基地筛选与建设 杂交组合综合评价鉴定方法
生产栽培	新品种配套栽培技术集成与应用 轻简高效技术集成与示范 病虫害发生规律与防治 营养元素需求规律与施肥 新型专用农药的筛选与应用 酿造高粱生产规划与布局	抗旱节水技术集成与应用 灾害应急技术及体系建设 酿造高粱生产安全监测与预警 酿造高粱技术服务体系研究 区域高效专用肥的开发	山地农业播种机耕作技术 山地农业播种机械 保护性耕作技术集成与示范 大面积收获机械化技术 适宜的播种机栽培技术标准

（续）

环节	顶级	高级	中级
技术服务	周年高效耕种制技术集成与示范	农业研究机构与农业推广机构深入融合	新型农民技术培训
	品种示范基地的建设	稳定的定点农技服务站点建设	青年农场主培训
	高粱新品种知识产权保护	高粱技术服务团队建设	
流通加工及综合利用	酿造高粱深加工产品开发	酿造高粱精加工	高粱整秆全利用技术
	酿造高粱原料产品品质检测	酿造高粱快销新产品开发	酿造高粱原料加工贮藏技术
	酿造高粱保健功能挖掘		

　　根据领域研发重要排序结果，邀请专家采用头脑风暴法，列出 69 项研发需求项目，并对其进行评价，统计后研发需求要素按优先顺序分为顶级研发需求项目 25 个（表 5-19）、高级研发需求项目 31 个（表 5-20）、中级研发需求项目 13 个（表 5-21）。

表 5-19　酿造高粱产业顶级研发需求项目

编号	项目名称
1	酿造抗病育种材料创新及应用
2	广适型酿造高粱新品种的选育
3	高粱单倍体诱导系工程化育种关键技术研究
4	转基因技术研究及其在创新高粱育种材料的应用
5	抗除草剂酿造高粱新品种的选育与推广
6	绿色、轻简高效、机械化酿造高粱耕作技术集成与示范
7	国内外酿造高粱种质资源收集、评价与精准鉴定研究
8	养分高效利用酿造高粱新育种材料选育及机理探究
9	高淀粉高粱材料创制与挖掘
10	高粱品种及其亲本标准指纹图谱库的构建
11	酿造高粱籽粒营养成分调控机制研究
12	酿造高粱的营养功能与加工利用研究
13	酿造高粱化学诱变突变体库的构建
14	酿造高粱重要性状的组学辅助育种
15	酿造高粱种质资源抗性鉴定及应用
16	酿造高粱品质形成相关基因克隆与分子改良
17	高粱极端逆境（干旱、病害、瘠薄、低温）耐性基因克隆与应用

（续）

编号	项目名称
18	高粱抗旱基因挖掘及其功能鉴定
19	高粱矮秆基因的克隆与功能研究
20	高粱抗蚜基因的克隆与功能研究
21	高粱分蘖基因的克隆与功能研究
22	不同高粱品种酿造品质性状研究
23	酿造高粱新品种高效配套栽培技术研究
24	高粱新品种示范与推广体系
25	多组学联合解析酿造高粱品质的遗传基础

表 5 - 20　酿造高粱产业高级研发需求项目

编号	项目名称
1	酿造高粱新品种、新技术示范推广
2	高粱耐瘠转录组测序的基因挖掘
3	酿造高粱抗逆种质资源的鉴定及基因转录组测序
4	利用化学诱变创制酿造高粱新种质及新品种选育
5	酿造高粱重要性状 QTL 定位及分子标记辅助育种研究
6	酿造高粱生产质量安全监测平台建设
7	高粱代谢组与全转录组响应干旱胁迫的调控网络分析
8	高粱专用除草剂的研发及利用
9	逆境条件下高粱适应性分子生理机制
10	酿造高粱的表观遗传学研究
11	酿造高粱生物育种与转基因安全研究
12	酿造高粱主要病害发生、传播和成灾规律研究
13	酿造高粱原料质量安全检测技术研究
14	酿造高粱产业技术经济评价
15	酿造高粱产品市场营销策略研究
16	酿造高粱新产品研发
17	酿造高粱全生育期对土壤不同营养元素的吸收差异规律研究
18	适用于高粱试验的小型精密机械的研发
19	酿造高粱种质资源抗病鉴定及其利用研究
20	酿造高粱籽粒产量性状研究
21	酿造高粱籽粒品质性状研究

（续）

编号	项目名称
22	代谢组学解析高粱逆境胁迫的响应机制
23	酿造高粱短期极端逆境的分子响应机制研究
24	组培育种技术在高粱种质创制中的应用
25	促生菌剂对酿造高粱逆境生理及土壤微生态的影响研究
26	酿造高粱苗期根系生长性状解析
27	密度对不同株型高粱群体光照资源利用率及产量的影响
28	酿造高粱专用肥料研发
29	酿造高粱保健药用价值分析
30	酿造高粱醇溶蛋白与淀粉粒螯合结构及性能的研究
31	酿造高粱特异表达启动子克隆与应用

表 5 - 21 酿造高粱产业中级研发需求项目

编号	项目名称
1	现代酿造高粱产业经营组织体系研究与构建
2	酿造高粱主要品质性状代谢规律、生理功能与高效利用技术
3	酿造高粱原粮品质评价方法建立
4	酿造高粱免耕轻简技术集成与优化
5	酿造高粱生产风险管理研究与应急预案制定
6	酿造高粱品质快速检测方法研究
7	酿造高粱节水栽培模式研究
8	酿造高粱与土壤互作关系研究
9	酿造高粱连作障碍研究
10	酿造高粱有机旱作栽培技术研发
11	高粱醇溶蛋白提取与利用技术研究
12	高粱秸秆还田土壤培肥技术研究
13	酿造高粱产品功能与宣传推广策略研究

按技术环节来看，酿造高粱品种选育环节项目占 28 项，酿造高粱生产栽培环节项目占 22 项，酿造高粱技术服务环节项目占 12 项，酿造高粱流通加工及综合利用环节项目占 7 项（图 5 - 10）。

重要性高	1、2、3、4、5、7、8、9、10、11、13、14、15、16、17、18、19、20、21、25	6、23	24	12、22	顶级研发项目
	2、3、4、5、7、10、24、31	6、8、9、11、17、18、19、20、21、22、23、25、26、27、28	1、12、13、14、15、29、30	16	高级研发项目
重要性低		2、4、7、8、9	1、5、10、12	3、6、11、13	中级研发项目
领域	品种选育	生产栽培	技术服务	加工利用	

图 5-10　酿造高粱产业研发项目各环节位置

二、酿造高粱最优先（顶级）研发需求分析

从风险性、利润影响因素、技术研发时间节点、组织研发主体 4 个方面对顶级研发需求进行分析。

（一）风险性分析

1. 顶级研发需求项目市场风险分析

顶级研发需求市场风险分析见表 5-22。其中，12 项被归为低风险研发需求项目，8 项被归为中风险研发需求项目，5 项被归为高风险研发需求项目。

表 5-22　酿造高粱产业顶级研发需求项目市场风险分析

市场风险等级	低风险	中风险	高风险
研发项目	6. 绿色、轻简高效、机械化酿造高粱耕作技术集成与示范	1. 酿造抗病育种材料创新及应用	2. 广适型酿造高粱新品种的选育
	7. 国内外酿造高粱种质资源收集、评价与精准鉴定研究	4. 转基因技术研究及其在创新高粱育种材料的应用	3. 高粱单倍体诱导系工程化育种关键技术研究
	8. 养分高效利用酿造高粱新育种材料选育及机理探究	13. 酿造高粱化学诱变突变体库的构建	5. 抗除草剂酿造高粱新品种的选育与推广
	9. 高淀粉高粱材料创制与挖掘	14. 酿造高粱重要性状的组学辅助育种	16. 酿造高粱品质形成相关基因克隆与分子改良
	10. 高粱品种及其亲本标准指纹图谱库的构建	19. 高粱矮秆基因的克隆与功能研究	17. 高粱极端逆境（干旱、病害、瘠薄、低温）耐性基因克隆与应用

（续）

市场风险等级	低风险	中风险	高风险
研发项目	11. 酿造高粱籽粒营养成分调控机制研究 12. 酿造高粱的营养功能与加工利用研究 15. 酿造高粱种质资源抗性鉴定及应用 18. 高粱抗旱基因挖掘及其功能鉴定 22. 不同高粱品种酿造品质性状研究 23. 酿造高粱新品种高效配套栽培技术研究 24. 高粱新品种示范与推广体系	20. 高粱抗蚜基因的克隆与功能研究 21. 高粱分蘖基因的克隆与功能研究 25. 多组学联合解析酿造高粱品质的遗传基础	

2. 顶级研发需求项目技术风险分析

顶级研发需求项目技术风险分析见表 5 - 23。其中，5 项被归为低风险研发需求项目，8 项被归为中风险研发需求项目，12 项被归为高风险研发需求项目。

表 5 - 23　酿造高粱产业顶级研发需求项目技术风险分析

技术风险等级	低风险	中风险	高风险
研发项目	6. 绿色、轻简高效、机械化酿造高粱耕作技术集成与示范 15. 酿造高粱种质资源抗性鉴定及应用 22. 不同品种高粱品种酿造品质性状研究 23. 酿造高粱新品种高效配套栽培技术研究	1. 酿造抗病育种材料创新及应用 7. 国内外酿造高粱种质资源收集、评价与精准鉴定研究 9. 高淀粉高粱材料创制与挖掘 10. 高粱品种及其亲本标准指纹图谱库的构建	2. 广适型酿造高粱新品种的选育 3. 高粱单倍体诱导系工程化育种关键技术研究 4. 转基因技术研究及其在创新高粱育种材料的应用 5. 抗除草剂酿造高粱新品种的选育与推广

（续）

技术风险 等级	低风险	中风险	高风险
研发 项目	24. 高粱新品种示范与推广体系	11. 酿造高粱籽粒营养成分调控机制研究	8. 养分高效利用酿造高粱新育种材料选育及机理探究
		12. 酿造高粱的营养功能与加工利用研究	16. 酿造高粱品质形成相关基因克隆与分子改良
		13. 酿造高粱化学诱变突变体库的构建	17. 高粱极端逆境（干旱、病害、瘠薄、低温）耐性基因克隆与应用
		14. 酿造高粱重要性状的组学辅助育种	18. 高粱抗旱基因挖掘及其功能鉴定
			19. 高粱矮秆基因的克隆与功能研究
			20. 高粱抗蚜基因的克隆与功能研究
			21. 高粱分蘖基因的克隆与功能研究
			25. 多组学联合解析酿造高粱品质的遗传基础

（二）利润影响因素分析

1. 顶级研发需求项目利润大小评估分析

顶级研发需求项目利润大小评估分析见表 5-24。其中，3 项研发需求被认定为利润小，10 项研发需求被认定为利润中等，12 项研发需求被认定为利润大。

表 5-24　酿造高粱产业顶级研发需求项目利润大小评估分析

利润小	利润中等	利润大
3. 高粱单倍体诱导系工程化育种关键技术研究	1. 酿造抗病育种材料创新及应用	2. 广适型酿造高粱新品种的选育
4. 转基因技术研究及其在创新高粱育种材料中的应用	10. 高粱品种及其亲本标准指纹图谱库的构建	5. 抗除草剂酿造高粱新品种的选育与推广
13. 酿造高粱化学诱变突变体库的构建	14. 酿造高粱重要性状的组学辅助育种	6. 绿色、轻简高效、机械化酿造高粱耕作技术集成与示范

（续）

利润小	利润中等	利润大
	16. 酿造高粱品质形成相关基因克隆与分子改良	7. 国内外酿造高粱种质资源收集、评价与精准鉴定研究
	17. 高粱极端逆境（干旱、病害、瘠薄、低温）耐性基因克隆与应用	8. 养分高效利用酿造高粱新育种材料选育及机理探究
	18. 高粱抗旱基因挖掘及其功能鉴定	9. 高淀粉高粱材料创制与挖掘
	19. 高粱矮秆基因的克隆与功能研究	11. 酿造高粱籽粒营养成分调控机制研究
	20. 高粱抗蚜基因的克隆与功能研究	12. 酿造高粱的营养功能与加工利用研究
	21. 高粱分蘖基因的克隆与功能研究	15. 酿造高粱种质资源抗性鉴定及应用
	25. 多组学联合解析酿造高粱品质的遗传基础	22. 不同品种高粱品种酿造品质性状研究
		23. 酿造高粱新品种高效配套栽培技术研究
		24. 高粱新品种示范与推广体系

2. 顶级研发需求项目利润影响因素分析

顶级研发需求项目利润影响因素分析见表 5 - 25。

表 5 - 25　酿造高粱产业顶级研发需求利润影响因素分析

序号	项目名称	有利因素	不利因素
1	酿造抗病育种材料创新及应用	与国内外同行有一定交流，便于材料的引进、资源多样性扩增；选育抗病性材料，有利于减少化学农药用量，提高食品安全，社会效益和经济效益高	病害生理小种及病发机理研究不深；水平抗性多样化不足；垂直抗性会影响新的病原变种；缺乏抗性材料和基因
2	广适型酿造高粱新品种的选育	国内高粱育种单位已经做了大量的前期研究，积累了丰富的材料；高粱育种人员数量和水平逐步提升以及酿造高粱市场热度提升都有助于酿造高粱新品种选育的突破	高粱广适高产育种处于爬坡期，人力物力投入波动大且量不足；广适型酿造高粱品种选育难度大，时间经济成本高，成功风险大

（续）

序号	项目名称	有利因素	不利因素
3	高粱单倍体诱导系工程化育种关键技术研究	高粱和玉米都属于 C4 作物,玉米单倍体技术成熟对高粱具有一定的参考价值;国内多家单位和生物公司都在开展高粱单倍体技术研究,发展前景好	高粱遗传转化体系的建立较为困难,仍旧是国内科研人员急需攻克的难点
4	转基因技术研究及其在创新高粱育种材料的应用	国家对转基因技术有研发储备战略需求,转基因技术研发有一定基础	高粱转基因研究处于初步阶段,研发基础较差;转基因农作物品种应用控制政策的限制
5	抗除草剂酿造高粱新品种的选育与推广	抗除草剂酿造高粱新品种处于研发阶段,市场潜力巨大	抗除草剂高粱品种研发基础差,受转基因技术限制,抗除草剂高粱品种选育难度大、周期长、投入多
6	绿色、轻简高效、机械化酿造高粱耕作技术集成与示范	随着我国现代化发展,农机发展迅速,农业耕作模式逐步向简化、高效发展,技术应用市场前景好	我国耕地碎片化,不适宜大型机械作业,中小型精密农业机械研发投入不足
7	国内外酿造高粱种质资源收集、评价与精准鉴定研究	与国际高粱领域专家建立了长期稳定的合作,具有良好的种质资源交流基础;现代技术的快速发展为种质资源的鉴定研究提供了便利条件	受全球粮食安全影响,种质资源流通较为困难
8	养分高效利用酿造高粱新育种材料选育及机理探究	提供养分利用率,减少化工肥料面源污染,做到保产少肥,市场需求大,推广前景大	养分高效利用还处于基础研究阶段,还需开展大量工作
9	高淀粉高粱材料创制与挖掘	高粱高淀粉材料研发基础较好,材料创制较为丰富	随着人为选择,高淀粉高粱材料遗传多样性逐步变小,急需拓宽遗传基础
10	高粱品种及其亲本标准指纹图谱库的构建	随着酿造高粱市场持续升温,高粱品种产权保护需求增加,市场发展潜力巨大	需要投入稳定的政策经费支持与维护,工作量较大
11	酿造高粱籽粒营养成分调控机制研究	随着酿造高粱市场持续升温,酿造高粱籽粒营养成分调控研究必不可少,对市场具有指导意义	需要投入稳定的经费支持与维护,工作量较大
12	酿造高粱的营养功能与加工利用研究	随着酿造高粱市场持续升温,酿造高粱籽粒营养功能与加工研究必不可少,对市场具有指导意义	需要投入稳定的政策经费支持与维护,工作量较大

（续）

序号	项目名称	有利因素	不利因素
13	酿造高粱化学诱变突变体库的构建	化学诱变技术成熟、效率高，可有效提升酿造高粱材料多样性，发展意义巨大	需要投入稳定的经费支持与维护，工作量较大
14	酿造高粱重要性状的组学辅助育种	近年来组学技术正在逐渐走向成熟，多种组学联合分析已成趋势	组学研究投入经费较大
15	酿造高粱种质资源抗性鉴定及应用	随着全球极端气候增多，急需多种抗性品种的选育，育成品种应用前景好	自然条件下便于鉴定筛选出真正的抗性材料，受天气和地域限制较大
16	酿造高粱品质形成相关基因克隆与分子改良	酿造高粱品质是市场需求考虑的主要因素，应用前景好	技术含量高，研究投入大
17	高粱极端逆境（干旱、病害、瘠薄、低温）耐性基因克隆与应用	随着全球极端气候增多，耐性基因研究与应用具有较大意义，应用前景好	高粱耐性基因公布不多，如进行多项耐性研究，需耗费大量时间和经费
18	高粱抗旱基因挖掘及其功能鉴定	大量地方资源通过长期的人工选择，积累了大量优良抗旱材料，为基因挖掘提供了材料基础	属于基础研究范围，对相关技术要求高，需持续投入支持
19	高粱矮秆基因的克隆与功能研究	高粱矮化适应现代化机械收获，矮秆基因的研究具有较大意义	属于基础研究范围，对相关技术要求高，需持续投入支持
20	高粱抗蚜基因的克隆与功能研究	高粱蚜是影响高粱生产的主要虫害，抗蚜基因研究意义重大	属于基础研究范围，对相关技术要求高，需持续投入支持
21	高粱分蘖基因的克隆与功能研究	高粱分蘖是影响高粱产量的要素之一，分蘖基因的研究意义重大	属于基础研究范围，对相关技术要求高，需持续投入支持
22	不同高粱品种酿造品质性状研究	酿造品质是影响酿造企业产品质量、生产效益的重要因素，对酿造品种性状的研究具有重大市场价值	酿造企业技术力量薄弱，研究投入较少
23	酿造高粱新品种高效配套栽培技术研究	高效栽培技术研究对酿造高粱生产效益、品质把控具有重大意义，具有较大市场价值	涉及领域宽，需多部门联合研发，持续支持，投入大

（续）

序号	项目名称	有利因素	不利因素
24	高粱新品种示范与推广体系	品种选育是基础，科研部门重视，推广和示范工作政府较为重视，并有一定项目经费的投入	需要多部门联合完成，示范推广能力和组织形式缺乏
25	多组学联合解析酿造高粱品质的遗传基础	组学手段日趋成熟，组学联合分析可较为精准解析其遗传机理	属于基础研究范围，对相关技术要求高，需持续投入支持

（三）技术研发时间节点分析

1. 近期应该解决的问题

项目名称	序号
高粱单倍体诱导系工程化育种关键技术研究	3
转基因技术研究及其在创新高粱育种材料的应用	4
绿色、轻简高效、机械化酿造高粱耕作技术集成与示范	6
国内外酿造高粱种质资源收集、评价与精准鉴定研究	7
高粱品种及其亲本标准指纹图谱库的构建	10
酿造高粱籽粒营养成分调控机制研究	11
酿造高粱的营养功能与加工利用研究	12
酿造高粱种质资源抗性鉴定及应用	15
不同高粱品种酿造品质性状研究	22
酿造高粱新品种高效配套栽培技术研究	23
高粱新品种示范与推广体系	24

2. 中期应该解决的问题

项目名称	序号
酿造抗病育种材料创新及应用	1
抗除草剂酿造高粱新品种的选育与推广	5
养分高效利用酿造高粱新育种材料选育及机理探究	8
高淀粉高粱材料创制与挖掘	9
酿造高粱化学诱变突变体库的构建	13
酿造高粱重要性状的组学辅助育种	14
高粱抗旱基因挖掘及其功能鉴定	18

（续）

项目名称	序号
高粱矮秆基因的克隆与功能研究	19
高粱抗蚜基因的克隆与功能研究	20
高粱分蘖基因的克隆与功能研究	21

3. 长期应该解决的问题

项目名称	序号
广适型酿造高粱新品种的选育	2
酿造高粱品质形成相关基因克隆与分子改良	16
高粱极端逆境（干旱、病害、瘠薄、低温）耐性基因克隆与应用	17
多组学联合解析酿造高粱品质的遗传基础	25

（四）技术研发主体分析
1. 科研单位可承担的项目

项目名称	序号
高粱单倍体诱导系工程化育种关键技术研究	3
转基因技术研究及其在创新高粱育种材料的应用	4
国内外酿造高粱种质资源收集、评价与精准鉴定研究	7
养分高效利用酿造高粱新育种材料选育及机理探究	8
高淀粉高粱材料创制与挖掘	9
酿造高粱籽粒营养成分调控机制研究	11
酿造高粱化学诱变突变体库的构建	13
酿造高粱重要性状的组学辅助育种	14
酿造高粱种质资源抗性鉴定及应用	15
酿造高粱品质形成相关基因克隆与分子改良	16
高粱极端逆境（干旱、病害、瘠薄、低温）耐性基因克隆与应用	17
高粱抗旱基因挖掘及其功能鉴定	18
高粱矮秆基因的克隆与功能研究	19
高粱抗蚜基因的克隆与功能研究	20
高粱分蘖基因的克隆与功能研究	21
多组学联合解析酿造高粱品质的遗传基础	25

2. 企业可承担的项目

项目名称	序号
酿造抗病育种材料创新及应用	1
广适型酿造高粱新品种的选育	2
抗除草剂酿造高粱新品种的选育与推广	5
酿造高粱的营养功能与加工利用研究	12
不同高粱品种酿造品质性状研究	22

3. 政府推广部门可承担的项目

项目名称	序号
绿色、轻简高效、机械化酿造高粱耕作技术集成与示范	6
高粱品种及其亲本标准指纹图谱库的构建	10
酿造高粱新品种高效配套栽培技术研究	23
高粱新品种示范与推广体系	24

第五节　编制酿造高粱技术路线图

一、绘制酿造高粱研发需求技术路线图

研发需求技术路线图可作为各研发主体确定研发投入的指引，各优先级别研发需求项目注释见表 5-26。其中，图 5-11 中标识的项目编号和优先级别对应于表 5-26 中相应编号的项目。

表 5-26　酿造高粱产业研发需求项目优先级别及项目名称

优先级别	编号	项目名称
顶级研发需求	1	酿造抗病育种材料创新及应用
	2	广适型酿造高粱新品种的选育
	3	高粱单倍体诱导系工程化育种关键技术研究
	4	转基因技术研究及其在创新高粱育种材料中的应用
	5	抗除草剂酿造高粱新品种的选育与推广
	6	绿色、轻简高效、机械化酿造高粱耕作技术集成与示范
	7	国内外酿造高粱种质资源收集、评价与精准鉴定研究
	8	养分高效利用酿造高粱新育种材料选育及机理探究

（续）

优先级别	编号	项目名称
顶级研发需求	9	高淀粉高粱材料创制与挖掘
	10	高粱品种及其亲本标准指纹图谱库的构建
	11	酿造高粱籽粒营养成分调控机制研究
	12	酿造高粱的营养功能与加工利用研究
	13	酿造高粱化学诱变突变体库的构建
	14	酿造高粱重要性状的组学辅助育种
	15	酿造高粱种质资源抗性鉴定及应用
	16	酿造高粱品质形成相关基因克隆与分子改良
	17	高粱极端逆境（干旱、病害、瘠薄、低温）耐性基因克隆与应用
	18	高粱抗旱基因挖掘及其功能鉴定
	19	高粱矮秆基因的克隆与功能研究
	20	高粱抗蚜基因的克隆与功能研究
	21	高粱分蘖基因的克隆与功能研究
	22	不同高粱品种酿造品质性状研究
	23	酿造高粱新品种高效配套栽培技术研究
	24	高粱新品种示范与推广体系
	25	多组学联合解析酿造高粱品质的遗传基础
高级研发需求	26	酿造高粱新品种、新技术示范推广
	27	高粱耐瘠转录组测序的基因挖掘
	28	酿造高粱抗逆种质资源的鉴定及基因转录组测序
	29	利用化学诱变创制酿造高粱新种质及新品种选育
	30	酿造高粱重要性状 QTL 定位及分子标记辅助育种研究
	31	酿造高粱生产质量安全监测平台建设
	32	高粱代谢组与全转录组响应干旱胁迫的调控网络分析
	33	高粱专用除草剂的研发及利用
	34	逆境条件下高粱适应性分子生理机制
	35	酿造高粱的表观遗传学研究
	36	酿造高粱生物育种与转基因安全研究
	37	酿造高粱主要病害发生、传播和成灾规律研究
	38	酿造高粱原料质量安全检测技术研究
	39	酿造高粱产业技术经济评价
	40	酿造高粱产品市场营销策略研究

（续）

优先级别	编号	项目名称
	41	酿造高粱新产品研发
	42	酿造高粱全生育期对土壤不同营养元素的吸收差异规律研究
	43	适用于高粱试验的小型精密机械的研发
	44	酿造高粱种质资源抗病鉴定及其利用研究
	45	酿造高粱籽粒产量性状研究
	46	酿造高粱籽粒品质性状研究
	47	代谢组学解析高粱逆境胁迫的响应机制
高级	48	酿造高粱短期极端逆境的分子响应机制研究
研发	49	组培育种技术在高粱种质创制中的应用
需求	50	促生菌剂对酿造高粱逆境生理及土壤微生态的影响研究
	51	酿造高粱苗期根系生长性状解析
	52	密度对不同株型高粱群体光照资源利用率及产量的影响
	53	酿造高粱专用肥料研发
	54	酿造高粱保健药用价值分析
	55	酿造高粱醇溶蛋白与淀粉粒螯合结构及性能的研究
	56	酿造高粱特异表达启动子克隆与应用
	57	现代酿造高粱产业经营组织体系研究与构建
	58	酿造高粱主要品质性状代谢规律、生理功能与高效利用技术
	59	酿造高粱原粮品质评价方法建立
	60	酿造高粱免耕轻简技术集成与优化
	61	酿造高粱生产风险管理研究与应急预案制定
中级	62	酿造高粱品质快速检测方法研究
研发	63	酿造高粱节水栽培模式研究
需求	64	酿造高粱与土壤互作关系研究
	65	酿造高粱连作障碍研究
	66	酿造高粱有机旱作栽培技术研发
	67	高粱醇溶蛋白提取与利用技术研究
	68	高粱秸秆还田土壤培肥技术研究
	69	酿造高粱产品功能与宣传推广策略研究

时间	近期（<3年）	中期（3～8年）	长期（>8年）
企业层面	研发项目组（多） ★5 ★12 ▲26 ▲33 ▲35 ▲37 ▲52 ▲53 ●59 ●62 ●63	研发项目组（中） ★1 ★7 ★22 ▲41 ▲44 ▲45 ▲46 ▲55 ●61 ●67	研发项目组（少） ★2 ▲54
产业层面	研发项目组（中） ★9 ★13 ★15 ★18 ▲28 ▲29 ▲30 ▲43 ▲49 ●59	研发项目组（多） ★3 ★4 ★8 ★11 ★14 ★19 ★20 ★21 ▲27 ▲32 ▲34 ▲42 ▲47 ▲48 ▲50 ▲51	研发项目组（少） ★16 ★17 ▲36 ▲56
政府层面	研发项目组（中） ★6 ★23 ▲31 ●57	研发项目组（多） ★10 ★24 ▲38 ▲39 ▲40 ●68 ●69	

图 5-11　酿造高粱产业研发需求技术路线

　　数字代表表 5-26 中的研发需求项目编号，★表示顶级研发需求、▲表示高级研发需求，●表示中级研发需求。

二、绘制酿造高粱顶级研发需求技术路线图

　　顶级研发需求项目往往是支持产业发展的最为关键的技术壁垒，通过对25 个顶级研发需求在实施过程中可能存在的风险、利润影响因素以及研发节点分析，绘制了 25 个顶级研发需求技术路线图（表 5-27 至表 5-51）。

表 5 - 27　酿造抗病育种材料创新及应用技术路线

顶级研发需求	综合风险	影响利润的因素
酿造抗病育种材料创新及应用	低　中　高 该项研究属于基础研究范畴，研究结果有助于解决当下生产上面临的问题，技术风险高	有利因素：与国内外同行有一定交流，便于材料的引进、资源多样性扩增；选育抗病性材料，有利于减少化学农药用量，提高食品安全，社会效益和经济效益高 不利因素：病害生理小种及发病机理研究不深；水平抗性多样化不足；垂直抗性会影响新的病原变种；缺乏抗性材料和基因
关键技术		**时间表**
抗病育种材料创新的前提是收集大量遗传广泛的种质资源材料	近期　中期　长期	抗病材料创新与应用，可有效保障生产安全以及减少农药使用，是当前产业安全迫切需要解决的生产问题，项目属于近期发展需解决的基础性项目

表 5 - 28　广适型酿造高粱新品种的选育技术路线

顶级研发需求	综合风险	影响利润的因素
广适型酿造高粱新品种的选育	低　中　高 该项研究属于应用研究范畴，研究结果有助于解决当下生产上面临的问题，技术风险高	有利因素：国内高粱育种单位已经做了大量的前期研究，积累了丰富的材料；高粱育种人员数量、水平逐步提升以及酿造高粱市场热度提升都有助于酿造高粱新品种选育的突破 不利因素：高粱广适高产育种处于爬坡期，人力物力投入波动大且量不足；广适型酿造高粱品种选育难度大，时间经济成本高，成功风险大
关键技术		**时间表**
目标性状优良亲本系创制与选育；组合性状鉴定综合评价	近期　中期　长期	针对国内酿造高粱市场需求以及气候变化加速特点，筛选适应性广的新品种意义重大，在近期应开展广适型酿造高粱新品种的选育

表 5 - 29　高粱单倍体诱导系工程化育种关键技术研究技术路线

顶级研发需求	综合风险	影响利润的因素
高粱单倍体诱导系工程化育种关键技术研究	低　中　高 该项研究属于基础研究范畴，研究有助于提升当下育种效率，技术风险较高	有利因素：高粱和玉米都属于 C4 作物，玉米单倍体技术成熟对高粱具有一定的参考价值；国内多家单位和生物公司都在开展高粱单倍体技术研究，发展前景好 不利因素：高粱遗传转化体系的建立较为困难，仍旧是国内科研人员急需攻克的难点

（续）

关键技术	时间表
高粱遗传转化体系的建立；高粱单倍体高效诱导体系建立	近期　中期　长期　　相对于传统育种手段，该技术可明显缩短育种周期，提升效率。目前国内多家高校、院所、生物技术企业都在进行该技术研发，近期内有望突破

表 5-30　转基因技术研究及其在创新高粱育种材料的应用技术路线

顶级研发需求	综合风险	影响利润的因素
转基因技术研究及其在创新高粱育种材料的应用	低　中　高　　该项研究属于基础研究范畴，研究结果有助于解决育种面临的问题，技术风险高	有利因素：国家对转基因技术有研发储备战略需求，转基因技术研发有一定基础 不利因素：高粱转基因研究处于初步阶段，研发基础较差；转基因农作物品种应用控制政策的限制

关键技术	时间表
高粱遗传转化体系的建立；高粱基因型与转化效率研究	近期　中期　长期　　转基因技术是工程化育种的基础，该技术属于前沿技术，研究难点多，应在中期内攻克的基础性研究项目

表 5-31　抗除草剂酿造高粱新品种的选育与推广技术路线

顶级研发需求	综合风险	影响利润的因素
抗除草剂酿造高粱新品种的选育与推广	低　中　高　　该项研究属于应用基础研究范畴，研究结果有助于解决当下生产上面临的问题，技术风险高	有利因素：抗除草剂酿造高粱新品种处于研发阶段，市场潜力巨大 不利因素：抗除草剂高粱品种研发基础差，受转基因技术限制，抗除草剂高粱品种选育难度大、周期长、投入多

关键技术	时间表
抗除草剂高粱材料创制；抗除草剂酿造高粱亲本群体构建	近期　中期　长期　　抗除草剂高粱新品种一直是高粱产业链中的空白，实际生产中急需此类新品种的出现，属于近期规划项目

表 5 - 32　绿色、轻简高效、机械化酿造高粱耕作技术集成与示范技术路线

顶级研发需求	综合风险	影响利润的因素
绿色、轻简高效、机械化酿造高粱耕作技术集成与示范	低　中　高 该项研究属于应用研究范畴，研究结果有助于解决当下生产上面临的问题，技术风险中	有利因素：随着我国现代化发展，农机发展迅速，农业耕作模式逐步向简化、高效发展，技术应用市场前景好 不利因素：我国耕地碎片化，不适宜大型机械作业，中小型精密农业机械研发投入不足
关键技术	时间表	
机械化品种的应用；水肥一体化等栽培技术；示范推广辐射	近期　中期　长期	该项目对于解决农村劳动力匮乏、碎片化耕地整合具有重大意义，但涉及因素多、面广，属于中期规划项目

表 5 - 33　国内外酿造高粱种质资源收集、评价与精准鉴定研究技术路线

顶级研发需求	综合风险	影响利润的因素
国内外酿造高粱种质资源收集、评价与精准鉴定研究	低　中　高 该项研究属于基础研究范畴，研究有助于我国酿造高粱产业可持续性发展，技术风险中	有利因素：与国际高粱领域专家建立了长期稳定的合作，具有良好的种质资源交流基础；现代技术的快速发展为种质资源的鉴定研究提供了便利条件 不利因素：受全球粮食安全影响，种质资源流通较为困难
关键技术	时间表	
多区域种质资源的收集、精准鉴定	近期　中期　长期	作物表型精准鉴定技术完善有助于种质资源的评价，种质资源收集意义重大，持续性强，属中长期持续规划项目

表 5 - 34　养分高效利用酿造高粱新育种材料选育及机理探究技术路线

顶级研发需求	综合风险	影响利润的因素
养分高效利用酿造高粱新育种材料选育及机理探究	低　中　高 该项研究属于基础研究范畴，研究结果有助于酿造高粱育种水平的整体提升，技术风险高	有利因素：提供养分利用率，减少化工肥料面源污染，做到保产少肥，市场需求大，推广前景大 不利因素：养分高效利用还处于基础研究阶段，还需开展大量工作

（续）

关键技术	时间表
高粱养分高效利用生理学研究；关键基因定位与功能验证	近期　中期　长期 （时间轴：点位于中期） 国内山地丘陵面积大、土壤瘠薄，选育养分高效利用酿造高粱新品种，可充分利用边际土壤，提高养分利用效率，属中期规划项目

表5-35　高淀粉高粱材料创制与挖掘技术路线

顶级研发需求	综合风险	影响利润的因素
高淀粉高粱材料创制与挖掘	低　中　高 （风险轴：点位于低偏中） 该项研究属于应用研究范畴，研究结果有助于解决当下生产上面临的问题，技术风险中	有利因素：高粱高淀粉材料研发基础较好，材料创制较为丰富 不利因素：随着人为选择，高淀粉高粱材料遗传多样性逐步变小，急需拓宽遗传基础

关键技术	时间表
高淀粉高粱材料的收集、鉴定；优质亲本群体的创制	近期　中期　长期 （时间轴：点位于近期偏中） 淀粉是酿造高粱的关键指标之一，高淀粉高粱材料的创制与挖掘，有助于酿造高粱新品种研发，属于近期规划基础性项目

表5-36　高粱品种及其亲本标准指纹图谱库的构建技术路线

顶级研发需求	综合风险	影响利润的因素
高粱品种及其亲本标准指纹图谱库的构建	低　中　高 （风险轴：点位于中） 该项研究属于基础研究范畴，技术风险中	有利因素：随着酿造高粱市场持续升温，高粱品种产权保护需求增加，市场发展潜力巨大 不利因素：需要投入稳定的政策经费支持与维护，工作量较大

关键技术	时间表
国内高粱亲本基因特异性鉴定；指纹图谱的构建	近期　中期　长期 （时间轴：点位于近期） 为推进品种真实性工作，规范种子市场管理，应将该项目规划为近期发展持续性项目

表 5-37　酿造高粱籽粒营养成分调控机制研究技术路线

顶级研发需求	综合风险	影响利润的因素
酿造高粱籽粒营养成分调控机制研究	低　　中　　高 该项研究属于基础研究范畴，技术风险中	有利因素：随着酿造高粱市场持续升温，酿造高粱籽粒营养成分调控研究必不可少，对市场具有指导意义 不利因素：需要投入稳定的经费支持与维护，工作量较大
关键技术		**时间表**
掌握高粱营养积累以及合成代谢机理	近期　中期　长期	酿造高粱市场需求量增加，但其籽粒营养相关研究投入不足，为实现酿造高粱市场可持续性发展，应规划为中长期研究项目

表 5-38　酿造高粱的营养功能与加工利用研究技术路线

顶级研发需求	综合风险	影响利润的因素
酿造高粱的营养功能与加工利用研究	低　　中　　高 该项研究属于应用研究范畴，技术风险中	有利因素：随着酿造高粱市场持续升温，酿造高粱籽粒营养功能与加工研究必不可少，对市场具有指导意义 不利因素：需要投入稳定的政策经费支持与维护，工作量较大
关键技术		**时间表**
营养功能研究；加工利用创新研究	近期　中期　长期	酿造高粱的营养功能与加工利用研究有助于酿造高粱产业健康可持续发展，属于中长期应用研究项目

表 5-39　酿造高粱化学诱变突变体库的构建技术路线

顶级研发需求	综合风险	影响利润的因素
酿造高粱化学诱变突变体库的构建	低　　中　　高 该项研究属于基础研究范畴，技术风险中	有利因素：化学诱变技术成熟、效率高，可有效提升酿造高粱材料多样性，发展意义巨大 不利因素：需要投入稳定的经费支持与维护，工作量较大
关键技术		**时间表**
化学诱变体系建立；突变体鉴定	近期　中期　长期	化学诱变突变体库的构建对于高粱材料创新与基因组研究具有重大价值，该项目应为近期规划基础研究项目

表 5-40 酿造高粱重要性状的组学辅助育种技术路线

顶级研发需求	综合风险	影响利润的因素
酿造高粱重要性状的组学辅助育种	低 中 高 该项研究属于基础研究范畴，技术风险中	有利因素：近年来组学技术正在逐渐走向成熟，多种组学联合分析已成趋势 不利因素：组学所需投入经费较大
关键技术	**时间表**	
组学检测技术的应用；组学技术与传统育种技术结合	近期 中期 长期	多组学技术属于前沿技术，多组学联合分析可更为便捷的解析酿造高粱重要性状的机理，该项目为中长期规划项目

表 5-41 酿造高粱种质资源抗性鉴定及应用技术路线

顶级研发需求	综合风险	影响利润的因素
酿造高粱种质资源抗性鉴定及应用	低 中 高 该项研究属于应用基础研究范畴，技术风险低	有利因素：随着全球极端气候增多，急需多种抗性品种的选育，育成品种应用前景好 不利因素：自然条件下便于鉴定筛选出真正的抗性材料，受天气和地域限制较大
关键技术	**时间表**	
种质资源精准鉴定；目标抗性鉴定技术	近期 中期 长期	多抗高粱新品种的选育是目前市场急需解决的问题，因此该项目应规划为近期项目

表 5-42 酿造高粱品质形成相关基因克隆与分子改良技术路线

顶级研发需求	综合风险	影响利润的因素
酿造高粱品质形成相关基因克隆与分子改良	低 中 高 该项研究属于基础研究范畴，技术风险高	有利因素：酿造高粱品质是市场需求考虑的主要因素，应用前景好 不利因素：技术含量高，研究投入大
关键技术	**时间表**	
品质相关基因资源引进、评价、鉴定、转导分离	近期 中期 长期	该技术属于前沿技术，研究难点多，属于应在中期内攻克的基础性研究项目

表 5 - 43 高粱极端逆境（干旱、病害、瘠薄、低温）耐性基因克隆与应用技术路线

顶级研发需求	综合风险	影响利润的因素
高粱极端逆境（干旱、病害、瘠薄、低温）耐性基因克隆与应用	低　中　高 该项研究属于基础研究范畴，技术风险高	有利因素：随着全球极端气候增多，耐性基因研究与应用具有较大意义，应用前景好 不利因素：高粱耐性基因公布不多，如进行多项耐性研究，需耗费大量时间和经费
关键技术		时间表
对高粱耐性表型精准鉴定；高粱耐性表型与基因型关联分析；主效基因定位与克隆	近期　中期　长期	高粱极端逆境（干旱、病害、瘠薄、低温）耐性基因研究属于基础研究，对高粱育种具有重要的意义，应规划为中长期项目

表 5 - 44 高粱抗旱基因挖掘及其功能鉴定技术路线

顶级研发需求	综合风险	影响利润的因素
高粱抗旱基因挖掘及其功能鉴定	低　中　高 该项研究属于基础研究范畴，技术风险高	有利因素：大量地方资源通过长期的人工选择，积累了大量优良抗旱材料，为基因挖掘提供了材料基础 不利因素：属于基础研究范围，对相关技术要求高，需持续投入支持
关键技术		时间表
抗旱表型鉴定、抗旱基因挖掘与功能分析	近期　中期　长期	对于抗旱基因的克隆，可实现定向改造目标性状，研究难点多，应规划为中期内攻克的基础性研究项目

表 5 - 45 高粱矮秆基因的克隆与功能研究技术路线

顶级研发需求	综合风险	影响利润的因素
高粱矮秆基因的克隆与功能研究	低　中　高 该项研究属于基础研究范畴，技术风险高	有利因素：高粱矮化适应现代化机械收获，矮秆基因的研究具有较大意义 不利因素：属于基础研究范围，对相关技术要求高，需持续投入支持
关键技术		时间表
高粱矮秆表型与基因型关联分析；高粱矮秆基因定位与克隆	近期　中期　长期	对高粱矮秆基因的研究，有助于高粱矮秆机械化应用，属于中期应用需解决的基础性项目

表 5 - 46　高粱抗蚜基因的克隆与功能研究技术路线

顶级研发需求	综合风险	影响利润的因素
高粱抗蚜基因的克隆与功能研究	低　　中　　高 该项研究属于基础研究范畴，技术风险高	有利因素：高粱蚜是影响高粱生产的主要虫害，抗蚜基因研究意义重大 不利因素：属于基础研究范围，对相关技术要求高，需持续投入支持
关键技术	**时间表**	
高粱抗蚜材料鉴定；高粱抗蚜基因定位与克隆	近期　中期　长期	抗虫材料创新与应用，可有效保障生产安全以及减少农药使用，是当前产业安全迫切需要解决的生产问题，属于近中期发展需解决的基础性项目

表 5 - 47　高粱分蘖基因的克隆与功能研究技术路线

顶级研发需求	综合风险	影响利润的因素
高粱分蘖基因的克隆与功能研究	低　　中　　高 该项研究属于基础研究范畴，技术风险高	有利因素：高粱分蘖是影响高粱产量的要素之一，分蘖基因的研究意义重大 不利因素：属于基础研究范围，对相关技术要求高，需持续投入支持
关键技术	**时间表**	
高粱分蘖表型与基因型关联分析；高粱分蘖基因定位与克隆	近期　中期　长期	高粱分蘖基因的研究，有助于解决生产上的成熟期不一致问题，属于近中期发展需解决的基础性项目

表 5 - 48　不同高粱品种酿造品质性状研究技术路线

顶级研发需求	综合风险	影响利润的因素
不同高粱品种酿造品质性状研究	低　　中　　高 该项研究属于应用性研究范畴，技术风险中	有利因素：酿造品质是影响酿造企业产品质量、生产效益的重要因素，对酿造品种性状的研究具有重大市场价值 不利因素：酿造企业技术力量薄弱，研究投入较少
关键技术	**时间表**	
不同高粱籽粒品质性状与酿造品质互作关系研究	近期　中期　长期	不同高粱品种与酿造品质的关联研究，是企业生产品质与效益重点关注方向，属于近中期发展需解决的应用性项目

表 5-49　酿造高粱新品种高效配套栽培技术研究技术路线

顶级研发需求	综合风险	影响利润的因素
酿造高粱新品种高效配套栽培技术研究	低　中　高 该项研究属于应用性研究范畴，技术风险中	有利因素：高效栽培技术研究对酿造高粱生产效益、品质把控具有重大意义，具有较大市场价值 不利因素：涉及领域宽，需多部门联合研发、持续支持，投入大
关键技术		时间表
高效栽培技术集成；不同酿造高粱品种栽培模式研究	近期　中期　长期	酿造高粱高效栽培技术研究，是当前产业高效生产迫切需要解决的问题，属于近期发展需解决的应用性项目

表 5-50　高粱新品种示范与推广体系技术路线

顶级研发需求	综合风险	影响利润的因素
高粱新品种示范与推广体系	低　中　高 该项研究属于应用性研究范畴，技术风险低	有利因素：品种选育是基础，科研部门重视，推广和示范工作政府较为重视，并有一定项目经费的投入 不利因素：需要多部门联合完成，示范推广能力和组织形式缺乏
关键技术		时间表
品种示范与推广模式研究	近期　中期　长期	高效的品种示范与推广模式体系，有助于科研成果快速高效转化，属于近期发展需解决的应用性项目

表 5-51　多组学联合解析酿造高粱品质的遗传基础技术路线

顶级研发需求	综合风险	影响利润的因素
多组学联合解析酿造高粱品质的遗传基础	低　中　高 该项研究属于基础性研究范畴，技术风险高	有利因素：组学手段日趋成熟，组学联合分析可较为精准解析其遗传机理 不利因素：属于基础性研究范畴，对相关技术要求高，需持续投入支持
关键技术		时间表
组学关键技术应用	近期　中期　长期	多组学技术属于前沿技术，多组学联合分析可更为便捷地解析酿造高粱品质性状的机理，该项目应为中长期规划项目

三、绘制酿造高粱顶级研发需求风险利润路线图

采用专家头脑风暴法，以风险值为横坐标，利润率为纵坐标（图5-12），可以看到每个顶级研发需求项目与风险和利润间的相关程度，为科技主管部门或者产业联盟领导在项目立项、科研经费的投入方面做出科学判断提供参考。图5-12中标示的项目编号对应顶级研发需求利润风险注释表（表5-52）中相应编号的项目名称。

高利润	6、9、15、22、23、24	5、7、8、11、12	2
中利润	14、20、21	1、10、16、17、18、19	25
低利润	13	3	4
	低风险	中风险	高风险

图5-12　酿造高粱顶级研发需求项目风险和利润

表5-52　酿造高粱顶级研发需求项目利润风险注释

序号	项目名称	备注
1	酿造抗病育种材料创新及应用	中利润，中风险
2	广适型酿造高粱新品种的选育	高利润，高风险
3	高粱单倍体诱导系工程化育种关键技术研究	低利润，中风险
4	转基因技术研究及其在创新高粱育种材料的应用	低利润，高风险
5	抗除草剂酿造高粱新品种的选育与推广	高利润，中风险
6	绿色、轻简高效、机械化酿造高粱耕作技术集成与示范	高利润，低风险
7	国内外酿造高粱种质资源收集、评价与精准鉴定研究	高利润，中风险
8	养分高效利用酿造高粱新育种材料选育及机理探究	高利润，中风险
9	高淀粉高粱材料创制与挖掘	高利润，低风险
10	高粱品种及其亲本标准指纹图谱库的构建	中利润，中风险
11	酿造高粱籽粒营养成分调控机制研究	高利润，中风险
12	酿造高粱的营养功能与加工利用研究	高利润，中风险
13	酿造高粱化学诱变突变体库的构建	低利润，低风险
14	酿造高粱重要性状的组学辅助育种	中利润，低风险
15	酿造高粱种质资源抗性鉴定及应用	高利润，低风险
16	酿造高粱品质形成相关基因克隆与分子改良	中利润，中风险

（续）

序号	项目名称	备注
17	高粱极端逆境（干旱、病害、瘠薄、低温）耐性基因克隆与应用	中利润，中风险
18	高粱抗旱基因挖掘及其功能鉴定	中利润，中风险
19	高粱矮秆基因的克隆与功能研究	中利润，中风险
20	高粱抗蚜基因的克隆与功能研究	中利润，低风险
21	高粱分蘖基因的克隆与功能研究	中利润，低风险
22	不同高粱品种酿造品质性状研究	高利润，低风险
23	酿造高粱新品种高效配套栽培技术研究	高利润，低风险
24	高粱新品种示范与推广体系	高利润，低风险
25	多组学联合解析酿造高粱品质的遗传基础	中利润，高风险

四、绘制酿造高粱优先研发需求技术发展模式路线图

采用专家头脑风暴法，将筛选出的酿造高粱顶级研发需求项目置于以时间节点为横坐标、以技术研发主体为纵坐标的坐标轴上（图 5 - 13），可以将酿造高粱顶级研发需求项目与时间节点及技术发展模式的关系体现出来，更好地展示国际先进技术发展趋势以及我国推进酿造高粱科研项目时应采取的发展模式。表 5 - 53 为酿造高粱顶级研发需求技术发展模式注释表。

科研单位	3、4、7、11、15	8、9、13、14、18、19、20、21	16、17、25
企业	12、22	1、5	2
政府推广部门	6、10、23、24		
	近期	中期	长期

图 5 - 13 酿造高粱顶级研发需求技术发展模式路线

表 5 - 53 酿造高粱顶级研发需求技术发展模式注释

序号	项目名称	备注
1	酿造抗病育种材料创新及应用	企业，中期
2	广适型酿造高粱新品种的选育	企业，长期
3	高粱单倍体诱导系工程化育种关键技术研究	科研单位，短期
4	转基因技术研究及其在创新高粱育种材料的应用	科研单位，短期

（续）

序号	项目名称	备注
5	抗除草剂酿造高粱新品种的选育与推广	企业，中期
6	绿色、轻简高效、机械化酿造高粱耕作技术集成与示范	政府推广部门，短期
7	国内外酿造高粱种质资源收集、评价与精准鉴定研究	科研单位，短期
8	养分高效利用酿造高粱新育种材料选育及机理探究	科研单位，中期
9	高淀粉高粱材料创制与挖掘	科研单位，中期
10	高粱品种及其亲本标准指纹图谱库的构建	政府推广部门，短期
11	酿造高粱籽粒营养成分调控机制研究	科研单位，短期
12	酿造高粱的营养功能与加工利用研究	企业，短期
13	酿造高粱化学诱变突变体库的构建	科研单位，中期
14	酿造高粱重要性状的组学辅助育种	科研单位，中期
15	酿造高粱种质资源抗性鉴定及应用	科研单位，短期
16	酿造高粱品质形成相关基因克隆与分子改良	科研单位，长期
17	高粱极端逆境（干旱、病害、瘠薄、低温）耐性基因克隆与应用	科研单位，长期
18	高粱抗旱基因挖掘及其功能鉴定	科研单位，中期
19	高粱矮秆基因的克隆与功能研究	科研单位，中期
20	高粱抗蚜基因的克隆与功能研究	科研单位，中期
21	高粱分蘖基因的克隆与功能研究	科研单位，中期
22	不同高粱品种酿造品质性状研究	企业，短期
23	酿造高粱新品种高效配套栽培技术研究	政府推广部门，短期
24	高粱新品种示范与推广体系	政府推广部门，短期
25	多组学联合解析酿造高粱品质的遗传基础	科研单位，长期

五、绘制酿造高粱综合技术路线图

经过对酿造高粱产业市场需求、产业目标、技术壁垒和研发需求的研究内容进行整合、凝练，配合时间节点和酿造高粱全产业链环节，最后完成酿造高粱产业综合技术路线图的绘制（图 5-14）。

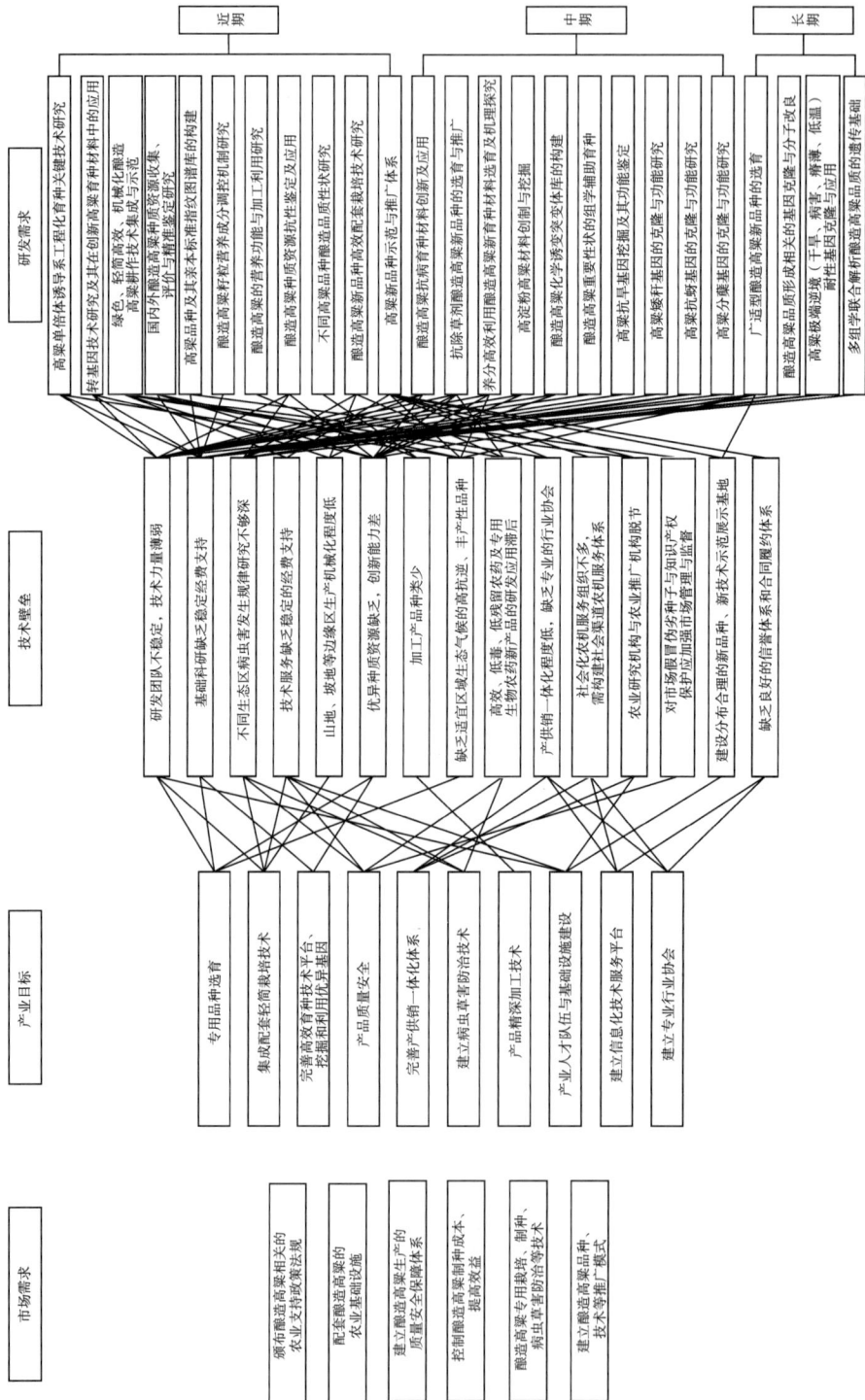

图 5-14　酿造高粱产业综合技术路线

第六章

饲草高粱产业技术路线图

　　我国有着悠久的饲草种植历史，伴随着技术进步，种植模式不断创新，逐渐形成了饲草作物与粮食作物、经济作物间作、轮作、套作的耕作模式。随着改革开放及我国人口的快速增长，饲草涵养水源保持水土、改良土壤的作用逐渐被"以粮为纲"等策略淡化，饲草种植面积逐年减少，草食畜牧业被"秸秆畜牧业"逐步代替，青饲料品种越来越单薄，逐渐供不应求。因此，培育优质、高产的饲草品种成为缓解这一矛盾的有效途径。

　　饲草高粱是以全株收获作为饲草利用的各种高粱属作物的统称。它具有产量高、抗逆性强（抗旱涝、耐盐碱、耐瘠薄、耐高温、耐寒冷）、营养丰富等特点，按照用途一般分为青刈和青贮两种类型。青刈型饲草高粱在我国北方地区一年可刈割 2 次，南方可刈割 3～4 次，除了用于家畜饲料外，也可直接投放河塘饲喂鱼或者家禽。青贮型饲草高粱生物产量高，在年积温≥2 600℃的地区由于其光敏感特性，一次性刈割亩产可超 10 吨，既可保持与青饲玉米相当的营养价值，同时饲用成本也不高，是一类非常有推广利用前景的优良作物。基于此，系统地开展饲草高粱技术发展规划、识别产业技术优先顺序、制定产业技术路线图意义重大。

　　本产业路线图的制定，凝聚了主管部门的领导，农业教学、科研、推广等部门专家，高粱产业生产、加工、销售等企业的智慧。结合我国产业发展现状和市场需求，从不同层面、不同角度讨论高粱产业市场需求，确定下一步发展的合适目标，制定行之有效的产业技术路线；针对技术路线中在种质资源、研发平台、人才队伍建设等方面存在的问题，分析产、加、销各产业链缓解科技创新关键点，为高粱产业的发展及科技投入指明方向，构建具有中国特色的饲草高粱产业技术体系，确保我国饲草高粱产业高质量可持续发展，具有一定的指导意义。

第一节　饲草高粱市场需求分析

笔者利用"科创中国"高粱产业服务团进行市场调研以及问卷 APP 等新媒体传播方式，对全国范围内高粱育种、栽培、土肥、植保、加工、农机、市场需求与效益以及相关惠民政策开展了调查研究。采用访谈和问卷调查相结合的方式，对科研单位、政府部门、种子企业、渠道经销商、种植户（种植合作社）、加工企业等进行调研，参与问卷调查人数 57 人，调查问卷内容及结果如表 6－1 及图 6－1、图 6－2 所示。

一、饲草高粱市场需求调研

市场调研的重点方向是以被调查对象在饲草高粱品种及加工材料在日常使用方面的认知和消费习惯展开。

表 6－1　饲草高粱问卷调查

1. 贵单位是？
　A. 科研单位
　B. 政府部门
　C. 种子企业
　D. 渠道经销商
　E. 种植户（种植合作社）
　F. 农资销售商
　G. 加工企业
　H. 其他（备注：　　　　　）
2. 您的年龄层次为？
　A. 30 岁以下
　B. 30～40 岁
　C. 40～50 岁
　D. 50 岁以上
3. 您对哪种饲草高粱类型需求更大？
　A. 青贮型（一次性刈割，亩产可达 10 吨）
　B. 青刈型（多次刈割，茎秆多汁、甘甜）
4. 消费途径为？
　A. 喂鱼、鸭等家禽类
　B. 泌乳期牛、羊饲料
　C. 其他
5. 饲草高粱年消费金额为？
　A. 1 000 元以下
　B. 1 000～1 500 元
　C. 1 500～2 000 元

（续）

D. 2 000 元以上

6. 您已使用饲草高粱作为饲料多久？

　A. 1 年以下

　B. 1~3 年

　C. 3 年以上

调查对象包含六大类行业。其中，科研单位占比最高达 68.42%，种植户和加工企业各占 10.53%，种子企业占比 5.26%，政府部门占比 3.51%，渠道经销商占比 1.75%，整体涵盖了高粱产学研用以及加工的全产业链。

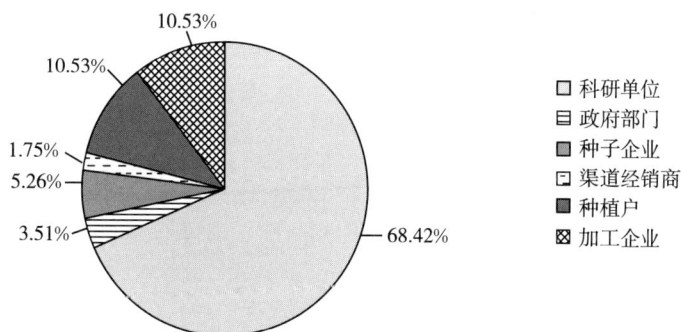

图 6-1　饲草高粱市场需求调查对象行业类型统计

年龄层次在 30~40 岁的调查对象占比最高，为 42.11%；其次为 40~50 岁调查对象，占比为 29.82%；50 岁以上人员占比为 22.81%；30 岁以下的调查对象占比最低仅为 5.26%。本次调研受访者以中青年群体为主。

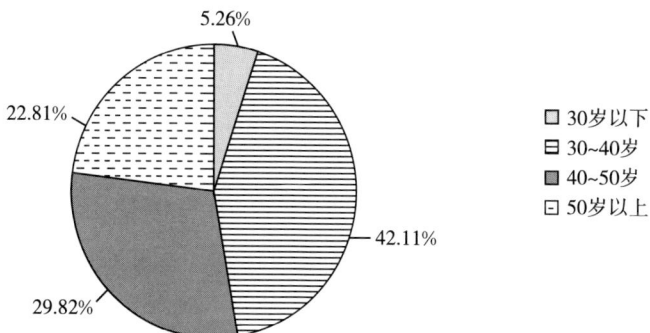

图 6-2　饲草高粱市场需求调查对象年龄分布统计

二、饲草高粱市场要素分析

项目组于 2023 年 4 月底开始进行要素的收集，通过先发散后收敛的头脑风暴法，经过 6 次反复讨论，最终确定从产品需求类型、消费途径、年消费金额等几个方面进行调查以了解饲草高粱产品的市场定位，并根据现阶段饲草高粱市场规模确定了调查选项的设置范围。

饲草高粱需求类型调查结果表明，青贮型饲草高粱需求度更高，在所有被调查人中大约 2/3 的人认为青贮型饲草高粱更有发展和利用前景，仅有约 1/3 的被调查人认为青刈型饲草高粱更有需求（表 6 - 2）。

表 6 - 2　饲草高粱需求类型调查

选项	小计	比例
青贮型（一次性刈割，亩产可达 10 吨）	38	66.67%
青刈型（多次刈割，茎秆多汁、甘甜）	19	33.33%

饲草高粱消费途径的调查中，有 26.32% 的被调查者消费饲草高粱是用于喂鱼、鸭等；57.89% 的被调查者认为饲草高粱主要是用作泌乳期牛羊等饲料；约有 15.79% 的被调查者认为有其他作用或尚不清楚饲草高粱的用途（表 6 - 3）。

表 6 - 3　饲草高粱消费途径调查

选项	小计	比例
喂鱼、鸭等	15	26.32%
泌乳期牛、羊饲料	33	57.89%
其他	9	15.79%

饲草高粱年消费额调查统计显示，近六成受调查者表示每年用于购买饲草高粱的消费额不超过 1 000 元（表 6 - 4）。

表 6 - 4　饲草高粱年消费额调查统计

选项	小计	比例
1 000 元以下	34	59.65%
1 000～1 500 元	9	15.79%
1 500～2 000 元	3	5.26%
2 000 元以上	11	19.30%

超过七成的受访者对饲草高粱的使用年限不超过 1 年，这表明大部分人对饲草高粱的特性和使用途径并不了解。依然以传统的玉米为主要饲喂材

料，饲草高粱的推广和示范仍需要广泛开展（表6-5）。

表6-5　饲草高粱使用年限调查

选项	小计	比例
1年以下	40	70.18%
1~3年	9	15.79%
3年以上	8	14.04%

第二节　饲草高粱产业目标分析

一、饲草高粱产业发展目标问卷调查

产业目标调查主要从我国高粱产业生产规模和产业目标入手，重点统计被调查者对我国高粱产业的现状认知度（表6-6）。

表6-6　饲草高粱产业目标调查问卷

1. 我国饲草高粱种植规模目标应定位在哪个级别最为合适（单选）？
   A. 10万公顷以下
   B. 10万~20万公顷
   C. 20万公顷以上
2. 饲草高粱产品产值预期目标？
   A. 10亿元以下
   B. 10亿~20亿元
   C. 20亿元以上
3. 你认为哪种经营模式更适合未来饲草高粱产业发展？
   A. 订单式
   B. 散户自营
   C. 企业自营
4. 请选择您认为重要的5个产业目标要素。
   A. 专用品种选育
   B. 完善高效育种技术平台、挖掘和利用优异基因
   C. 集成配套轻简栽培技术
   D. 建立病虫草害防治技术体系
   E. 产品质量安全
   F. 产业人才队伍与基础设施建设
   G. 建立专业行业协会
   H. 建立信息化技术服务平台
   I. 产品精深加工技术
   J. 完善产供销一体化体系

被调查人员就职于高校、科研单位、政府部门、中资企业、农业推广机

构、种植户和加工企业。其中，高校和科研单位人员占比较高，分别为
24.24%和23.65%，其余各行业被调查人员比例相当（图6-3）。

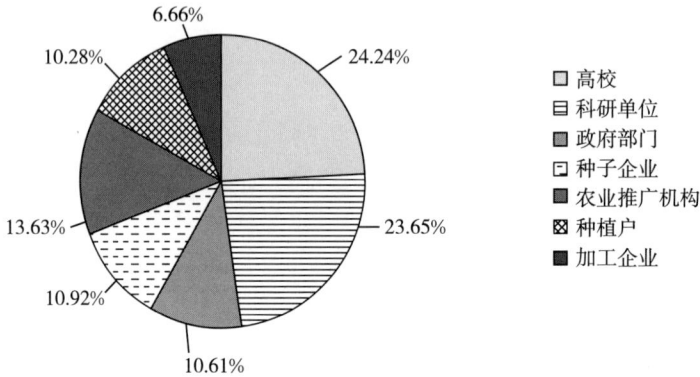

图6-3　饲草高粱产业目标调查对象行业统计

被调查人员年龄主要集中在30～40岁以及40～50岁这两个区间段，这
两个年龄段正是目前各行业的工作骨干，具有经验和新知识兼备的特点
（图6-4）。

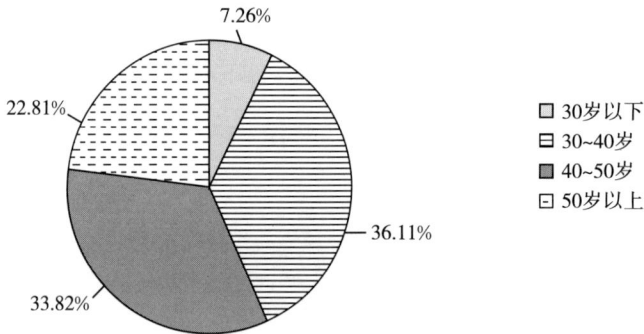

图6-4　饲草高粱产业目标调查对象年龄统计

在高粱产业体系调查过程中，前期通过项目组查阅相关文献、头脑风暴
等方式，反复论证，设计问卷对饲草高粱产业种植规模、产业产值、经营模
式范围以及发展目标要素进行调研。通过前文所述调研群体就高粱产业发展
目标进行座谈、问卷调查，汇总统计归纳，提出合理的饲草高粱产业目标。
参与问卷调查的人数达85人，座谈会、实地调研等参与的人员有66人。

我国饲草高粱种植规模目标定位调查中显示（表6-7），有28.07%的
受访者认为我国应把饲草高粱种植目标定在10万公顷以下，15.79%的受访
者认为应定在10万～20万公顷为宜，21.05%的受访者认为应该定在20万

公顷以上，35.09％的受访者表示不清楚。这说明饲草高粱在我国的利用推广并不乐观，超过1/3的受访者对饲草高粱的供需状况并不了解。

表6-7　饲草高粱种植规模调查

选项	小计	比例	
10万公顷以下	16		28.07%
10万～20万公顷	9		15.79%
20万公顷以上	12		21.05%
不清楚	20		35.09%

对我国饲草高粱产品的产值预期目标分析表明（表6-8），24.56％的受访者认为我国饲草高粱产值不会超过10亿元，15.79％的受访者认为在10亿～20亿元，24.56％的受访者认为在20亿元以上，而表示不太清楚的受访者最多，占所有受访者的35.09％。

表6-8　饲草高粱产值预期目标调查

选项	小计	比例	
10亿元以下	14		24.56%
10亿～20亿元	9		15.79%
20亿元以上	14		24.56%
不清楚	20		35.09%

饲草高粱经营模式调研的结果发现（表6-9），超过2/3的受访者认为订单式经营更适合未来的发展趋势，其次是企业自营的方式。

表6-9　饲草高粱经营模式适宜性调查

选项	小计	比例	
订单式	38		66.67%
散户自营	3		5.26%
企业自营	10		17.54%
其他合作方式	6		10.53%

调研汇总统计归纳对产业目标要素进行排序（表6-10）。

表 6-10 产业目标需求要素重要性评价

议题	头脑风暴统计值 T	问卷统计值 D	重要值 V	优先排序
专用品种选育	85.39	84.21	0.72	1
集成配套轻简栽培技术	72.36	71.93	0.52	2
完善高效育种技术平台、挖掘和利用优异基因	59.32	57.89	0.34	3
建立病虫草害防治技术体系	57.48	56.14	0.32	4
产品质量安全	57.36	56.14	0.32	5
产业人才队伍与基础设施建设	58.21	47.37	0.28	6
完善产供销一体化体系	34.69	36.84	0.13	7
产品精深加工技术	32.16	35.09	0.11	8
建立信息化技术服务平台	32.08	31.58	0.10	9
建立专业行业协会	23.21	22.81	0.05	10

1. 专用品种选育

针对不同高粱产业领域，选择适合产业需求、目标性状表现突出的优良品种，以满足细分市场的品种需求。构建完善的种子生产体系，满足饲草高粱产业种子需求。

2. 集成配套轻简栽培技术

重点解决与优良品种推广与生产相适应的高产、高效轻简配套技术，即围绕增密、机械播种等减轻劳动力为基础的轻简技术研发。

3. 完善高效育种技术平台、挖掘和利用优异基因

挖掘、定位优异基因，建立完善的分子标记辅助育种和转基因育种、基因编辑育种平台，与常规育种结合，提高育种效率。

4. 建立病虫草害防治技术体系

针对饲草高粱常见的、危害较大的丝黑穗病、炭疽病、纹枯病等病害，蚜虫、玉米螟、黏虫和蝼蛄等虫害以及稗草、狗尾草、马唐等草害，研究其分布情况及发生规律，开展无公害药剂防治开发和综合防治技术研究。

5. 产品质量安全

根据来源不同，对饲草高粱生产、加工、运输和销售环节中可能存在的药物残留、有害化学物质、病菌霉菌等潜在危害进行监测，在种植、生产、加工及流通过程实现无害化生产控制。

二、饲草高粱产业目标要素分析

1. 用头脑风暴法对产业目标要素进行排序

专家经过头脑风暴法，对上述产业目标分为 3 个时段（近期、中期和长期）预期，得到多个相关产业目标要素（表 6-11）。

表 6-11　头脑风暴法分析饲草高粱产业目标要素

近期（<3 年）	中期（3~8 年）	长期（>8 年）
系统整理现有育种资源，明确饲草高粱优势遗传群体，建立核心种质库，以系谱清楚的骨干恢复系及保持系为材料，开展种质资源创新及新品种选育，建立种质资源高通量表型鉴定平台，发掘优异种质资源	引进新资源，利用新技术方法，包括单倍体诱导技术、化学诱变技术等，丰富优质种质资源，开展优异基因定位与分子标记辅助育种，开展耐瘠、耐盐碱、抗旱、高产优质品种选育，探索生物育种体系	优异基因资源挖掘与优质多抗优良保持和恢复系筛选，结合常规育种与生物育种技术开展多抗性品种选育。选育目标满足生产需求，生物育种技术得到广泛应用，资源丰富性、品种各项指标达到国际先进水平
对饲草高粱生产过程中水、肥、植物生长剂、种子处理、不同的栽培措施对高粱生长所产生的影响及规律进行研究，开展浇水、施肥、生长调节及机械化栽培技术进行试验研究。饲草高粱适宜生产生态基地筛选及制种基地生态适应性鉴定	在系列栽培技术研发成果基础上，对不同的栽培技术措施进行组装集成，形成成套轻简高效栽培技术规程，建立示范基地进行推广与应用	在示范基地推广应用基础上，与农业机械化应用成果整合形成完备的饲草高粱轻简高效栽培技术规程，应用于生产实际，提高饲草高粱生产效率
适用于饲草高粱的分子标记、组培技术、基因编辑技术探索，转化体系的构建，饲草高粱优异基因资源的发掘、定位及克隆，构建突变体库	饲草高粱高密度遗传图谱构建，基因组测序，饲草高粱优异基因资源的克隆及其作用机理研究，优异基因的分子标记开发与转化，基因编辑体系建立	建立完善的生物育种平台，实现定向基因编辑，通过生物育种技术手段培育可供育种使用的优异种质资源
饲草高粱常见病虫草害监控与调查，发生发展规律研究，抗性资源发掘，无公害药剂开发与防治技术研究	病虫草害与高粱互作研究，抗性基因定位与克隆，饲草高粱无公害收获技术集成与研究	明确病虫草害危害机理及规律，探明饲草高粱抗性资源及机理，建立完善无公害防治体系
对生产环节中可能产生的危害进行详尽调查，明确危害产生环节、原因、发生频率、危害程度、对种植、生产、加工及运输过程中的各项技术进行研究，针对饲草高粱生产加工流通环节制定质量标准，探索产品质量安全监管方法	完善种植、生产、加工及运输中的操作规程，建立饲草高粱生产加工流通环节质量标准体系，建立饲草高粱标准化生产试验示范区，进行产品质量安全监管	建立完善的生产操作规程，质量标准体系，产品质量监管体系，在种植、生产、加工及流通过程实现无害化生产控制

2. 产业目标要素与市场要素关联分析

在产业目标要素与市场要素关联分析中，以市场需求分析研讨会上确定的主要市场需求要素为基础，用头脑风暴法得到专家一致评议意见，与产业目标要素构建分析矩阵，筛选产生目标要素在市场拉动下的有限顺序（表 6-12、表 6-13）。

表 6-12　饲草高粱产业目标要素与市场需求要素关联分析后产业目标要素

需求要素	V_1	V_2	V_3	V_4	V_5	V_6	V_7	V_8	V_9	V_{10}	$\sum(V_{ji} \times V_i)$	排序
重要值	0.72	0.52	0.34	0.32	0.3	0.28	0.13	0.11	0.1	0.05		
目标要素重要值 (V_{ji}) 1	3	3	2	3	2	1	3	2	3	3	7.30	1
2	3	1	3	2	3	3	2	3	2	2	6.82	3
3	3	3	3	3	1	1	2	2	1	2	6.96	2
4	2	3	2	2	2	1	3	1	1	0	5.74	4
5	2	2	3	1	3	0	1	2	0	1	5.12	5
6	3	2	2	2	0	0	2	0	2	1	5.03	6

表 6-13　关联分析后饲草高粱产业目标要素

近期（<3 年）	中期（3~8 年）	长期（>8 年）
系统整理现有育种资源，明确饲草高粱优势遗传群体，建立核心种质库，以系谱清楚的骨干恢复系及保持系为材料，开展种质资源创新及新品种选育，建立种质资源高通量表型鉴定平台，发掘优异种质资源	引进新资源，利用新技术方法，包括单倍体诱导技术、化学诱变技术等，丰富优质种质资源，开展优异基因定位与分子标记辅助育种，开展耐瘠、耐盐碱、抗旱、高产优质品种选育，探索生物育种体系	优异基因资源挖掘与优质多抗优良保持系和恢复系筛选，结合常规育种与生物育种技术开展多抗性品种选育。选育目标满足生产需求，生物育种技术得到广泛应用，资源丰富性、品种各项指标达到国际先进水平
适用于饲草高粱的分子标记、组培技术、基因编辑技术探索，转化体系的构建，饲草高粱优异基因资源的发掘、定位及克隆，构建突变体库	饲草高粱高密度遗传图谱构建，基因组测序，饲草高粱优异基因资源的克隆及其作用机理研究，优异基因的分子标记开发与转化，基因编辑体系建立	建立完善的生物育种平台，实现定向基因编辑，通过生物育种技术手段培育可供育种使用的优异种质资源
对饲草高粱生产过程中水、肥、植物生长剂、种子处理、不同的栽培措施对高粱生长所产生的影响及规律进行研究，开展浇水、施肥、生长调节及机械化栽培技术进行试验研究。饲草高粱适宜生产生态基地筛选及制种基地生态适应性鉴定	在系列栽培技术研发成果基础上，对不同的栽培技术措施进行组装集成，形成成套轻简高效栽培技术规程，建立示范基地进行推广与应用	在示范基地推广应用基础上，与农业机械化应用成果整合形成完备的饲草高粱轻简高效栽培技术规程，应用于生产实际，提高饲草高粱生产效率

（续）

近期（＜3 年）	中期（3～8 年）	长期（＞8 年）
饲草高粱常见病虫草害监控与调查，发生发展规律研究，抗性资源发掘，无公害药剂开发与防治技术研究	病虫草害与高粱互作研究，抗性基因定位与克隆，饲草高粱无公害收获技术集成与研究	明确病虫草害危害机理及规律，探明饲草高粱抗性资源及机理，建立完善无公害防治体系
对生产环节中可能产生的危害进行详尽调查，明确危害产生环节、原因、发生频率、危害程度，对种植、生产、加工及运输过程中的各项技术进行研究，针对饲草高粱生产加工流通环节制定质量标准，探索产品质量安全监管方法	完善种植、生产、加工及运输中的操作规程，建立饲草高粱生产加工流通环节质量标准体系，建立饲草高粱标准化生产试验示范区，进行产品质量安全监管	建立完善的生产操作规程，质量标准体系，产品质量监管体系，在种植、生产、加工及流通过程实现无害化生产控制

第三节　饲草高粱技术壁垒分析

技术壁垒分析是指在提出讨论和确定饲草高粱产业近期、中期和长期不同目标要素过程中的技术壁垒，并将壁垒要素进行排序，以便具体分析影响产业发展的技术难点、关键点。

一、饲草高粱技术壁垒调查

为了充分了解饲草高粱全产业链产业发展过程中可能会遇到的技术壁垒，编写组经过多次讨论，结合生产实际，针对品种选育、生产技术研究与集成、技术服务以及流通加工及综合利用过程中可能出现的技术壁垒进行了罗列，并依此通过调查问卷进行了调查。按公式重要值＝问卷统计值（D）×头脑风暴统计值（T），获得饲草高粱全产业链各环节中技术难点的重要值，对结果进行统计后得到各个技术壁垒的优先排序（表 6 - 14）。

表 6 - 14　饲草高粱技术壁垒问卷调查

1. 品种选育
 A. 优异种质资源缺乏，创新能力差
 B. 遗传转化体系不成熟
 C. 缺乏适宜区域生态气候的高抗逆、丰产性品种
 D. 基础科研缺乏稳定经费支持
 E. 研发团队不稳定，技术力量薄弱
 F. 专用科研试验装备缺乏

（续）

2. 生产技术研究与集成
  A. 水肥利用效率偏低
  B. 不同生态区病虫害发生规律研究不够深
  C. 产品安全质量的监测点建设尚不健全
  D. 山地、坡道等边缘区生产机械化程度低
  E. 高效、低毒、低残留农药及专用生物农药新产品的研发应用滞后
3. 技术服务
  A. 缺乏稳定的经费支持
  B. 为防止市场假冒伪劣种子与保护知识产权，应加强市场管理与监督
  C. 社会化农机服务组织不多，需构建社会渠道农机服务体系
  D. 技术服务体系缺乏合理的人才结构、稳定的农技队伍、健全的农技服务机制
  E. 建设分布合理的新品种、新技术示范展示基地
  F. 农业研究机构与农业推广机构脱节
4. 流通加工及综合利用
  A. 加工产品种类少
  B. 加工新产品开发不足
  C. 缺乏良好的信誉体系和合同履约体系
  D. 产供销一体化程度低，缺乏专业的行业协会

饲草高粱产业技术壁垒调查显示被调查对象共 7 个类型，分别是高校、科研单位、政府部门、种子企业、农业推广机构、种植户和加工企业。其中，科研单位占比最高达 26.32%，其次是政府部门农业相关人员达 18.15%（图 6-5）。

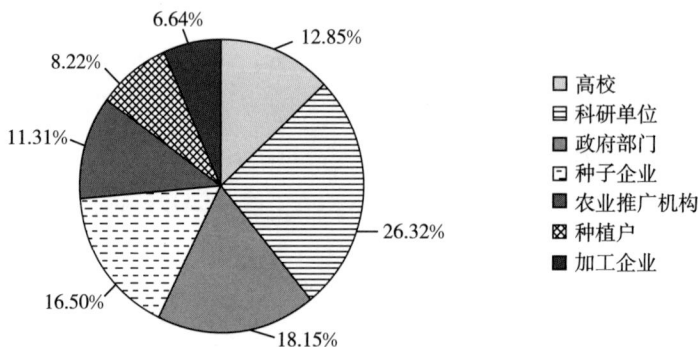

图 6-5 饲草高粱产业技术壁垒调查对象行业分布

饲草高粱产业技术壁垒被调查对象年龄主要分布在 30～40 岁以及 40～50 岁两个年龄段（图 6-6）。

1. 品种选育领域技术壁垒要素调查

针对品种选育与种质资源利用领域的技术壁垒，共列出技术壁垒要素 6

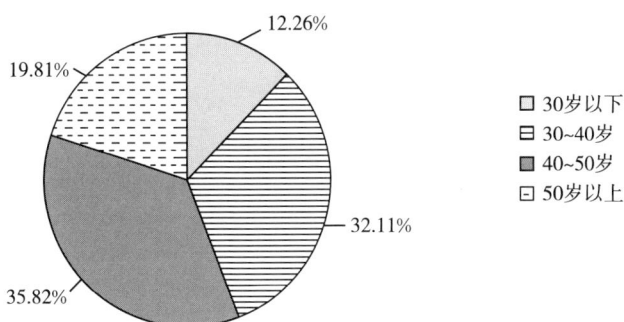

图 6-6　饲草高粱产业技术壁垒调查对象年龄分布

个，通过调查问卷对技术壁垒要素进行排序，最终调查结果如表 6-15 所示。

表 6-15　饲草高粱产业品种选育领域的技术壁垒要素排序

序号	选项	头脑风暴值 T	问卷调查值 D	重要值 V	优先排序
1	优异种质资源缺乏，创新能力差	4.71	4.63	21.81	1
2	缺乏适宜区域生态气候的高抗逆、丰产性品种	4.12	4.05	16.69	2
3	遗传转化体系不成熟	3.36	3.33	11.19	3
4	基础科研缺乏稳定经费支持	3.28	3.19	10.46	4
5	研发团队不稳定，技术力量薄弱	3.01	2.91	8.76	5
6	专用科研试验装备缺乏	1.53	1.68	2.57	6

饲草高粱品种选育可能存在的技术壁垒按重要性排序结果表明，50％的调查对象认为优异种质资源缺乏、创新能力差是最主要的制约因素。23.64％的调查对象认为目前缺乏适宜区域生态气候的高抗逆、丰产性品种，11.32％的调查者认为遗传转化体系不成熟是饲草高粱品种选育可能存在的技术壁垒的第三个主要因素。以上结果表明，种质资源的匮乏及育种技术手段的陈旧是主要因素，现代分子生物学技术的发展还不足以从微观领域带来质的改变，辅助的角色没有明显改善。这也说明传统育种和分子生物学技术相结合，共同推陈出新才是饲草高粱品种选育的最优解。

2. 生产技术研究与集成领域技术壁垒要素调查

针对生产技术研究与集成中的技术壁垒，共列出技术壁垒要素 5 个，通过调查问卷对技术壁垒要素进行排序，最终调查结果如表 6-16 所示。

表 6-16　饲草高粱产业生产技术研究与集成领域的技术壁垒要素排序

序号	选项	头脑风暴值 T	问卷调查值 D	重要值 V	优先排序
1	水肥利用效率偏低	3.69	3.61	13.32	1
2	不同生态区病虫害发生规律研究不够深	3.41	3.37	11.49	2
3	产品安全质量的监测点建设尚不健全	2.95	2.84	8.38	3
4	山地、坡道等边缘区生产机械化程度低	2.77	2.68	7.42	4
5	高效、低毒、低残留农药及专用生物农药新产品的研发应用滞后	1.81	1.88	3.40	5

调研结果表明，饲草高粱在生产技术研究与集成领域技术方面，水肥利用效率偏低是主要制约因素；不同生态区病虫害发生规律研究不够深，产品安全质量的监测点建设尚不健全分列二、三位。这些问题主要在水肥条件比较差的山区，部分地区"靠天吃饭"，雨水充沛则生长态势好，少雨干旱则可能面临绝收，饲草高粱耐瘠薄、耐干旱，虽不以籽粒产量为收获指标，但水肥条件好的地区无论青刈还是青贮产量都比干旱地区明显增高。

3. 技术服务领域技术壁垒要素调查

通过对技术服务领域的技术壁垒分析，共列出技术壁垒要素 6 个，通过头脑风暴法和调查问卷对技术壁垒要素进行排序，最终调查结果如表 6-17 所示。

表 6-17　饲草高粱产业技术服务领域的技术壁垒要素排序

序号	选项	头脑风暴值 T	问卷调查值 D	重要值 V	优先排序
1	缺乏稳定的经费支持	4.53	4.44	20.11	1
2	社会化农机服务组织不多，需构建社会渠道农机服务体系	4.01	3.95	15.84	2
3	为防止市场假冒伪劣种子与保护知识产权，应加强市场管理与监督	3.75	3.72	13.95	3
4	技术服务体系缺乏合理的人才结构、稳定的农技队伍、健全的农技服务机制	3.17	3.16	10.02	4
5	建设分布合理的新品种、新技术示范展示基地	2.81	2.79	7.84	5
6	农业研究机构与农业推广机构脱节	1.95	1.75	3.41	6

调查结果表明，技术服务中缺乏稳定的经费支持是主要制约因素；其次，社会化农机服务组织不多，需建设社会渠道农机服务体系；第三是应加强市场管理与监督防止市场假冒伪劣种子，加强知识产权保护，说明被调查对象对技术管理层面的壁垒更加注重，充分体现出市场监管的重要性，没有严格的市场监管，技术推进容易受阻。

4. 流通加工及综合利用中存在的技术壁垒

针对流通加工及综合利用领域的技术壁垒，共列出技术壁垒要素 4 个，通过头脑风暴法和调查问卷对技术壁垒要素进行排序，最终调查结果如表 6 - 18 所示。

表 6 - 18　饲草高粱产业流通加工及综合利用领域技术壁垒要素排序

序号	选项	头脑风暴值 T	问卷调查值 D	重要值 V	优先排序
1	加工产品种类少	2.91	2.82	8.21	1
2	加工新产品开发不足	2.83	2.75	7.78	2
3	产供销一体化程度低，缺乏专业的行业协会	2.15	2	4.30	3
4	缺乏良好的信誉体系和合同履约体系	1.76	1.96	3.45	4

在流通加工及综合利用领域技术壁垒调查中，更多的受调查者认为加工产品种类少和加工新产品开发不足是制约产业发展的主要因素；产供销一体化程度低，缺乏专业的行业协会位列第三位。

二、饲草高粱关键技术难点、技术差距与障碍分析

结合技术壁垒问卷调查结果，进行讨论与总结归纳，针对饲草高粱育种、栽培、病虫害防治、生产加工、产品流通和技术推广等不同技术领域各环节的关键技术难点、技术差距和障碍进行了分析，具体结果见表 6 - 19。

表 6 - 19　饲草高粱产业的关键技术难点和障碍分析

技术领域	关键技术难点	技术差距与障碍分析
品种选育	1. 种质资源挖掘与创新不足 2. 适宜不同生态地区的育种基地缺乏 3. 分子育种、转基因技术缺乏 4. 育种方法陈旧、新方法创新与应用缓慢 5. 抗倒伏、易消化等不同类型饲草高粱品种不多 6. 科学研究缺乏稳定的经费支持	优异种质资源缺乏，创新能力差；缺乏适宜区域生态气候的高抗逆、丰产性品种；遗传转化体系不成熟

（续）

技术领域	关键技术难点	技术差距与障碍分析
生产技术研究与集成	7. 饲草高粱需肥规律基础性研究不足，肥料利用率低 8. 饲草高粱病虫草害防控检测体系仍需完善 9. 饲草高粱病虫草害发生规律及原理研究不足 10. 缺乏高效环保的防治药剂及抗性品种 11. 专用、低成本、高效控释或缓释肥料研发不足 12. 适合山地、坡道耕作条件的播种、施肥和收获机械研发落后 13. 集成简化高效配套栽培及病虫害防控一体化技术体系缺乏，不能满足现代农业发展需要 14. 产品安全质量检测体系不健全	水肥利用效率偏低；不同生态区病虫害发生规律研究不够深；产品安全质量的监测点建设尚不健全
技术服务	15. 政府主导的技术服务体系不健全，缺乏合理的农技服务队伍和健全的农技服务机制 16. 市场管理和知识产权保护不够完善 17. 建设分布合理的新品种、新技术展示窗口 18. 社会化农技服务组织不多，能力不强，需构建社会渠道的农技服务体系 19. 缺乏稳定的经费支持	缺乏稳定的经费支持；社会化农技服务组织不多，需构建社会渠道农技服务体系；为防止市场假冒伪劣种子与保护知识产权，应加强市场管理与监督
流通加工及综合利用	20. 新产品研发与加工新产品开发不足 21. 精深加工落后，缺乏规模化加工企业 22. 产供销一体化程度低，缺乏专业的行业协会 23. 缺乏良好的信誉体系和合同履约体系	加工产品种类少；加工新产品开发不足；产供销一体化程度低，缺乏专业的行业协会

三、饲草高粱技术壁垒要素与产业目标要素关联分析

根据调查结果，依次将品种选择、生产技术研究与集成、技术服务以及流通加工及综合利用中的技术壁垒与产业目标要素进行关联分析（表6-20）。通过关联分析，筛选出关键技术难点（技术壁垒要素），并对关键技术难点进行排序（表6-21）。

表6-20　饲草高粱产业目标与技术难点关联分析

产业目标要素		V_1	V_2	V_3	V_4	V_5	V_6	V_7	V_8	V_9	V_{10}	$\sum (V_{ji} \times V_i)$	排序
重要值		0.72	0.52	0.34	0.32	0.3	0.28	0.13	0.11	0.1	0.05		
技术壁垒重要值	1	3	2	3	3	2	3	1	1	2	2	7.16	1
	2	3	3	3	3	1	1	2	2	2	3	7.11	2
	3	1	2	2	3	0	1	3	2	0	1	4.34	16

（续）

产业目标要素	V_1	V_2	V_3	V_4	V_5	V_6	V_7	V_8	V_9	V_{10}	$\sum(V_{ji} \times V_i)$	排序
重要值	0.72	0.52	0.34	0.32	0.3	0.28	0.13	0.11	0.1	0.05		
4	3	3	1	2	2	3	1	2	3	1	6.84	3
5	1	2	1	3	2	2	2	0	0	1	4.53	15
6	1	1	0	2	1	0	1	2	1	0	2.63	21
7	3	3	1	3	1	3	2	1	2	2	6.83	4
8	2	3	2	1	2	2	2	2	2	1	5.61	9
9	1	2	1	3	0	1	2	1	1	1	3.86	17
10	2	2	1	2	2	2	3	3	2	1	5.59	10
11	2	1	1	3	2	2	2	1	0	1	4.84	13
12	1	1	1	2	1	0	1	2	1	0	2.97	20
13	3	0	1	1	2	3	2	1	2	2	4.93	12
14	2	3	1	2	2	2	2	2	1	1	5.77	6
15	3	2	2	3	1	1	2	3	0	1	6.06	5
16	2	2	1	2	2	3	3	2	2	1	5.76	7
17	2	1	1	3	1	2	2	1	0	1	4.54	14
18	1	1	0	2	1	1	2	2	1	0	3.04	19
19	3	0	3	2	1	3	2	1	2	2	5.63	8
20	2	2	2	1	2	2	2	3	2	1	5.48	11
21	1	2	1	1	0	1	2	1	1	1	3.22	18
22	1	1	0	1	1	1	0	1	0	1	2.30	22
23	1	1	0	0	1	1	0	1	1	1	2.08	23

（左侧纵列标注：技术壁垒重要值）

表 6-21　筛选出饲草高粱产业 10 个关键技术难点

重要性排序	关键技术难点	关键技术难点序号
1	优异种质资源缺乏，创新能力差	1
2	缺乏适宜区域生态气候的高抗逆、丰产性品种	2
3	基础科研缺乏稳定经费支持	4
4	水肥利用效率偏低	7
5	技术服务体系缺乏合理的人才结构、稳定的农技队伍、健全的农技服务机制	15
6	为防止市场假冒伪劣种子与保护知识产权，应加强市场管理与监督	14
7	建设分布合理的新品种、新技术示范展示基地	16

（续）

重要性排序	关键技术难点	关键技术难点序号
8	加工新产品开发不足	19
9	不同生态区病虫害发生规律研究不够深	8
10	山地、坡道等边缘区生产机械化程度低	10

对筛选出的 10 个关键技术难点，从近期、中期、长期时间节点上对存在的技术壁垒作出了评价，见表 6－22。

表 6－22　饲草高粱产业技术壁垒要素时间节点分析

技术领域	近期＜3 年	中期 3～8 年	长期＞8 年
品种选育	1. 种质资源挖掘与创新不足	5. 抗倒伏、易消化等不同类型饲草高粱品种不多	6. 科学研究缺乏稳定的经费支持
生产技术	12. 适合山地、坡道耕作条件的播种、施肥和收获机械研发落后	9. 饲草高粱病虫草害发生规律及原理研究不足 7. 饲草高粱需肥规律基础性研究不足，肥料利用率低	
技术服务	15. 政府主导的技术服务体系不健全，缺乏合理的农技服务队伍和健全的农技服务机制	16. 市场管理和知识产权保护不够完善	17. 建设分布合理的新品种、新技术展示窗口
流通加工	20. 新产品研发与加工新产品开发不足		

第四节　饲草高粱研发需求分析

一、饲草高粱技术研发

根据产业目标与技术壁垒因素分析结果，结合专家讨论与文献查询，从品种选育、生产技术研究与集成、技术服务和流通加工及综合利用等产业链的各个环节的研发需求进行评价，列出了饲草高粱产业链研发需求评价表（表 6－23）。

表6-23 饲草高粱产业链环节重要因素评价

产业链环节	顶级	高级	中级
品种选育	种质资源创新与利用，优良不育系、恢复系及保持系的选育（91%） 适宜区域生态气候的高抗逆、丰产性新品种选育（86%） 生物育种技术（80%）	饲草高粱新品种示范与推广（76%） 饲草高粱种子品质检测（75%）	种子生产与贮藏（56%） 育种专用科研试验装备研发（45%）
生产技术研究与集成	不同生态区病虫草害发生与防治研究（82%） 水肥高效利用（75%） 山地、坡道地区机械化生产（77%）	产品安全质量检测体系构建（66%） 产品生产基地建设（58%）	低毒、低残留生物农药新产品研发（42%）
技术服务	种子质量与知识产权保护（84%） 农技服务体系建设（81%）	人才队伍建设（79%） 展示基地建设（73%）	种植保险服务（62%） 种植贷款服务（58%）
流通、加工及综合利用	新产品开发（77%）	饲草高粱产供销一体化产业链建设（69%）	信誉体系技术合同履约体系建设（59%）

　　根据以上研发需求，罗列出相关的研发需求项目43个，并按照优先顺序将这些项目分为顶级、高级和中级研发需求项目。其中，顶级研发需求项目18个（表6-24），高级研发需求项目13个（表6-25），中级研发需求项目12个（表6-26）。

表6-24 饲草高粱产业顶级研发需求项目

优先级别	项 目
顶级研发需求	1. 饲草高粱种质资源收集与评价 2. 饲草高粱种质资源信息库建设 3. 抗倒伏、易消化饲草高粱新品种选育 4. 适合不同生态区的优质、高产、多抗饲草高粱新品种选育 5. 饲草高粱育种新技术新方法的研发 6. 饲草高粱分子标记辅助育种体系研发 7. 饲草高粱突变体库建设 8. 饲草高粱分子育种平台建设研发 9. 不同生态类型区饲草高粱制种基地建设与种质鉴选 10. 饲草高粱轻简高效栽培技术规程制定、集成与示范 11. 饲草高粱黑穗病发生规律研究与防治技术研究 12. 饲草高粱有机旱作节水技术集成与应用 13. 饲草高粱氮元素需求规律研究与高效专用肥开发

（续）

优先级别	项 目
顶级研发需求	14. 饲草高粱无公害收获技术集成与研究 15. 抗除草剂饲草高粱新品种选育 16. 饲草高粱农技服务体系建设 17. 饲草高粱种子知识产权保护体系建设 18. 饲草高粱抗蚜种质资源筛选及关键基因挖掘

表 6 - 25　饲草高粱产业高级研发需求项目

优先级别	项 目
高级研发需求	1. 饲草高粱高通量表型鉴定平台建设 2. 饲草高粱优良不育系、保持系和恢复系的筛选及测配 3. 饲草高粱优良杂交组合的筛选与鉴定 4. 饲草高粱高密度遗传图谱构建 5. 饲草高粱亲本标准指纹图谱构建 6. 饲草高粱基因编辑与遗传转化体系构建 7. 饲草高粱生产操作规程示范与改良 8. 饲草高粱产品质量安全标准体系建设 9. 饲草高粱优质品种展示基地建设 10. 饲草高粱种子市场管理监督体系建设 11. 饲草高粱农民合作社研究 12. 饲草高粱抗除草剂品种筛选及示范推广 13. 饲草高粱产供销一体化产业链建设

表 6 - 26　饲草高粱产业中级研发需求项目

优先级别	项 目
中级研发需求	1. 饲草高粱新品种示范与推广 2. 饲草高粱茎秆收获与贮藏技术研究 3. 饲草高粱贮藏新设备研发 4. 饲草高粱种子品质检测 5. 饲草高粱栽培技术创新与推广 6. 饲草高粱新型无公害农药研发与应用 7. 饲草高粱应用及推广新型农民技术员培养 8. 饲草高粱种植保险业务研究与开发 9. 饲草高粱种植贷款业务研究与开发 10. 饲草高粱产品贮运 11. 饲草高粱产品市场调运及推广 12. 饲草高粱产品分销市场信用体系构建及应用

　　按产业链环节看，研发项目中品种选育环节占 17 项，生产技术研究与集成环节占 14 项，技术服务环节占 8 项，流通、加工及综合利用环节占 4

项（图 6-7）。

重要性高	1、2、3、4、5、6、7、8、9	10、11、12、13、14、15	16、17	18	顶级研发项目
重要性低	1、2、3、4、5、6、9	7、8、12	10、11	13	高级研发项目
	1	2、3、4、5、6	7、8、9、12	10、11	中级研发项目
领域	品种选育	生产技术研究与集成	技术服务	流通加工及利用	

图 6-7　饲草高粱产业研发项目各环节位置

二、饲草高粱顶级研发需求分析

为了进一步对顶级研发需求项目进行评估，从项目执行风险、利润影响因素、技术研发时间节点和组织研发主体等角度对顶级研发需求进行分析。

（一）风险性分析

顶级研发需求项目市场风险分析见表 6-27。

表 6-27　饲草高粱产业顶级研发需求市场风险分析

市场风险等级	低风险	中风险	高风险
研发项目	1. 饲草高粱种质资源收集与评价 2. 饲草高粱种质资源信息库建设 6. 饲草高粱分子标记辅助育种体系研发 9. 不同生态类型区饲草高粱制种基地建设与种质鉴选 17. 饲草高粱种子知识产权保护体系建设	3. 抗倒伏、易消化饲草高粱新品种选育 7. 饲草高粱突变体库建设 8. 饲草高粱分子育种平台建设研发 10. 饲草高粱轻简高效栽培技术规程制定、集成与示范 11. 饲草高粱黑穗病发生规律研究与防治技术研发 12. 饲草高粱有机旱作节水技术集成与应用 13. 饲草高粱氮元素需求规律研究与高效专用肥开发 14. 饲草高粱无公害收获技术集成与研究 16. 饲草高粱农技服务体系建设 18. 饲草高粱抗蚜种质资源筛选及关键基因挖掘	4. 适合不同生态区的优质、高产、多抗饲草高粱新品种选育 5. 饲草高粱育种新技术新方法的研发 15. 抗除草剂饲草高粱新品种选育

顶级研发需求项目技术风险分析见表6-28。

表6-28　饲草高粱产业顶级研发需求技术风险分析

技术风险等级	低风险	中风险	高风险
研发项目	1. 饲草高粱种质资源收集与评价 3. 抗倒伏、易消化饲草高粱新品种选育 9. 不同生态类型区饲草高粱制种基地建设与种质鉴选 14. 饲草高粱无公害收获技术集成与研究 16. 饲草高粱农技服务体系建设 17. 饲草高粱种子知识产权保护体系建设	2. 饲草高粱种质资源信息库建设 4. 适合不同生态区的优质、高产、多抗饲草高粱新品种选育 10. 饲草高粱轻简高效栽培技术规程制定、集成与示范 12. 饲草高粱有机旱作节水技术集成与应用 15. 抗除草剂饲草高粱新品种选育 18. 饲草高粱抗蚜种质资源筛选及关键基因挖掘	5. 饲草高粱育种新技术新方法的研发 6. 饲草高粱分子标记辅助育种体系研发 7. 饲草高粱突变体库建设 8. 饲草高粱分子育种平台建设研发 11. 饲草高粱黑穗病发生规律研究与防治技术研发 13. 饲草高粱氮元素需求规律研究与高效专用肥开发

（二）利润影响因素分析

1. 利润大小评估分析　见表6-29。

表6-29　饲草高粱产业顶级研发需求项目利润分析

利润等级	低	中	高
研发项目	1. 饲草高粱种质资源收集与评价 2. 饲草高粱种质资源信息库建设 7. 饲草高粱突变体库建设 17. 饲草高粱种子知识产权保护体系建设	3. 抗倒伏、易消化饲草高粱新品种选育 5. 饲草高粱育种新技术新方法的研发 6. 饲草高粱分子标记辅助育种体系研发 10. 饲草高粱轻简高效栽培技术规程制定、集成与示范 12. 饲草高粱有机旱作节水技术集成与应用 14. 饲草高粱无公害收获技术集成与研究 16. 饲草高粱农技服务体系建设	4. 适合不同生态区的优质、高产、多抗饲草高粱新品种选育 8. 饲草高粱分子育种平台建设研发 9. 不同生态类型区饲草高粱制种基地建设与种质鉴选 11. 饲草高粱黑穗病发生规律研究与防治技术研发 13. 饲草高粱氮元素需求规律研究与高效专用肥开发 15. 抗除草剂饲草高粱新品种选育 18. 饲草高粱抗蚜种质资源筛选及关键基因挖掘

2. 顶级研发需求利润影响因素分析 见表 6-30。

表 6-30 饲草高粱产业顶级研发需求利润影响因素分析

序号	项 目	有利因素	不利因素
1	饲草高粱种质资源收集与评价	地方资源经历长时间进化，积累了大量优异变异待发掘	饲草高粱地方资源尚未有系统性研究
2	饲草高粱种质资源信息库建设	育种工作基础性工作，意义重大	时间长，投入大，需持续支持
3	抗倒伏、易消化饲草高粱新品种选育	研究体系与方法成熟，技术积累雄厚，容易开展	短时间内难以取得突破性进展
4	适合不同生态区的优质、高产、多抗饲草高粱新品种选育	市场需求大，发展潜力大，且有长期育种工作作为基础	研究基础薄弱，饲草高粱材料相对匮乏
5	饲草高粱育种新技术新方法的研发	可以加快育种进程，改进育种技术，市场潜力大	技术创新难度高，花费巨大，难以取得突破性进展
6	饲草高粱分子标记辅助育种体系研发	技术成熟，对育种工作具有较大的促进作用	需要投入经费较多，企业难以负担
7	饲草高粱突变体库建设	对基础研究意义重大	突变体往往表型较差，难以直接筛选到可供育种利用的材料
8	饲草高粱分子育种平台建设研发	育种基础性工作，研发成功对提高育种能力意义重大	投入较大，短时间内难以获得回报，需要长期持久性投入
9	不同生态类型区饲草高粱制种基地建设与种质鉴选	育种公司注重不同生态区产业布局，产业发展依赖程度大	需要稳定资金支持
10	饲草高粱轻简高效栽培技术规程制定、集成与示范	当前农村劳动力短缺问题凸显，农业生产人力成本偏高，产业发展背景下技术应用前景好	高粱种质地区往往分布于山区丘陵地带，限制了机械使用，劳力成本降低的同时生产成本增加，涉及环节多，开发难度大
11	饲草高粱黑穗病发生规律研究与防治技术研发	病虫草害对农业危害重大，常造成农业严重减产，该研究对于保障农业生产安全意义重大	病虫草害研究不深入，抗性与产量关系不清

（续）

序号	项　目	有利因素	不利因素
12	饲草高粱有机旱作节水技术集成与应用	饲草高粱种植区多位于北方干旱地区，水资源利用矛盾突出，节水技术需求大	该技术研究涉及环节多，体系复杂
13	饲草高粱氮元素需求规律研究与高效专用肥开发	提高肥料利用率，减少面源污染有利，减少施肥环节，节约劳动力，研发将推动轻简高效栽培技术研发	肥料缓释技术尚未与饲草高粱生育期同步，饲草高粱需肥规律研究难度较大
14	饲草高粱无公害收获技术集成与研究	保护生态环境，提高农产品质量和安全性，实现农业可持续发展	成本高、推广困难
15	抗除草剂饲草高粱新品种选育	降低人力成本，提高生产效率	开发难度大，涉及环节多，成本高，收益小
16	饲草高粱农技服务体系建设	完善的农技服务体系有助于推动农业新技术、新品种的推广应用，对农业现代化发展意义重大	建设成本高，对农业技术人员需求较大，是较为复杂的系统性工程
17	饲草高粱种子知识产权保护体系建设	有助于规范市场行为，维护市场秩序，推动市场健康发展	我国种子知识产权保护起步晚，体制不够完善，存在保护标准偏低、保护范围偏窄、保护链条偏短等问题
18	饲草高粱抗蚜种质资源筛选及关键基因挖掘	有助于提高产品附加值和经济效益，保障产业健康发展，利润较高	新产品开发需要较大投入

（三）技术研发时间节点分析

1. 近期应解决的问题

序号	项　目	编号
1	饲草高粱种质资源收集与评价	1
2	饲草高粱种质资源信息库建设	2
3	不同生态类型区饲草高粱制种基地建设与种质鉴选	9
4	饲草高粱轻简高效栽培技术规程制定、集成与示范	10
5	饲草高粱有机旱作节水技术集成与应用	12
6	饲草高粱无公害收获技术集成与研究	14

（续）

序号	项　目	编号
7	抗除草剂饲草高粱新品种选育	15
8	饲草高粱农技服务体系建设	16
9	饲草高粱种子知识产权保护体系建设	17
10	饲草高粱抗蚜种质资源筛选及关键基因挖掘	18

2. 中期应解决的问题

序号	项　目	编号
1	抗倒伏、易消化饲草高粱新品种选育	3
2	饲草高粱分子标记辅助育种体系研发	6
3	饲草高粱突变体库建设	7
4	饲草高粱黑穗病发生规律研究与防治技术研发	11
5	饲草高粱氮元素需求规律研究与高效专用肥开发	13

3. 长期应解决的问题

序号	项　目	编号
1	适合不同生态区的优质、高产、多抗饲草高粱新品种选育	4
2	饲草高粱分子育种平台建设研发	8
3	饲草高粱育种新技术新方法的研发	5

（四）技术研发主体分析
1. 科研单位可承担的项目

序号	项　目	编号
1	饲草高粱种质资源收集与评价	1
2	饲草高粱种质资源信息库建设	2
3	抗倒伏、易消化饲草高粱新品种选育	3
4	饲草高粱育种新技术新方法的研发	5
5	饲草高粱分子标记辅助育种体系研发	6
6	饲草高粱突变体库建设	7
7	饲草高粱分子育种平台建设研发	8
8	饲草高粱黑穗病发生规律研究与防治技术研发	11
9	饲草高粱氮元素需求规律研究与高效专用肥开发	13

2. 企业可承担的项目

序号	项 目	编号
1	适合不同生态区的优质、高产、多抗饲草高粱新品种选育	4
2	不同生态类型区饲草高粱制种基地建设与种质鉴选	9
3	饲草高粱轻简高效栽培技术规程制定、集成与示范	10
4	饲草高粱有机旱作节水技术集成与应用	12
5	饲草高粱无公害收获技术集成与研究	14
6	抗除草剂饲草高粱新品种选育	15
7	饲草高粱抗蚜种质资源筛选及关键基因挖掘	18

3. 政府推广部门可承担的项目

序号	项 目	编号
1	饲草高粱农技服务体系建设	16
2	饲草高粱种子知识产权保护体系建设	17

（五）技术发展模式分析

1. 自主研发

根据技术的重要性及人才、基地和经费情况，确定在顶级研发需求中，可以或需要自主研发的项目12个。自主研发的承担机构须具备国内同行认可的较强的学术优势和产业化基础，项目执行可采用的模式有联合攻关或独立承担模式。

序号	项 目	编号
1	饲草高粱种质资源收集与评价	1
2	饲草高粱种质资源信息库建设	2
3	抗倒伏、易消化饲草高粱新品种选育	3
4	饲草高粱育种新技术新方法的研发	5
5	饲草高粱分子标记辅助育种体系研发	6
6	饲草高粱突变体库建设	7
7	饲草高粱分子育种平台建设研发	8
8	不同生态类型区饲草高粱制种基地建设与种质鉴选	9
9	饲草高粱黑穗病发生规律研究与防治技术研发	11
10	饲草高粱氮元素需求规律研究与高效专用肥开发	13
11	饲草高粱农技服务体系建设	16
12	饲草高粱种子知识产权保护体系建设	17

2. 中外技术合作

部分项目可以通过中外技术合作的方式，充分利用国外的技术、资金和人才优势，加快完成项目研发与执行。通过对需求风险、研发时间节点和利润等分析，认为以下 6 个研发项目可以采取中外技术合作的方式实施：

序号	项　　目	编号
1	适合不同生态区的优质、高产、多抗饲草高粱新品种选育	4
2	饲草高粱轻简高效栽培技术规程制定、集成与示范	10
3	饲草高粱有机旱作节水技术集成与应用	12
4	饲草高粱无公害收获技术集成与研究	14
5	抗除草剂饲草高粱新品种选育	15
6	饲草高粱抗蚜种质资源筛选及关键基因挖掘	18

第五节　编制饲草高粱技术路线图

一、绘制饲草高粱研发需求技术路线图

根据研发需求风险性分析、利润分析、研发节点分析、研发主体分析及研发模式分析结果，绘制研发需求项目路线图（图 6-8、表 6-31）。

时间	近期（<3年）	中期（3～8年）	长期（>8年）
科研单位层面	研发项目组（少） ★1 ★2 ◆19 ◆20 ◆22 ◆23 ▲33	研发项目组（中） ★3 ★6 ★7 ★11 ★13 ◆21	研发项目组（少） ★5 ★8 ◆24
企业层面	研发项目组（中） ★9 ★10 ★12 ★14 ★15 ★18 ◆25 ◆26 ◆27 ◆30 ▲32 ▲35 ▲36 ▲41 ▲42	研发项目组（少） ◆31 ▲34 ▲37	研发项目组（多） ★4

时间	近期（<3年）	中期（3～8年）	长期（>8年）
政府层面	研发项目组（中）	研发项目组（中）	
	★16　★17 ◆28　◆29 ▲39	▲38　▲40 ▲43	

图 6-8　饲草高粱产业研发需求技术路线

图中■代表凝练和筛选的研发项目，框中的数字代表项目编号，（多）（中）（少）代表项目组的多少，★表示顶级研发项目、◆表示高级开发项目、▲表示中级研发项目。

表 6-31　饲草高粱产业研发需求项目优先组级及项目名称

优先级别	项　　目
顶级研发需求	1. 饲草高粱种质资源收集与评价 2. 饲草高粱种质资源信息库建设 3. 抗倒伏、易消化饲草高粱新品种选育 4. 适合不同生态区的优质、高产、多抗饲草高粱新品种选育 5. 饲草高粱育种新技术新方法的研发 6. 饲草高粱分子标记辅助育种体系研发 7. 饲草高粱突变体库建设 8. 饲草高粱分子育种平台建设研发 9. 不同生态类型区饲草高粱制种基地建设与种质鉴选 10. 饲草高粱轻简高效栽培技术规程制定、集成与示范 11. 饲草高粱黑穗病发生规律研究与防治技术研发 12. 饲草高粱有机旱作节水技术集成与应用 13. 饲草高粱氮元素需求规律研究与高效专用肥开发 14. 饲草高粱无公害收获技术集成与研究 15. 抗除草剂饲草高粱新品种选育 16. 饲草高粱农技服务体系建设 17. 饲草高粱种子知识产权保护体系建设 18. 饲草高粱抗蚜种质资源筛选及关键基因挖掘
高级研发需求	19. 饲草高粱高通量表型鉴定平台建设 20. 饲草高粱优良不育系、保持系和恢复系的筛选及测配 21. 饲草高粱优良杂交组合的筛选与鉴定 22. 饲草高粱高密度遗传图谱构建 23. 饲草高粱亲本标准指纹图谱构建 24. 饲草高粱基因编辑与遗传转化体系构建 25. 饲草高粱生产操作规程示范与改良 26. 饲草高粱产品质量安全标准体系建设

（续）

优先级别	项　目
高级研发需求	27. 饲草高粱优质品种展示基地建设 28. 饲草高粱种子市场管理监督体系建设 29. 饲草高粱农民合作社研究 30. 饲草高粱抗除草剂品种筛选及示范推广 31. 饲草高粱产供销一体化产业链建设
中级研发需求	32. 饲草高粱新品种示范与推广 33. 饲草高粱茎秆收获与贮藏技术研究 34. 饲草高粱贮藏新设备研发 35. 饲草高粱种子品质检测 36. 饲草高粱栽培技术创新与推广 37. 饲草高粱新型无公害农药研发与应用 38. 饲草高粱应用及推广新型农民技术员培养 39. 饲草高粱种植保险业务研究与开发 40. 饲草高粱种植贷款业务研究与开发 41. 饲草高粱产品贮运 42. 饲草高粱产品市场调运及推广 43. 饲草高粱产品分销市场信用体系构建及应用

二、绘制饲草高粱顶级研发需求技术路线图

对项目所罗列的 18 个顶级研发需求在实施过程中可能存在的风险、利润及研发节点进行了分析，绘制了顶级研发需求技术路线图（表 6-32 至表 6-49）。

表 6-32　饲草高粱种质资源收集与评价技术路线

顶级研发需求	综合风险	影响利润的因素
饲草高粱种质资源收集与评价	低　　中　　高 我国高粱种质资源多，变异类型丰富，项目执行有利于推动饲草高粱育种产业发展	有利因素：地方资源经历长时间进化，积累了大量优异变异待发掘 不利因素：饲草高粱地方资源尚未有系统性研究
关键技术	时间表	
1. 优异饲草高粱资源引进与发掘 2. 饲草高粱种质资源的鉴定与评价	近期　中期　长期 种质资源收集与评价工作是育种工作开展的基础，我国有丰富的高粱地方品种资源，需要进行系统性研究，从需求上看属于近期需发展的项目	

表 6-33　饲草高粱种质资源信息库建设技术路线

顶级研发需求	综合风险	影响利润的因素
饲草高粱种质资源信息库建设	低　　中　　高　　　项目属于公益性基础研究，便于种质资源的有效利用，育种需求大，但研发技术有一定难度，综合风险为中低	有利因素：育种工作是基础性工作，意义重大　　不利因素：时间长，投入大，需持续支持
关键技术	时间表	
1. 引进资源的整理　2. 资源的鉴定、评价、保存　3. 资源性状信息数据库建设	近期　　中期　　长期　　　种质资源信息的系统化整理对于育种工作意义重大，利于种质资源创新工作开展，应当尽早启动	

表 6-34　抗倒伏、易消化饲草高粱新品种选育技术路线

顶级研发需求	综合风险	影响利润的因素
抗倒伏、易消化饲草高粱新品种选育	低　　中　　高　　　项目研究属于产业核心竞争力，具有持续性、经费投入高、投入期长等特点，是饲草高粱产业发展必需性工作之一，研究成果有重大的经济效益和社会效益，综合风险为中偏低	有利因素：研究体系与方法成熟，技术积累雄厚，容易开展　　不利因素：短时间内难以取得突破性进展
关键技术	时间表	
1. 收集优良不育系、保持系及恢复系材料　2. 根据育种目标对种质资源材料进行改良	近期　　中期　　长期　　　种质资源改良和不育系、保持系和恢复系选育工作属于育种产业发展核心，是产业育种基础性工作，种质资源改良有一定的时间周期，在时间计划上应做中长期发展计划	

表 6-35　不同生态区的优质、高产、多抗、广适等专用品种的选育技术路线

顶级研发需求	综合风险	影响利润的因素
适合不同生态区的优质、高产、多抗饲草高粱新品种选育	低　　中　　高　　　项目研究主要在于解决生产上急需解决的问题，属于产业核心竞争力，期限长、投入大、技术路线成熟，但需要对市场的准确把握，综合风险偏高	有利因素：市场需求大，在乡村振兴政策下发展潜力大，且有长期育种工作作为基础　　不利因素：研究基础薄弱，饲草高粱材料相对匮乏

（续）

关键技术	时间表
1. 优异不育系、保持系和恢复系的筛选与组配 2. 杂交组合的鉴定与筛选	近期　　中期　　长期 新品种选育与审定工作有较长的时间周期，应做长期计划

表 6-36　饲草高粱育种新技术新方法的研发技术路线

顶级研发需求	综合风险	影响利润的因素
饲草高粱育种新技术新方法的研发	低　　中　　高 项目属于产业核心竞争力，是当前前沿技术，投入高，存在一定的技术风险	有利因素：可以加快育种进程，改进育种技术，市场潜力大 不利因素：技术创新难度高，花费巨大，难以取得突破性进展

关键技术	时间表
针对当前育种工作中所存在的流程长、不确定性等问题，从表型鉴定选择、基因型鉴定、设计育种等方向进行技术革新	近期　　中期　　长期 本项目属于前沿技术，对提高育种效率具有重要意义，需要充足的技术积淀，应当长期规划

表 6-37　饲草高粱分子标记辅助育种体系研发技术路线

顶级研发需求	综合风险	影响利润的因素
饲草高粱分子标记辅助育种体系研发	低　　中　　高 本研究对于提高育种效率具有重要意义，技术路线成熟，可以提高育种企业的核心竞争力，但需要较大经费投入	有利因素：技术成熟，对育种工作具有较大的促进作用 不利因素：需要投入经费较多，企业难以负担

关键技术	时间表
1. 高密度遗传图谱构建 2. 重要性状遗传定位 3. 与性状紧密连锁的分子标记的开发	近期　　中期　　长期 该技术属于前沿技术，目前国内在水稻等作物上已有较多研究，但高粱领域相关研究尚存在许多不足，技术应用尚不成熟，需做中长期规划

表 6 - 38　饲草高粱突变体库建设技术路线

顶级研发需求	综合风险	影响利润的因素
饲草高粱突变体库建设	低　中　高 该技术可以为基础研究及育种提供大量可用研究材料，技术相对成熟，但诱变材料多数表型表现较差，难以直接应用于育种工作	有利因素：对基础研究意义重大 不利因素：突变体往往表型较差，难以直接筛选到可供育种利用的材料

关键技术	时间表	
1. 通过理化手段进行种子诱变 2. 突变体材料的鉴定与筛选	近期　中期　长期 该项目主要为基础研究服务，对后续基因功能研究意义重大，应做中长期规划	

表 6 - 39　饲草高粱分子育种平台建设研发技术路线

顶级研发需求	综合风险	影响利润的因素
饲草高粱分子育种平台建设研发	低　中　高 项目属于产业核心竞争力，是当前前沿技术，投入高，存在一定的技术风险	有利因素：育种基础性工作，研发成功对提高育种能力意义重大 不利因素：投入较大，短时间内难以获得回报，需要长期持久性投入

关键技术	时间表	
1. 重要基因的发掘 2. 组培技术研发 3. 基因编辑与转基因技术研发 4. 分子标记辅助选择或基因组选择技术研发	近期　中期　长期 该项目为产业重要基础研究，受到各级相关部门重视，研究项目多、周期长、投入大，需做长期规划	

表 6 - 40　不同生态类型区饲草高粱制种基地建设与种质鉴选技术路线

顶级研发需求	综合风险	影响利润的因素
不同生态类型区饲草高粱制种基地建设与种质鉴选	低　中　高 项目属于育种产业基础建设，对于提高种业竞争力具有重要意义，具有持续性，技术风险低，是产业发展的重要保障，能为产业发展带来极大利润	有利因素：育种公司注重不同生态区产业布局，产业发展依赖程度大 不利因素：需要稳定资金支持

（续）

关键技术	时间表
政府稳定资金支持，种质资源的广泛收集	近期 中期 长期 基地建设是种业发展的基础，对产业发展进步具有重要影响，属于饲草高粱产业近期发展目标

表 6-41 饲草高粱轻简高效栽培技术规程制定、集成与示范技术路线

顶级研发需求	综合风险	影响利润的因素
饲草高粱轻简高效栽培技术规程制定、集成与示范	低 中 高 丘陵山地种植条件与农村劳动力匮乏对轻简高效栽培技术有较大需求，此项目研发推广需要与对应的饲草高粱品种相适应，且需要相关栽培技术取得突破，开展相关研究具有一定的风险	有利因素：当前农村劳动力短缺问题凸显，农业生产人力成本偏高，产业发展背景下技术应用前景好 不利因素：高粱种质地区往往分布于山区丘陵地带，限制了机械使用，劳力成本降低的同时生产成本增加，涉及环节多，开发难度大

关键技术	时间表
1. 饲草高粱一次性施肥技术集成 2. 病虫草害及绿色无公害管理技术集成 3. 与栽培技术相适应的播、耕、收配套机械筛选 4. 集成技术的产业化示范	近期 中期 长期 项目对于丘陵山区以及劳动力匮乏地区农业发展具有较大的促进作用，可以提高农业生产效率，需求迫切

表 6-42 饲草高粱黑穗病发生规律研究与防治技术研发技术路线

顶级研发需求	综合风险	影响利润的因素
饲草高粱黑穗病发生规律研究与防治技术研发	低 中 高 风险主要来自病虫草害机理研究	有利因素：病虫草害对农业危害重大，常造成农业严重减产，该研究对于保障农业生产安全意义重大 不利因素：病虫草害研究不深入，抗性与产量关系不清

关键技术	时间表
1. 主要病虫草害发生规律调查 2. 主要病虫草害机理研究 3. 病虫草害防治技术研究	近期 中期 长期 病虫草害对饲草高粱生产具有较大威胁，亟待解决，但监控体系与研发需进行一定的技术积累，需做中期规划

表 6-43　饲草高粱有机旱作节水技术集成与应用技术路线

顶级研发需求	综合风险	影响利润的因素
饲草高粱有机旱作节水技术集成与应用	低　　中　　高 抗旱节水技术可以降本增效，对保障饲草高粱生产具有重大意义，但项目涉及范围较广，具有一定的研发难度	有利因素：饲草高粱种植区多位于北方干旱地区，水资源利用矛盾突出，节水技术需求大 不利因素：该技术研究涉及环节多，体系复杂

关键技术	时间表
1. 饲草高粱水分供需规律研究 2. 旱地地表覆盖、秸秆还田、深松耕技术研究 3. 抗旱节水技术集成与推广	近期　中期　长期 北方农业种植地区需水矛盾严重，对抗旱节水技术需求迫切，技术应用价值高，应及早推广

表 6-44　饲草高粱氮元素需求规律研究与高效专用肥开发技术路线

顶级研发需求	综合风险	影响利润的因素
饲草高粱氮元素需求规律研究与高效专用肥开发	低　　中　　高 植物营养研究与施肥技术目前国外发展较为领先，国内企业主要为合作引进技术，研究有专利影响，应用研发还处于探索阶段，技术尚不成熟，农民改变耕种模式也需要一定的时间，因此开发风险属于中高级别	有利因素：提高肥料利用率，有利于减少面源污染，减少施肥环节，节约劳动力，研发将推动轻简高效栽培技术研发 不利因素：肥料缓释技术尚未与饲草高粱生育期同步，对饲草高粱需肥规律研究难度较大

关键技术	时间表
1. 饲草高粱需肥规律研究 2. 适宜饲草高粱专用高效肥料研发 3. 一次性缓释施肥技术研究与推广	近期　中期　长期 饲草高粱多种植于丘陵山地，粗放管理明显，需要通过研究营养需求规律提高施肥效率，项目实施仍需一定的技术积累，应做中期规划

表 6 - 45　饲草高粱无公害收获技术集成与研究技术路线

顶级研发需求	综合风险	影响利润的因素
饲草高粱无公害收获技术集成与研究	低　　中　　高 随着环境保护意识以及人们对环境安全要求的提高，无公害防治技术受到重视，项目需求较高，但技术成本较高，推广存在一定难度	有利因素：保护生态环境，提高农产品质量和安全性，实现农业可持续发展 不利因素：成本高、推广困难
关键技术	时间表	
1. 病虫草害发生规律研究 2. 无毒微毒农药与生物防治技术研发 3. 无公害防治技术集成与推广	近期　中期　长期 无公害防治是加强生态建设、维护生态安全、促进生态文明建设、实现农业可持续发展的重要组成部分，已有较多技术积累，应及早实施	

表 6 - 46　抗除草剂饲草高粱新品种选育技术路线

顶级研发需求	综合风险	影响利润的因素
抗除草剂饲草高粱新品种选育	低　　中　　高 山地坡道耕作困难，施肥劳动量大，农业生产机械的研发可以极大提高生产效率，技术应用需求较高，但是山地坡道农业种植面积较小，种植条件复杂，开发难度大，成本高	有利因素：降低人力成本，提高生产效率 不利因素：开发难度大，涉及环节多，成本高，收益小
关键技术	时间表	
1. 山地、坡道机收标准研究 2. 山地、坡道生产机械研发	近期　中期　长期 日本等农业发达国家已有较为丰富的小型农业机械开发经验，对于山地、坡道等小面积农田使用农业机械开发有较好的借鉴意义，随着人口老龄化与农村人口向城镇流动，农业劳动力短缺问题凸显，项目需求迫切	

表 6 - 47　饲草高粱农技服务体系建设技术路线

顶级研发需求	综合风险	影响利润的因素
饲草高粱农技服务体系建设	低　中　高 项目研究属于产业人才团队建设，属于农业发展系统性工程，对于提升饲草高粱产业核心竞争力意义重大，具有持续性，技术风险极低，对于提高从业人员知识技术水平有重大意义	有利因素：完善的农技服务体系有助于推动农业新技术、新品种的推广应用，对农业现代化发展意义重大 不利因素：建设成本高，对农业技术人员需求较大，是较为复杂的系统性工程

关键技术	时间表
1. 合理配置团队人才结构，打造产前、产中、产后技术服务力量 2. 打造试验示范推广平台 3. 建立农技推广试验、示范运行机制 4. 政府持续经费保障	近期　中期　长期 农业技术推广对于农业科技研发成果转化、提高农业生产科技含量具有重大意义，为产业发展提供坚强的科技支撑和人才保障，建设意义重大，需求迫切，应及早实施

表 6 - 48　饲草高粱种子知识产权保护体系建设技术路线

顶级研发需求	综合风险	影响利润的因素
饲草高粱种子知识产权保护体系建设	低　中　高 该研究实施对于加快形成鼓励自主创新的政策环境具有重大意义，在国外有较为完善的管理体系可供参考与借鉴	有利因素：有助于规范市场行为，维护市场秩序，推动市场健康发展 不利因素：我国种子知识产权保护起步晚，体制不够完善，存在保护标准偏低、保护范围偏窄、保护链条偏短等问题

关键技术	时间表
1. 加快修订《种子法》和《植物新品种保护条例》 2. 建设实质性派生品种审查认证制度 3. 严厉打击假冒套牌品种等违法行为，加大知识产权保护力度	近期　中期　长期 加强种业知识产权保护是种业振兴市场净化活动的核心环节，要综合利用法律、经济、技术、行政等多种手段，从立法、司法、执法、管理和技术支撑等多方面发力，促进种业高质量发展，应当尽早实施

表 6 - 49　饲草高粱抗蚜种质资源筛选及关键基因挖掘技术路线

顶级研发需求	综合风险	影响利润的因素
饲草高粱抗蚜种质资源筛选及关键基因挖掘	低　　中　　高 主要风险来自产品是否适应市场，开发产品利用技术难易以及需投入的成本与产出的比例	有利因素：有助于提高产品附加值和经济效益，保障产业健康发展，利润较高 不利因素：新产品开发需要较大投入

关键技术	时间表
1. 传统生产技术提升 2. 新产品技术研发 3. 产品市场推广	近期　　中期　　长期 产品开发为产业提供新的增长点，提升饲草高粱产品附加值，对饲草高粱产业发展拉动力强，应及早启动研发

三、绘制饲草高粱顶级研发需求风险利润路线图

将 18 个顶级研发需求项目置于以风险程度为横轴、利润为纵轴的坐标系上（图 6-9），项目编号对应于表 6-50 相应编号的项目名称。该坐标系显示了每一个优先项目风险和利润之间的相关性，为科技主管部门或产业联盟领导在项目立项、科研经费投入等方面做出科学判断提供依据。

高利润		4、8、11、15、18	9
中利润	5	3、6、10、12、13、14、16	
低利润		2、7	1、17
	高风险	中风险	低风险

图 6-9　饲草高粱产业顶级研发需求风险利润相关性

表 6-50　饲草高粱顶级研发需求项目注释

序号	项　目	备注
1	饲草高粱种质资源收集与评价	低利润，低风险
2	饲草高粱种质资源信息库建设	低利润，中低风险

（续）

序号	项　目	备注
3	抗倒伏、易消化饲草高粱新品种选育	中利润，中低风险
4	适合不同生态区的优质、高产、多抗饲草高粱新品种选育	高利润，中高风险
5	饲草高粱育种新技术新方法的研发	中利润，高风险
6	饲草高粱分子标记辅助育种体系研发	中利润，中风险
7	饲草高粱突变体库建设	低利润，中高风险
8	饲草高粱分子育种平台建设研发	高利润，中高风险
9	不同生态类型区饲草高粱制种基地建设与种质鉴选	高利润，低风险
10	饲草高粱轻简高效栽培技术规程制定、集成与示范	中利润，中风险
11	饲草高粱黑穗病发生规律研究与防治技术研发	高利润，中高风险
12	饲草高粱有机旱作节水技术集成与应用	中利润，中风险
13	饲草高粱氮元素需求规律研究与高效专用肥开发	中利润，中高风险
14	饲草高粱无公害收获技术集成与研究	中利润，中低风险
15	抗除草剂饲草高粱新品种选育	高利润，中高风险
16	饲草高粱农技服务体系建设	中利润，中低风险
17	饲草高粱种子知识产权保护体系建设	低利润，低风险
18	饲草高粱抗蚜种质资源筛选及关键基因挖掘	高利润，中风险

四、绘制饲草高粱优先研发需求技术发展模式路线图

对饲草高粱技术发展模式（自主研发、技术合作、技术引进）按近期、中期、长期三种时间节点进行分类，绘制 18 个顶级研发需求技术发展模式路线图（图 6-10），图中标示的项目编号对应于优先研发需求技术发展模式注释表（表 6-51）中相应编号的项目名称。

自主研发	1、2、9、16、17	3、6、7、11、13	5、8
合作研发	10、12、14、15、18		4
	近期（<3年）	中期（3~8年）	长期（>8年）

图 6-10　饲草高粱产业优先发展需求技术发展模式路线

表 6 - 51　饲草高粱产业顶级研发需求项目经营模式

序号	项　目	备注
1	饲草高粱种质资源收集与评价	自主研发，近期
2	饲草高粱种质资源信息库建设	自主研发，近期
3	抗倒伏、易消化饲草高粱新品种选育	自主研发，中期
4	适合不同生态区的优质、高产、多抗饲草高粱新品种选育	合作研发，长期
5	饲草高粱育种新技术新方法的研发	自主研发，长期
6	饲草高粱分子标记辅助育种体系研发	自主研发，中期
7	饲草高粱突变体库建设	自主研发，中期
8	饲草高粱分子育种平台建设研发	自主研发，长期
9	不同生态类型区饲草高粱制种基地建设与种质鉴选	自主研发，近期
10	饲草高粱轻简高效栽培技术规程制定、集成与示范	合作研发，近期
11	饲草高粱黑穗病发生规律研究与防治技术研发	自主研发，中期
12	饲草高粱有机旱作节水技术集成与应用	合作研发，近期
13	饲草高粱氮元素需求规律研究与高效专用肥开发	自主研发，中期
14	饲草高粱无公害收获技术集成与研究	合作研发，近期
15	抗除草剂饲草高粱新品种选育	合作研发，近期
16	饲草高粱农技服务体系建设	自主研发，近期
17	饲草高粱种子知识产权保护体系建设	自主研发，近期
18	饲草高粱抗蚜种质资源筛选及关键基因挖掘	合作研发，近期

五、绘制饲草高粱综合技术路线图

综合市场需求、产业目标、技术壁垒、研发需求进行整理和凝练，结合全产业链进程，绘制饲草高粱产业综合技术路线图（图 6 - 11）。

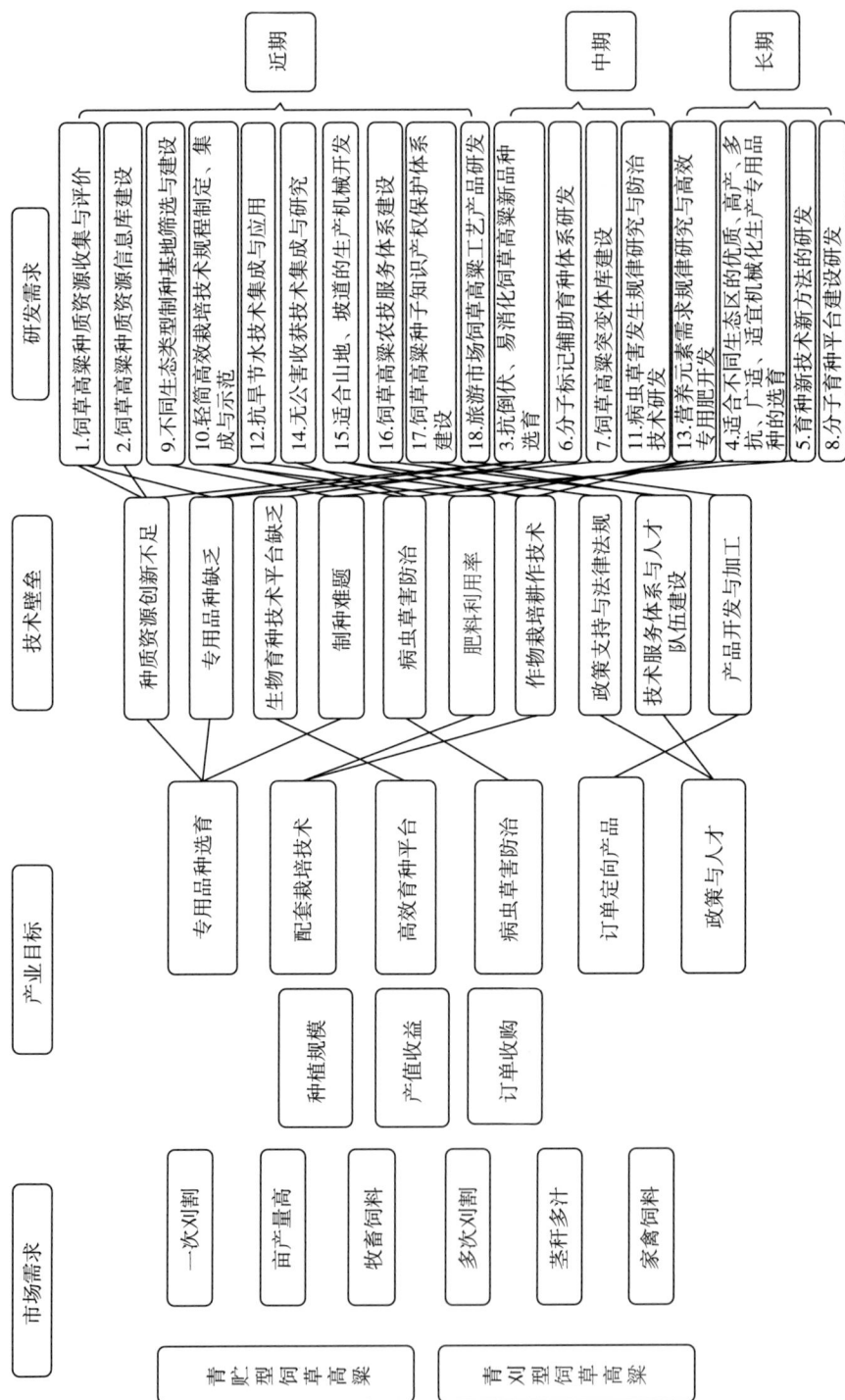

图6-11 饲草高粱产业综合技术路线

第 七 章
食用高粱产业技术路线图

　　食用高粱营养丰富，含有人体所需的多种营养成分；与大米、小麦、玉米等谷物相比，高粱抗性淀粉含量高，具有健脾、消积、和胃、温中、涩肠胃、止霍乱等功效。高粱壳可提取纯天然色素，用于食品加工。食用适量的高粱可以辅助预防高血压、糖尿病、肠道疾病、心脑血管疾病等，随着社会进步和人民生活水平的提高、膳食结构的改变，食用高粱在人们生活中日益受到重视。高粱在我国分布较广，具有耐瘠薄、耐干旱等特性，在土壤瘠薄的耕地资源上适当增加高粱的种植面积，可充分发挥高粱生理特点，提高瘠薄土地产出能力，对增加农民收入、调节人们的饮食结构等具有重要意义。

　　根据专家组调研、讨论和评定，确定食用高粱发展技术路线图的研究范围：食用高粱产品的生产工艺、设施设备、技术体系和产品经济。研究边界：资源、技术创新和育种。食用高粱全产业链包括：种质资源、栽培、植物保护、采收、运输、加工、加工副产品利用、商品化处理、冷链物流、品牌营销、质量安全。食用高粱产业技术路线图的基本内容包括食用高粱产品的市场需求、产业目标、技术壁垒、研发需求 4 项主要内容。产业路线图制定的基本流程可以分为三个阶段：第一阶段，产业技术路线图的启动与准备阶段；第二阶段，产业技术路线图制定和开发阶段；第三阶段，产业技术路线图的后续修正阶段。在食用高粱产业技术路线图制定过程中主要采用了头脑风暴法、关联分析法、问卷调查法等研究方法，召开了 7 次递进式的系列研讨会，分别为：范围与边界界定、产业背景和现状分析、产业调查问卷制定、产业目标分析、阻碍产业目标实现的技术壁垒分析、解决技术壁垒的研发需求分析、技术路线图绘制。本研究中食用高粱产业技术路线图的定位是解决食用型高粱产业发展过程中的共性技术供给问题。

第一节　食用高粱市场需求分析

本书市场需求分析是通过大量调研和研讨，筛选出食用高粱市场需求要素，将其排列出优先序，获得市场需求要素重要性评价结果。

一、食用高粱产业市场需求调研

通过查阅文献资料、政策资料，与农业管理部门、科研人员、企业、农户等访谈调研，收集了食用高粱的需求要素，既为市场需求分析打基础，也为后续开展食用高粱产业目标分析、技术壁垒分析及相应的研发需求做了铺垫。

经过多次研讨论证，编制组形成了食用高粱产业市场需求问卷调查初稿，经过国内专家的多轮验证，形成食用高粱产业调查问卷终稿（表7-1）。利用国家谷子高粱产业技术体系、"一带一路"国际高粱产业科技创新院、各地农业科研院所等平台，在全国范围内开展了问卷调查。参与人员来源于科研单位、高校、农业技术推广站、高粱种植合作社、高粱种植户、种业龙头企业等。问卷调查人数共计78人次，现场走访及调研共计62人次。问卷调查人员比例见图7-1、图7-2。

表7-1　食用高粱市场需求调查问卷

---

1. 贵单位是？
   A. 科研单位
   B. 政府部门
   C. 种子企业
   D. 渠道经销商
   E. 种植户（种植合作社）
   F. 农资销售商
   G. 加工企业
   H. 其他（备注：　　　　　　）
2. 您的年龄层次为？
   A. 30岁以下
   B. 30～40岁
   C. 40～50岁
   D. 50岁以上
3. 请您对下列食用高粱产品需求量进行排序。
   A. 高粱主食（高粱米、高粱面等）
   B. 高粱加工甜点（太谷饼、高粱饴等）
   C. 药用高粱（高粱茶等）
   D. 其他（备注：　　　　　　）

（续）

4. 您通过哪种途径购买食用高粱及其加工产品？
    A. 集市
    B. 超市
    C. 网购
    D. 旅游景点
    E. 粮油店
    F. 其他（　　）
5. 您对食用高粱及其加工产品年消费金额为？
    A. 50 元以下
    B. 50～100 元
    C. 100～200 元
    D. 200 元以上
6. 请您对下列食用高粱的市场需求要素进行排序。
    A. 颁布食用高粱的农业政策
    B. 配套食用高粱的相关农业基础设施
    C. 建立食用高粱的质量安全保障体系
    D. 控制食用高粱制种成本
    E. 食用高粱栽培、制种、病虫害防治等技术
    F. 建立食用高粱新品种推广模式
    G. 育种材料、方法的创新

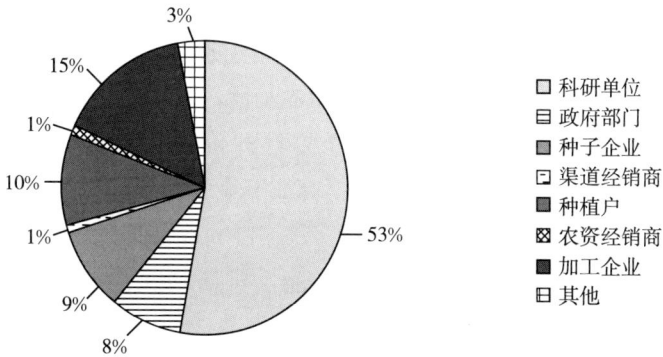

图 7-1　食用高粱市场需求调研对象比例

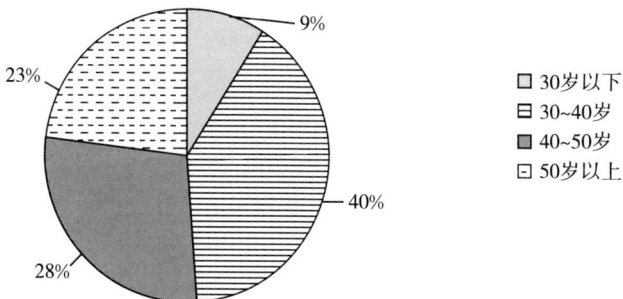

图 7-2　食用高粱市场需求调研对象年龄结构分布

二、食用高粱市场需求分析研讨会

食用高粱市场分析研讨会分析了产业发展趋势及驱动力，明确了国内居民对不同食用高粱产品的需求、国内食用高粱产品国民购买意愿及购买方式、食用高粱产业市场需求要求的优先序等，为食用高粱产业目标提供依据。

食用高粱市场需求分析研讨会的参与人员为"一带一路"高粱产业研究院全体成员、山西农业大学高粱研究科研人员、山西农业大学农业经济管理学院科研人员以及高粱产业技术路线图编制组全体成员等。

三、食用高粱市场需求要素分析

市场需求分析主要是针对食用高粱产业现状、产业在国民经济和区域经济中的地位进行分析，识别未来市场对产业和服务的需求并分析产业的发展趋势，明确产业目标。核心工作是采取科学的办法，筛选出市场需求要素优先序，为产业目标提供依据。

（一）食用高粱产品的不同需求

食用高粱产品主要有三种，分别为高粱主食、高粱加工甜点、药用高粱。通过调研食用高粱不同类型产品的需求量，详见表7-2，结合研讨会头脑风暴值和调研问卷统计值进行了重要性评价，按公式5-1计算各要素的重要值。结果显示，高粱主食（包括高粱米、高粱面等）需求量的重要值得分最高，其次是高粱加工甜点（包括太谷饼、高粱饴等），第三是药用高粱产品（高粱茶等），其他类食用高粱产品（包括年糕、其他高粱功能食品）的得分最低。

表7-2　食用高粱产品需求量调查排序

食用高粱产品	头脑风暴统计值 T	调查问卷统计值 D	重要值 V	排序
高粱主食（高粱米、高粱面等）	0.71	0.66	0.47	1
高粱加工甜点（太谷饼、高粱饴等）	0.62	0.44	0.27	2
药用高粱（高粱茶等）	0.39	0.24	0.09	3
其他	0.04	0.08	0.00	4

（二）食用高粱产品国民购买意愿及购买方式

表7-3结果显示，在超市内购买食用高粱及其加工产品的居民最多，

其次是集市、网购和粮油店，选择在旅游景点和其他地点购买食用高粱的居民较少。

表 7 - 3　食用高粱及其加工产品购买途径调查排序

购买途径	头脑风暴统计值 T	调查问卷统计值 D	重要值 V	排序
超市	0.75	0.73	0.55	1
集市	0.51	0.42	0.21	2
网购	0.30	0.40	0.12	3
粮油店	0.37	0.37	0.14	4
旅游景点	0.09	0.13	0.01	5
其他	0.07	0.09	0.01	6

（三）食用高粱产品年消费金额分析

表 7 - 4 显示，消费在 50 元以下的人员占比最多，消费金额在 50～100 元次之，之后为消费在 200 元以上占比，消费金额在 100～200 元的人员占比最低。

表 7 - 4　食用高粱产品年消费金额调查排序

年消费金额	头脑风暴统计值 T	调查问卷统计值 D	重要值 V	排序
50 元以下	0.34	0.33	0.11	1
50～100 元	0.24	0.30	0.07	2
200 元以上	0.12	0.26	0.03	3
100～200 元	0.16	0.12	0.02	4

（四）食用高粱产业市场需求要素分析

通过综合分析，得出食用高粱市场需求要素重要性结果，详见表 7 - 5。结果显示，建立食用高粱的质量安全保障体系是市场需求最重要的因素；其次是食用高粱相关农业政策的颁布；其他依次为育种材料、方法的创新，食用高粱栽培、制种、病虫害防治等技术，配套食用高粱的相关农业基础设施，建立食用高粱新品种推广模式，控制食用高粱制种成本。

表 7 - 5　食用高粱市场需求要素重要性评价

市场需求要素	头脑风暴统计值 T	调查问卷统计值 D	重要值 V	排序
建立食用高粱的质量安全保障体系	0.80	0.65	0.52	1

（续）

市场需求要素	头脑风暴统计值 T	调查问卷统计值 D	重要值 V	排序
颁布食用高粱的农业政策	0.74	0.70	0.52	2
育种材料、方法的创新	0.80	0.63	0.50	3
食用高粱栽培、制种、病虫害防治等技术	0.63	0.56	0.35	4
配套食用高粱的相关农业基础设施	0.47	0.50	0.24	5
建立食用高粱新品种推广模式	0.27	0.50	0.14	6
控制食用高粱制种成本	0.19	0.37	0.07	7

第二节　食用高粱产业目标分析

一、食用高粱产业发展目标问卷调查

根据食用高粱产业特征，在市场需求调研的基础上，经过查阅我国杂粮相关产业规划，采用专家组头脑风暴法形成了食用高粱产业目标调查问卷初稿，经多次会议论证及专家意见修改后，形成了食用高粱产业目标调查问卷最终版，详见表7-6。调查问卷形成后，通过走访政府部门、科研单位、高校等高粱相关产业的工作人员，深入调研高粱经销商、基层技术员、高粱经销商、食用高粱相关加工企业等，就食用高粱产业发展目标进行了座谈、问卷调查。参与问卷调查、座谈会、实地调研等人员有97人次。产业目标调查人员比例见图7-3、图7-4。

表7-6　食用高粱产业目标调查问卷

1. 贵单位是？
　A. 科研单位
　B. 高校
　C. 农业推广机构
　D. 农业行政主管部门
　E. 大型种植机构
　F. 加工企业
2. 您的年龄层次为？
　A. 30岁以下
　B. 30～40岁
　C. 40～50岁
　D. 50岁以上
3. 您认为我国食用高粱种植规模应定位在哪个级别最为合适（单选）？
　A. 30万亩以下

（续）

B. 30 万～50 万亩

C. 50 万亩以上

D. 不清楚

4. 您认为食用高粱产品产值预期目标应达到？

A. 10 亿元以下

B. 10 亿～20 亿元

C. 20 亿元以上

D. 不了解

5. 您认为哪种经营模式更适合未来食用高粱产业发展？

A. 企业通过与生产者签订订单进行收购

B. 企业与生产者在收货后进行现场收购

C. 企业自建农场进行生产

D. 不了解

6. 请您对以下食用高粱的产业目标要素进行排序。

A. 选育高产、高营养、多抗、多熟期的新品种

B. 完成食用高粱种质资源收集和保存

C. 集成食用高粱轻简化高效管理技术体系

D. 建立食用高粱病虫草害防控技术体系

E. 开发特色功能性高粱食品

F. 保障食用高粱的有效供给和质量安全

G. 食用高粱品牌化发展，培育龙头企业

H. 建立食用高粱信息化技术服务平台

I. 建立稳定的食用高粱全产业链风险管理和应急预案

J. 形成稳定的食用高粱安全生产加工技术

K. 形成稳定的食用高粱宣传模式

L. 建设政府主导的食用高粱技术服务体系

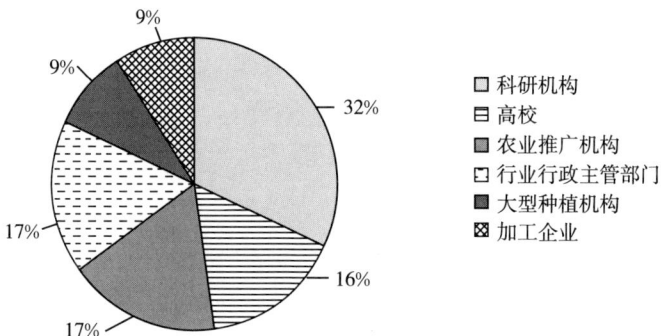

图 7-3　食用高粱产业目标调研对象比例

二、食用高粱产业目标分析研讨会

研讨会邀请了国内高粱产业领域专家，围绕高粱产业链上发展的总体目

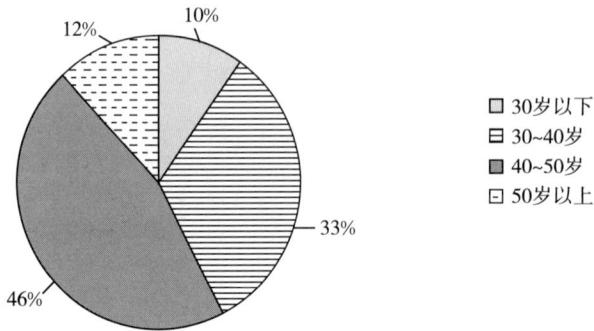

图 7-4　食用高粱产业目标调研对象年龄结构分布

标，筛选出与食用高粱产业目标相关联的目标要素，确定出产业主要目标要素，通过科学的统计方法，排出产业目标要素的优先顺序。研讨会参与人员为国家高粱体系岗位专家、中国农业科学院、山西农业大学专家代表以及高粱产业技术路线图编制组全体成员共 76 人。现场专家进行了头脑风暴会议，将调研的所有产业目标要素列表，由专家进行产业目标要素排序，对调研表进行统计排序，将专家排序与调研表排序统计计算并排序，对统计产生食用高粱产业目标要素排序进行讨论并最后确定优先顺序。

三、食用高粱产业目标分析

　　对食用高粱产业目标的分析采取了调研以及研讨会等形式，通过专家团头脑风暴法确定了食用高粱产业的 12 个重要目标要素，并列出食用高粱产业目标要素的优先序，建立食用高粱市场需求要素与食用高粱产业目标要素的关联分析矩阵，获得最终的产业目标要素优先序。产业方面的 12 个重要目标要素内容为：①开发特色功能性高粱食品；②选育高产、高营养、多抗、多熟期的新品种；③集成食用高粱轻简化高效管理技术体系；④完成食用高粱种质资源收集和保存；⑤食用高粱品牌化发展，培育龙头企业；⑥建立食用高粱病虫草害防控技术体系；⑦形成稳定的食用高粱安全生产加工技术；⑧建立食用高粱信息化技术服务平台；⑨形成稳定的食用高粱宣传模式；⑩保障食用高粱的有效供给和质量安全；⑪建设政府主导的食用高粱技术服务体系；⑫稳定的食用高粱全产业链风险管理和应急预案制定。

　　结合调研、网络调查问卷及专家组头脑风暴法对 12 个食用高粱产业目标要素进行综合打分，按公式 5-1 计算各要素的重要值。计算获得食用高粱产业目标要素的重要值，结果进行统计后得到各个要素的优先序，详见

表7-7。对排名前6名的食用高粱产业目标要素，经过专家组头脑风暴法进行近期、中期、长期三个时间段的预期分析，可得到多个相关产业目标要素，详见表7-8。

表7-7 食用高粱产业目标要素调查问卷统计

产业目标要素	头脑风暴统计值 T	调查问卷统计值 D	重要值 V	排序
开发特色功能性高粱食品	0.76	0.75	0.57	1
选育高产、高营养、多抗、多熟期的新品种	0.74	0.73	0.54	2
集成食用高粱轻简化高效管理技术体系	0.58	0.62	0.36	3
完成食用高粱种质资源收集和保存	0.50	0.60	0.30	4
食用高粱品牌化发展，培育龙头企业	0.41	0.70	0.29	5
建立食用高粱病虫草害防控技术体系	0.42	0.64	0.27	6
形成稳定的食用高粱安全生产加工技术	0.30	0.17	0.05	7
建立食用高粱信息化技术服务平台	0.18	0.21	0.04	8
形成稳定的食用高粱宣传模式	0.17	0.29	0.05	9
保障食用高粱的有效供给和质量安全	0.17	0.18	0.03	10
建设政府主导的食用高粱技术服务体系	0.13	0.18	0.02	11
稳定的食用高粱全产业链风险管理和应急预案制定	0.09	0.19	0.02	12

表7-8 食用高粱头脑风暴法产业目标要素分析

序号	产业目标要素	近期（<3年）	中期（3~8年）	长期（>8年）
1	开发特色功能性高粱食品	加强食用高粱产品的深加工，加快食用高粱初级加工技术研发与加工产品开发	食用高粱加工向精深加工发展，精加工食用高粱产品开发，重点发展保健型、药用型食用高粱等休闲食品加工等	发展深加工，拓展加工产品应用范围，实现食用高粱产品工业化应用
2	选育高产、高营养、多抗、多熟期的新品种	系统整理现有育种资源，重组国内外收集的食用高粱种质资源，以系谱图清楚的骨干系为参考，开展高产、高营养、多熟期食用高粱新品种的选育	引进新资源，利用新技术方法，包括单倍体诱导技术、化学诱变技术等，丰富种质资源，建立核心种质库；开展分子标记辅助育种	多重抗性优良恢复系、保持系选育，利用转基因技术与传统技术相结合，开展多抗性育种，定向选择目标性状
3	集成食用高粱轻简化高效管理技术体系	食用高粱轻简化耕作栽培技术研发，水肥一体化技术研发，食用高粱不同时期需肥规律掌握	在一系列栽培措施基础上，集成食用高粱轻简、高效栽培技术规程，配套专用肥	与农业机械应用成果整合形成完备的食用高粱轻简栽培技术规程，并落实到实际生产中

（续）

序号	产业目标要素	近期（<3 年）	中期（3～8 年）	长期（>8 年）
4	完成食用高粱种质资源收集和保存	通过与国内外科研单位、企业合作，搜集国内外食用高粱骨干材料	完成国内外主要食用高粱种质资源的收藏，并完成精准鉴定	入库保存完整的种质资源，并配套其完备的资料信息
5	食用高粱品牌化发展，培育龙头企业	发现苗头性企业，并合作研发专用食用高粱新品种	针对不同生态区域，筛选出适宜不同气候条件下新品种，并与企业联合开展生产加工试验	形成科企合作稳定模式，将科研成果落实到应用中
6	建立食用高粱病虫草害防控技术体系	食用高粱病害、虫害等重要病虫害监控及发生规律研究	无公害防治药剂开发和综合防治技术研发，实现检测技术速测、精准、标准	实现食用高粱产品生产、加工全程无公害化管理

四、食用高粱产业目标要素与市场需求要素关联分析

以食用高粱市场需求要素 V_i 为基础，通过专家组头脑风暴法对产业目标要素的重要值 V_{ji} 进行评价，最终形成产业目标要素与市场需求要素的关联分析矩阵，通过公式 $\sum(V_j \times V_i)$，最终获得食用高粱产业目标要素在市场需求拉动下的优先序，详见表 7-9、表 7-10。

表 7-9　食用高粱产业目标要素与市场需求要素关联分析

需求要素		V_1	V_2	V_3	V_4	V_5	V_6	V_7	$\sum(V_{ji} \times V_i)$	排序
重要值		0.52	0.51	0.35	0.24	0.13	0.24	0.13		
目标要素重要值（V_{ji}）	1	1	1	3	1	1	2	1	3.06	6
	2	0	1	3	3	1	2	2	3.15	5
	3	0	1	2	3	3	1	2	2.82	9
	4	1	3	0	0	1	2	0	2.66	11
	5	2	3	3	1	0	3	0	4.58	1
	6	2	2	0	3	1	1	3	3.54	3
	7	0	2	0	1	1	1	3	2.02	12
	8	1	3	1	0	2	3	0	3.03	7
	9	1	2	1	0	2	3	1	3.00	8
	10	3	0	0	1	2	1	3	2.69	10
	11	2	3	0	1	2	1	3	3.70	2
	12	2	3	1	1	2	0	0	3.42	4

表7-10　关联分析后食用高粱产业目标要素

序号	产业目标要素	近期（＜3年）	中期（3~8年）	长期（＞8年）
1	食用高粱品牌化发展，培育龙头企业	发现苗头性企业，并合作研发专用食用高粱新品种	针对不同生态区域，筛选出适宜不同气候条件下新品种，并与企业联合开展生产加工试验	形成科企合作稳定模式，将科研成果落实到应用中
2	建设政府主导的食用高粱技术服务体系	建立科研、技术推广、专业合作社衔接紧密的推广合作体，培养科研技术骨干和基层农民技术员	通过在线平台＋线下报名培训等手段培养一支素质高、结构合理的人才队伍	建设一支有广泛群众技术的、具有国际先进水平的专家队伍，构建国际先进水平的技术服务体系
3	建立食用高粱病虫草害防控技术体系	食用高粱病害、虫害等重要病虫害监控及发生规律研究	无公害防治药剂开发和综合防治技术研发，实现检测技术速测、精准、标准	实现食用高粱产品生产、加工全程无公害化管理
4	稳定的食用高粱全产业链风险管理和应急预案制定	初步掌握食用高粱全产业链中的风险	针对育种、栽培、加工、技术服务各环节中的风险制定相应的应急预案	合理配置与优化全产业链供应链，建立完善、全面的风险管理系统
5	选育高产、高营养、多抗、多熟期的新品种	系统整理现有育种资源，重组国内外收集的食用高粱种质资源，以系谱图清楚的骨干系为参考，开展高产、高营养、多熟期食用高粱新品种的选育	引进新资源，利用新技术方法，包括单倍体诱导技术、化学诱变技术等，丰富种质资源，建立核心种质库；开展分子标记辅助育种	多重抗性优良恢复系、保持系育种，利用转基因技术与传统技术相结合，开展多抗性育种，定向选择目标性状

第三节　食用高粱技术壁垒分析

本节围绕食用高粱产业链上的技术组成和技术壁垒进行调研，提出、讨论和确定近期、中期、长期不同食用高粱产业目标要素过程中存在的技术壁垒，以及多种技术壁垒要素的优先顺序，具体分析影响产业目标实现的技术难点，各个关键技术应用的现状、特点等。

一、食用高粱技术壁垒问卷调查

编制组通过查阅相关资料和咨询高粱产业相关专家，列出了技术壁垒要素，制成了调查问卷初稿，专家组对调查问卷进行逐条分析，确立了食用高粱全产业链四个环节（新品种选育、生产栽培技术、技术服务、流通加工及综合利用过程）中技术壁垒因素，最终形成食用高粱产业技术壁垒调查问卷表，见表 7-11。通过多渠道线上和线下方式完成问卷调查。调查对象包括高粱产业的相关科研人员、政府部门相关工作人员、高粱加工企业、高粱种植企业、高粱种植户、农民、消费者等，调查对象及调查比例详见图 7-5、图 7-6。

表 7-11　食用高粱产业技术壁垒调查问卷

1. 贵单位是?
   A. 科研单位
   B. 高校
   C. 行业行政主管部门
   D. 农业推广机构
   E. 种植户（种植合作社）
   F. 加工企业
2. 您的年龄层次为?
   A. 30 岁以下
   B. 30~40 岁
   C. 40~50 岁
   D. 50 岁以上
3. 请您对食用高粱品种选育中技术壁垒要素排序。
   A. 缺乏具有国际先进水平的高粱种质资源库，资源创新能力弱
   B. 转基因等新技术应用不成熟
   C. 缺乏适宜不同生态区域的食用高粱系列品种
   D. 稳定的食用高粱研究经费支持力度小
   E. 缺乏适用于食用高粱田间试验的单行小型播种、收获技术
4. 请您对食用高粱生产技术研究中技术壁垒要素排序。
   A. 食用高粱不同季节病虫害发生规律机制研究
   B. 食用高粱不同生长期需肥需水规律机制研究
   C. 食用高粱品质营养精准调控技术
   D. 食用高粱质量安全监测点建设尚不健全，确保无害化种植
   E. 缺乏高效、低毒、低残留、低成本农药及专用生物农药新产品
   F. 现代农业生产需要的轻简化栽培技术
   G. 食用高粱功能性食品营养成分的标准制定
5. 请您对食用高粱技术服务中技术壁垒要素排序。
   A. 缺乏稳定的食用高粱技术服务经费
   B. 食用高粱种子及产品的知识产权保护

（续）

    C. 先进技术推广速度慢，农户技术水平低，农技培训与咨询尚不到位

    D. 食用高粱技术服务体系缺乏合理的人才结构、稳定的农技队伍、健全的服务机制

    E. 缺乏分布合理的食用高粱新品种、新技术示范基地

    F. 农业研究机构与农业推广机构衔接不紧密

6. 请您对食用高粱流通加工及综合利用过程中技术壁垒要素排序。

    A. 缺乏食用高粱的精深加工能力，功能性高粱产品开发力度不足

    B. 食用高粱功能食品的新型保鲜技术

    C. 缺乏良好的信誉体系和合同履约体系

    D. 产供销一体化程度低，缺乏专业的食用高粱行业协会

    E. 食用高粱及相关产品宣传力度小

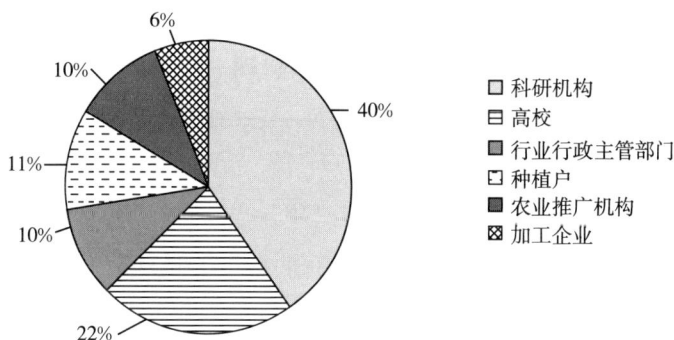

图 7-5 食用高粱技术壁垒调研对象比例

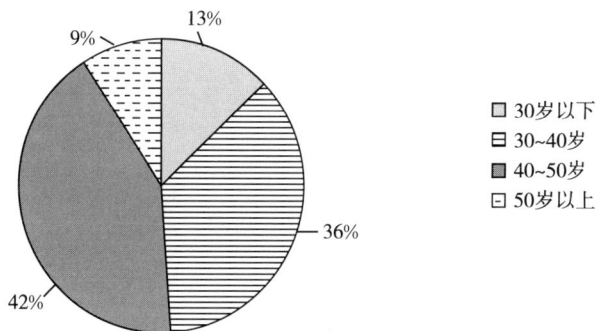

图 7-6 食用高粱产业技术壁垒调研对象年龄结构分布

二、食用高粱产业技术壁垒分析

    编制组对食用高粱全产业链技术壁垒、主要技术领域的关键技术、技术应用现状和特点进行了系统分析，总结出了食用高粱全产业链上不同环节的技术壁垒，分别是新品种选育、生产栽培技术、技术服务、食用高粱流通加

工及综合利用过程，并对产业链环节的技术壁垒要素进行了排序。

（一）产业技术壁垒要素排序

结合市场调研、网络调查问卷及专家组头脑风暴法分别对食用高粱全产业链各环节中的关键技术难点综合打分，通过对调查结果分析和总结，得出6大类技术壁垒要素：①食用高粱种质资源缺乏，优质多抗性资源创新不足，广适性特异性新品种缺乏；②食用高粱相关产业缺乏稳定的项目经费支持，研发技术力量不强；③缺乏食用高粱相关配套的轻简栽培技术体系；④食用高粱及其加工制品的研发创新能力落后，缺乏精深加工能力；⑤食用高粱相关行业组织和体系建设不完善，缺乏专业服务人才；⑥食用高粱种子市场管理有待加强。

（二）产业关键技术难点、技术差距与障碍分析

根据技术壁垒调查结果，编制组进行了总结归纳，针对食用高粱品种选育环节、生产技术研究环节、技术服务环节、流通加工及综合利用环节中的关键技术难点、技术差距和障碍进行了分析，详见表 7 - 12。

表 7 - 12　食用高粱产业技术差距与障碍分析

技术领域	关键技术难点	技术差距与障碍分析
品种选育	1. 缺乏具有国际先进水平的高粱种质资源库，资源创新能力弱	优质、抗逆、抗病种质资源缺乏；重要性状遗传规律研究缺乏；资源创新技术落后
	2. 缺乏适宜不同生态区域的食用高粱系列品种	
	3. 稳定的食用高粱研究经费支持力度小	
	4. 缺乏适用于食用高粱田间试验的单行小型播种、收获技术	
	5. 转基因等新技术应用不成熟	
生产技术研究	6. 食用高粱品质营养精准调控技术	新型专用肥料研发少；简便、高效的标准化技术缺乏；水肥一体化研究缺乏；生物农药研发滞后；食用产品农药监测等质量安全问题研究缺乏
	7. 食用高粱不同季节病虫害发生规律机制研究	
	8. 缺乏高效、低毒、低残留、低成本农药及专用生物农药新产品	
	9. 现代农业生产需要的轻简化栽培技术	
	10. 食用高粱不同生长期需肥需水规律机制研究	
	11. 食用高粱功能性食品营养成分的标准制定	
	12. 食用高粱质量安全监测点建设尚不健全，确保无害化种植	

（续）

技术领域	关键技术难点	技术差距与障碍分析
技术服务	13. 缺乏稳定的食用高粱技术服务经费 14. 食用高粱技术服务体系缺乏合理的人才结构、稳定的农技队伍、健全的服务机制 15. 食用高粱种子及产品的知识产权保护 16. 先进技术推广速度慢，农户技术水平低，农技培训与咨询尚不到位 17. 缺乏分布合理的食用高粱新品种、新技术示范基地 18. 农业研究机构与农业推广机构衔接不紧密	食用高粱种植户缺乏对新型农民的培训；县乡级缺乏专业的农业技术人员支持；缺乏稳定的经费支持食用高粱技术服务
流通加工及综合利用	19. 缺乏食用高粱的精深加工能力，功能性高粱产品开发力度不足 20. 食用高粱功能食品的新型保鲜技术 21. 产供销一体化程度低，缺乏专业的食用高粱行业协会 22. 食用高粱及相关产品宣传力度小 23. 缺乏良好的信誉体系和合同履约体系	缺乏食用高粱加工食品的专用品种；加工技术研究缺乏；精神加工能力不足；食用高粱功能性、药用型研发缺乏；食用高粱加工综合利用率低

三、食用高粱产业技术壁垒与产业目标关联分析

食用高粱产业技术壁垒要素与产业目标关联分析结果见表 7 - 13。根据头脑风暴法将食用高粱品种选育种、生产技术、技术服务、流通加工及综合利用过程中技术壁垒要素分别与食用高粱产业目标要素进行关联度分析，筛选出与产业目标关联的 15 个技术壁垒要素，详见表 7 - 14，并从近期、中期、长期三个时间点上，对存在的技术壁垒做出评价（表 7 - 15）。

表 7 - 13　食用高粱技术壁垒要素和产业目标要素关联度

产业目标要素		V_1	V_2	V_3	V_4	V_5	V_6	V_7	V_8	V_9	V_{10}	V_{11}	V_{12}	$\sum (V_{ji} \times V_i)$	排序
重要值		0.565	0.545	0.36	0.301	0.287	0.269	0.05	0.038	0.049	0.03	0.023	0.007		
关键技术难点重要值 (V_{ji})	1	2	3	0	2	1	0	0	0	0	0	0	0	3.65	1
	2	1	3	0	3	1	0	0	0	0	0	0	0	3.39	2
	3	1	2	1	3	0	0	1	2	0	0	3	0	3.11	5
	4	0	3	2	0	0	0	0	0	0	0	0	0	2.36	8
	5	1	3	1	2	0	0	0	1	0	2	0	0	3.26	3
	6	3	1	0	0	1	2	0	0	0	2	1	0	3.15	4

（续）

产业目标要素	V_1	V_2	V_3	V_4	V_5	V_6	V_7	V_8	V_9	V_{10}	V_{11}	V_{12}	$\sum(V_{ji} \times V_i)$	排序
重要值	0.565	0.545	0.36	0.301	0.287	0.269	0.05	0.038	0.049	0.03	0.023	0.007		
7	0	0	0	0	0	3	2	1	0	1	0	2	1.00	12
8	0	0	0	0	0	3	3	1	0	2	1	2	1.09	11
9	0	1	0	0	2	3	0	2	0	0	2	0	2.05	9
10	0	0	3	0	0	2	0	0	0	1	2	1	1.70	10
11	0	0	0	0	0	2	3	1	0	0	0	1	0.79	16
12	0	0	1	0	0	1	2	2	0	3	1	1	0.93	13
13	0	0	0	0	0	0	0	3	1	2	3	1	0.30	21
14	0	0	0	0	0	0	0	2	1	0	3	1	0.20	23
15	0	2	0	3	1	0	0	0	2	0	0	0	2.38	7
16	0	0	0	0	1	0	0	2	2	0	3	1	0.54	19
17	0	0	1	0	0	0	0	0	1	0	3	0	0.56	18
18	0	0	0	0	0	0	1	2	0	1	3	0	0.23	22
19	3	1	0	0	0	0	3	0	1	0	0	1	2.73	6
20	1	0	0	0	0	0	2	1	1	3	2	0	0.89	15
21	0	0	0	0	0	0	1	2	1	0	3	0	0.79	17
22	0	0	0	0	0	0	0	2	3	1	2	1	0.30	20
23	1	0	0	0	0	0	0	3	2	1	3	2	0.89	14

表 7-14 筛选的 15 个关键技术难点

重要性排序	关键技术难点	关键技术难点序号
1	缺乏具有国际先进水平的高粱种质资源库，资源创新能力弱	1
2	缺乏适宜不同生态区域的食用高粱系列品种	2
3	转基因等新技术应用不成熟	5
4	食用高粱品质营养精准调控技术	6
5	稳定的食用高粱研究经费支持力度小	3
6	缺乏食用高粱的精深加工能力，功能性高粱产品开发力度不足	19
7	食用高粱种子及产品的知识产权保护	15
8	缺乏适用于食用高粱田间试验的单行小型播种、收获技术	4
9	现代农业生产需要的轻简化栽培技术	9
10	食用高粱不同生长期需肥需水规律机制研究	10
11	缺乏高效、低毒、低残留、低成本农药及专用生物农药新产品	8

（续）

重要性排序	关键技术难点	关键技术难点序号
12	食用高粱不同季节病虫害发生规律机制研究	7
13	食用高粱质量安全监测点建设尚不健全，确保无害化种植	12
14	缺乏良好的信誉体系和合同履约体系	23
15	食用高粱功能食品的新型保鲜技术	20

表 7 - 15　食用高粱产业关键技术难点分析

技术领域	近期（＜3 年）	中期（3~8 年）	长期（＞8 年）
品种选育	4. 缺乏适用于食用高粱田间试验的单行小型播种、收获技术 5. 转基因等新技术应用不成熟	2. 缺乏适宜不同生态区域的食用高粱系列品种	1. 缺乏具有国际先进水平的高粱种质资源库，资源创新能力弱 3. 稳定的食用高粱研究经费支持力度小
生产技术研究	7. 食用高粱不同季节病虫害发生规律机制研究 8. 缺乏高效、低毒、低残留、低成本农药及专用生物农药新产品 10. 食用高粱不同生长期需肥需水规律机制研究	6. 食用高粱品质营养精准调控技术	9. 现代农业生产需要的轻简化栽培技术 12. 食用高粱质量安全监测点建设尚不健全，确保无害化种植
技术服务			15. 食用高粱种子及产品的知识产权保护
流通加工及综合利用	19. 缺乏食用高粱的精深加工能力，功能性高粱产品开发力度不足	20. 食用高粱功能食品的新型保鲜技术	23. 缺乏良好的信誉体系和合同履约体系

第四节　食用高粱研发需求分析

研发需求是在市场需求分析、产业目标分析和技术壁垒分析的基础上，研判产业技术壁垒和关键技术难点，找出现实与目标的差距，清晰需要培养和提升的技术，确定研发需求和组织研发主体（企业、科研机构、政府部门）之间的关系，确定技术发展模式（自主研发、技术合作、技术引进）的过程。

一、食用高粱技术研发需求分析

为全面了解食用高粱产业发展的研发需要，编制组邀请国内知名高粱专家、政府管理部门、科研部门、大专院校、企业等相关人员组成专家组，召开了研发需求研讨会，采用头脑风暴法对产业链各个环节重要研发领域进行综合分析和排序，详见表7-16。

表7-16 食用高粱产业链环节重要因素评价

环节	顶级	高级	中级
品种选育环节	资源改良与保持系选育（90.32%）	耐逆性状重要基因克隆与标记（83.31%）	种植制种技术规程应用（62.34%）
	优良恢复系筛选与测配（89.62%）	新品种示范与推广（83.29%）	种子采收与种子贮藏（61.33%）
	资源收集评价与信息库（89.51%）	种植质量检测（80.13%）	制种基地筛选与建设（60.68%）
	优良组合筛选与鉴定（88.40%）	分子辅助方法的应用（77.61%）	杂交种鉴定方法（60.18%）
	育种新技术新方法（88.37%）		
生产栽培环节	新品种配套栽培技术集成与应用（81.35%）	适宜不同品种的土壤改良（72.32%）	山地农业播种机耕作技术（67.54%）
	轻简高效技术集成与应用（79.54%）	灾害应急技术及体系建设（71.53%）	山地农业播种机械（66.92%）
	病虫害发生规律与防治（78.45%）	食用高粱的品质监测与预警（70.64%）	保护性耕作技术集成与示范（65.76%）
	抗旱节水技术集成与应用（76.93%）	食用高粱技术服务（70.38%）	大面积收获机械化技术（65.18%）
	营养元素需求规律与施肥（76.77%）	适宜不同品种高效专用肥的开发（70.14%）	适宜的播种机栽培技术标准（59.43%）
	新型专用农药的筛选与应用（75.33%）		
技术服务	周年高效耕种制技术集成与示范（82.10%）	农业研究机构与农业推广机构深入融合（70.15%）	新型农民技术培训（60.34%）
	新品种示范田的建设（79.67%）	稳定的定点农技服务站点建设（69.93%）	青年农场主培训（55.33%）
	高粱新品种知识产权保护（76.45%）	高粱技术服务团队建设（68.37%）	

（续）

环节	顶级	高级	中级
流通加工及综合利用	食用高粱加工食品研发（74.33%）	高粱能源工业（69.34%）	高粱整秆全利用技术（62.13%）
	高粱营养品质检测（72.47%）	高粱新产品的宣传推广（68.44%）	食用高粱产品运输条件可控制技术（57.67%）
	食用高粱保健功能挖掘（71.85%）	食用高粱产品贮藏技术（56.48%）	

　　根据领域研发重要排序结果，邀请专家委员会及高粱技术路线图编制组全体工作人员，针对研发需求进行头脑风暴法，列举出 73 项研发需求项目，并对其进行评价，统计后研发需求要素按优先顺序分为顶级研发需求项目、高级研发需求项目、中级研发需求项目，详见表 7 - 17、表 7 - 18、表 7 - 19。

表 7 - 17　食用高粱产业顶级研发需求项目

编号	项目名称
1	耐盐碱食用高粱种质资源鉴选及优异等位基因挖掘
2	抗旱食用高粱新品种的选育
3	转基因技术研究及其在创新高粱育种材料的应用
4	抗除草剂食用高粱新品种的选育
5	绿色、轻简高效、机械化管理等食用高粱耕作技术集成与示范研究
6	国内外食用高粱种质资源收集与鉴定
7	养分高效利用食用高粱新品种选育及机理探究
8	食用高粱功能性食品开发及生产工艺
9	食用高粱品种及其亲本标准指纹图谱库的构建
10	食用高粱营养品质精准调控
11	食用高粱的营养功能与加工利用研究
12	食用高粱重要性状的组学辅助育种
13	食用高粱种质资源适应性鉴定及新品种的选育
14	食用高粱品质形成相关基因克隆与分子改良
15	食用高粱主要病虫害的抗病育种与基因克隆
16	高粱抗旱基因挖掘及其功能鉴定
17	高粱矮秆基因的克隆与功能研究
18	食用高粱加工制品的营养价值研究

（续）

编号	项目名称
19	不同品种食用高粱品质性状研究
20	优异食用高粱新品种的示范与推广
21	提高食用高粱适口性研究
22	食用高粱抗除草剂恢复系种质创制及应用评价
23	多组学联合解析食用高粱品质的遗传基础

表 7 - 18　食用高粱产业高级研发需求项目

编号	项目名称
1	食用高粱新品种、新技术示范推广
2	高粱耐瘠转录组测序的基因挖掘
3	高粱耐盐种质资源的鉴定及耐盐基因转录组测序
4	利用 EMS 诱变创制早熟、矮秆、优质高粱新种质及新品种选育
5	食用高粱重要性状 QTL 定位及分子标记辅助育种研究
6	食用高粱品质监测平台建设
7	高粱代谢组与全转录组响应干旱胁迫的调控网络分析
8	食用高粱专用除草剂的研发及利用
9	食用高粱耐冷关键基因定位及耐冷机制研究
10	逆境条件下食用高粱适应性生理机制
11	食用高粱的表观遗传学研究
12	食用高粱生物育种与转基因安全
13	病害发生、传播及灾变规律研究
14	食用高粱食品中添加剂的检测技术研究
15	食用高粱产业技术经济评价
16	食用高粱产品市场营销策略研究
17	不同品种食用高粱对不同土壤营养元素的吸收差异及其利用技术
18	适用于高粱试验地播种的小型播种及收获机械的研发
19	食用高粱种质资源抗病鉴定及其利用研究
20	食用型高粱籽粒产量性能研究
21	食用高粱品质的潜力和育种
22	代谢组学解析食用高粱干旱胁迫的响应机制
23	高粱发酵品质、微生物群落动态分析及饲用价值评价
24	组培育种技术在高粱耐盐种质创制中的应用

（续）

编号	项目名称
25	促生菌剂对食用高粱抗旱生理及土壤微生态的影响研究
26	食用高粱苗期根系性状解析
27	密度对不同株型高粱群体光照资源利用率及产量的影响
28	食用高粱专用肥料研发
29	食用高粱药用价值分析
30	丁香酚对高粱醇溶蛋白可食性膜结构及性能的研究
31	食用高粱特异表达启动子克隆与应用

表 7 - 19　食用高粱产业中级研发需求项目

编号	项目名称
1	现代食用高粱产业经营组织体系研究与构建
2	食用高粱主要营养元素代谢规律、生理功能与高效施用技术
3	食用高粱品质评价方法建立
4	食用高粱免耕土壤轻简化管理技术集成优化
5	食用高粱全产业链风险管理研究与应急预案制定
6	食用高粱品种鉴定特征（分子特征、光谱特征）
7	食用高粱水分代谢生理与节水抗旱栽培技术研究
8	食用高粱根系与土壤互作关系研究
9	食用高粱连作障碍研究
10	有机食用高粱栽培技术研发
11	基于高通量测序分析不同品种高粱土壤微生物群落分析
12	高粱米煮制前后营养组分变化及其体外消化酵解研究
13	高粱米应用价值与宣传推广策略
14	品质改良剂对低蛋白高粱面条的改良效果
15	高粱红色素的防腐与着色作用
16	杂粮高粱米营养强化剂的生产技术研究
17	多组学技术解析食用高粱茎秆碳水化合物的累积和分配机理
18	食用高粱大粒种质材料的鉴定与筛选
19	食用高粱休闲产品开发及生产工艺

　　按技术环节来看，研发项目中育种环节占 22 项，生产环节占 31 项，利用环节占 20 项（图 7-7）。

重要性高	1、2、3、4、6、7、9、10、12、13、14、16、17、18、22	5、15、19、21、23	8、11、20	顶级研发项目
	2、4、5、12、24、31	3、7、8、9、10、11、13、17、18、19、20、21、22、25、26、27、28、30	1、6、14、15、16、23、29	高级研发项目
重要性低	18	2、4、7、8、9、10、11、17	1、3、5、6、12、13、14、15、16、19	中级研发项目
领域	育种	生产	利用	

图 7-7　食用高粱研发项目各环节位置

二、食用高粱最优先（顶级）研发需求分析

从风险性、利润影响因素、技术研发时间节点、组织研发主体 4 个方面对顶级研发需求进行分析。

（一）风险性分析

1. 顶级研发需求项目市场风险分析

根据消费者需求的转变、政策法规的变动等因素，对顶级研发需求市场风险进行分析。其中，9 项被归为低风险研发需求项目，8 项被归为中风险研发需求项目，6 项被归为高风险研发需求项目，详见表 7-20。

表 7-20　食用高粱产业顶级研发需求项目市场风险分析

市场风险等级	低风险	中风险	高风险
研发项目	1. 耐盐碱食用高粱种质资源鉴选及优异等位基因挖掘	5. 绿色、轻简高效、机械化管理等食用高粱耕作技术集成与示范研究	3. 转基因技术研究及其在创新高粱育种材料的应用
	2. 抗旱食用高粱新品种的选育	7. 养分高效利用食用高粱新品种选育及机理探究	6. 国内外食用高粱种质资源收集与鉴定
	4. 抗除草剂食用高粱新品种的选育	10. 食用高粱营养品质精准调控	9. 食用高粱品种及其亲本标准指纹图谱库的构建
	8. 食用高粱功能性食品开发及生产工艺	11. 高粱米的营养功能与加工利用研究	18. 食用高粱加工制品的营养价值研究

（续）

市场风险等级	低风险	中风险	高风险
研发项目	13. 食用高粱种质资源适应性鉴定及新品种的选育	12. 食用高粱重要性状的组学辅助育种	19. 不同品种食用高粱品质性状研究
	14. 食用高粱品质形成相关基因克隆与分子改良	16. 高粱抗旱基因挖掘及其功能鉴定	20. 优异食用高粱新品种的示范与推广
	15. 食用高粱主要病害的抗病育种与基因克隆	17. 高粱矮秆基因的克隆与功能研究	
	21. 提高食用高粱适口性研究	23. 多组学联合解析食用高粱品质的遗传基础	
	22. 食用高粱抗除草剂恢复系种质创制及应用评价		

2. 顶级研发需求项目技术风险分析

从关键核心技术、研究基础、研发经费等角度出发，对顶级研发需求项目进行技术风险分析，详见表 7 - 21。其中，6 项被认定为低风险研发需求项目，9 项被认定为中风险研发需求项目，8 项被认定为高风险研发需求项目。

表 7 - 21　食用高粱产业顶级研发需求项目技术风险分析

技术风险等级	低风险	中风险	高风险
研发项目	2. 抗旱食用高粱新品种的选育	4. 抗除草剂食用高粱新品种的选育	1. 耐盐碱食用高粱种质资源鉴选及优异等位基因挖掘
	5. 绿色、轻简高效、机械化管理等食用高粱耕作技术集成与示范研究	6. 国内外食用高粱种质资源收集与鉴定	3. 转基因技术研究及其在创新高粱育种材料的应用
	8. 食用高粱功能性食品开发及生产工艺	7. 养分高效利用食用高粱新品种选育及机理探究	9. 食用高粱品种及其亲本标准指纹图谱库的构建
	20. 优异食用高粱新品种的示范与推广	10. 食用高粱营养品质精准调控	12. 食用高粱重要性状的组学辅助育种
	21. 提高食用高粱适口性研究	11. 高粱米的营养功能与加工利用研究	14. 食用高粱品质形成相关基因克隆与分子改良

（续）

技术风险等级	低风险	中风险	高风险
研发项目	22. 食用高粱抗除草剂恢复系种质创制及应用评价	13. 食用高粱种质资源适应性鉴定及新品种的选育 18. 食用高粱加工制品的营养价值研究 19. 不同品种食用高粱品质性状研究 23. 多组学联合解析食用高粱品质的遗传基础	15. 食用高粱主要病害的抗病育种与基因克隆 16. 高粱抗旱基因挖掘及其功能鉴定 17. 高粱矮秆基因的克隆与功能研究

（二）利润影响因素分析

1. 顶级研发需求项目利润大小评估分析

从市场需求强烈程度、生产成本、利益回报等角度出发，分析顶级研发续期项目利润大小，评估分析结果见表7-22。其中，7项研发需求被认定为利润小，9项研发需求被认定为利润中等，7项研发需求被认定为利润大。

表7-22 食用高粱产业顶级研发需求项目市场利润分析

利润等级	利润小	利润中等	利润大
研发项目	6. 国内外食用高粱种质资源收集与鉴定	1. 耐盐碱食用高粱种质资源鉴选及优异等位基因挖掘	3. 转基因技术研究及其在创新高粱育种材料的应用
	9. 食用高粱品种及其亲本标准指纹图谱库的构建	2. 抗旱食用高粱新品种的选育	4. 抗除草剂食用高粱新品种的选育
	11. 高粱米的营养功能与加工利用研究	5. 绿色、轻简高效、机械化管理等食用高粱耕作技术集成与示范研究	7. 养分高效利用食用高粱新品种选育及机理探究
	12. 食用高粱重要性状的组学辅助育种	10. 食用高粱营养品质精准调控	8. 食用高粱功能性食品开发及生产工艺
	14. 食用高粱品质形成相关基因克隆与分子改良	16. 高粱抗旱基因挖掘及其功能鉴定	13. 食用高粱种质资源适应性鉴定及新品种的选育
	20. 优异食用高粱新品种的示范与推广	17. 高粱矮秆基因的克隆与功能研究	15. 食用高粱主要病害的抗病育种与基因克隆

（续）

利润等级	利润小	利润中等	利润大
研发项目	23. 多组学联合解析食用高粱品质的遗传基础	18. 食用高粱加工制品的营养价值研究 19. 不同品种食用高粱品质性状研究 21. 提高食用高粱适口性研究	22. 食用高粱抗除草剂恢复系种质创制及应用评价

2. 顶级研发需求项目利润影响因素分析

顶级研发需求项目利润影响因素分析见表 7-23。

表 7-23　食用高粱顶级研发需求利润影响因素分析

序号	项目名称	有利因素	不利因素
1	耐盐碱食用高粱种质资源鉴选及优异等位基因挖掘	国内外已有相关耐盐碱基因的报道，高粱普遍被认为是耐盐碱作物，挖掘潜力大，是耐盐碱研究的优势作物	相关报道基因大部分已经有知识产权保护，自主研发工作量大，成本高
2	抗旱食用高粱新品种的选育	国内部分高粱育种单位已经有抗旱相关的前期研究数据，且经过常年积累形成了系列抗旱材料，具备了实验材料基础	需要多地区多年的区域试验做基础数据支撑，经费投入大，周期长
3	转基因技术研究及其在创新高粱育种材料的应用	近年来国内外转基因技术日趋成熟，为高粱的转基因研究提供了很大的便捷	转基因技术在高粱上存在遗传转化效率极低的现象，大大阻碍了高粱转基因的应用
4	抗除草剂食用高粱新品种的选育	食用高粱抗除草剂品种目前仍为空白，国内高粱育种者大多关注该领域	高粱抗除草剂研究基础薄弱，筛选出的抗除草剂材料匮乏，研发技术难度大
5	绿色、轻简高效、机械化管理等食用高粱耕作技术集成与示范研究	我国山地丘陵面积大，耕作困难，花费人工劳动力大，社会迫切需求研发轻简高效技术，提高水肥利用率，技术应用市场前景好	山区和丘陵区地块不规则，中大型机器不能实地开展作业
6	国内外食用高粱种质资源收集与鉴定	与国际高粱领域专家建立了长期稳定的合作，为后期种质资源的鉴定与收集提供了便利条件	跨区域收集种质材料耗时、难度大

（续）

序号	项目名称	有利因素	不利因素
7	养分高效利用食用高粱新品种选育及机理探究	提高养分利用率，减少肥料面源污染，做到保证产量的前提下少施肥，市场需求大，推广前景好	需形成稳定的养分高效利用品种，并做好示范推广工作
8	食用高粱功能性食品开发及生产工艺	目前市场对食用高粱功能性食品需求量越来越大	市场生产工艺研究落后
9	食用高粱品种及其亲本标准指纹图谱库的构建	研究基础好，技术已经成熟，对于规范种子市场管理有重大意义	需要投入稳定的经费支持与维护，耗费时间长，需一直更新指纹图谱库
10	食用高粱营养品质精准调控	市场对食用高粱营养品质的需求高，追求高品质功能性食品，市场可能利润空间大	技术含量高，精准调控机理尚不明确，需投入经费多
11	高粱米的营养功能与加工利用研究	高粱米加工市场需求迫切，营养功能是首要的考虑因素	需要科研机构和企业共同合作一起研究，加工技术需企业优化完善并投入使用
12	食用高粱重要性状的组学辅助育种	近年来组学技术正在逐渐走向成熟，多种组学联合分析已成趋势	组学研究所需投入经费较大
13	食用高粱种质资源适应鉴定及新品种的选育	极端天气频发，急需多种抗性品种的选育，育成品种应用前景好	自然条件下便于鉴定筛选出真正的抗性材料，受天气和地域限制较大
14	食用高粱品质形成相关基因克隆与分子改良	食用高粱品质是市场需求考虑的主要因素，市场应用前景好	技术含量高，研究应用中发现有品质性状与其他性状的负调控现象
15	食用高粱主要病害的抗病育种与基因克隆	与国内外同行有广泛交流，便于材料的引进、资源的扩增，且通过国际合作可进行极端环境鉴定试验	高粱抗病基因公布不多，如进行多项耐性研究，需耗费大量时间和经费
16	高粱抗旱基因挖掘及其功能鉴定	地方资源经过长期的人工选择，积累了大量优良抗旱材料，为基因挖掘提供了材料基础	高粱研究基础尚且薄弱，且高粱遗传转化效率低下，使得基因功能鉴定有较大障碍
17	高粱矮秆基因的克隆与功能研究	食用高粱一系列生理表现的关键调控点，基础研究热点	属于基础研究范围，涉及的相关技术要求高，需持续投入支持

（续）

序号	项目名称	有利因素	不利因素
18	食用高粱加工制品的营养价值研究	不同功能性的食用高粱加工产品应用前景好，市场需求大	专用品种缺乏，加工产品成本高，宣传和推广能力欠缺
19	不同品种食用高粱品质性状研究	明确不同品种的品质性状，可针对不同市场需求进行推广	品质变化研究不深，资源材料基础薄弱
20	优异食用高粱新品种的示范与推广	品种选育是基础，科研部门重视，推广和示范工作政府较为重视，并有一定项目经费的投入	需要科研单位和企业共同合作完成，示范推广能力和组织形式缺乏
21	提高食用高粱适口性研究	食用高粱新品种应以适口性为最重要的目标，市场需求逐渐增加	同时满足适口性及其他营养性状技术难度大
22	食用高粱抗除草剂恢复系种质创制及应用评价	市场应用前景广，急需选育抗除草剂新品种填补市场空白	需要长时间持续支持，投入大
23	多组学联合解析食用高粱品质的遗传基础	组学手段日趋成熟，组学联合分析可较为精准探究其遗传机理	投入经费大，时间长

（三）技术研发时间节点分析

1. 近期应解决的问题

项目名称	序号
抗旱食用高粱新品种的选育	2
转基因技术研究及其在创新高粱育种材料的应用	3
抗除草剂食用高粱新品种的选育	4
绿色、轻简高效、机械化管理等食用高粱耕作技术集成与示范研究	5
食用高粱重要性状的组学辅助育种	12
食用高粱种质资源适应性鉴定及新品种的选育	13
食用高粱加工制品的营养价值研究	18
食用高粱抗除草剂恢复系种质创制及应用评价	22

2. 中期应解决的问题

项目名称	序号
耐盐碱食用高粱种质资源鉴选及优异等位基因挖掘	1
养分高效利用食用高粱新品种选育及机理探究	7
食用高粱功能性食品开发及生产工艺	8
食用高粱营养品质精准调控	10
高粱米的营养功能与加工利用研究	11
食用高粱品质形成相关基因克隆与分子改良	14
食用高粱主要病害的抗病育种与基因克隆	15
高粱抗旱基因挖掘及其功能鉴定	16
高粱矮秆基因的克隆与功能研究	17

3. 长期应解决的问题

项目名称	序号
国内外食用高粱种质资源收集与鉴定	6
食用高粱品种及其亲本标准指纹图谱库的构建	9
不同品种食用高粱品质性状研究	19
优异食用高粱新品种的示范与推广	20
提高食用高粱适口性研究	21
多组学联合解析食用高粱品质的遗传基础	23

（四）技术研发主体分析
1. 科研单位可承担的项目

项目名称	序号
耐盐碱食用高粱种质资源鉴选及优异等位基因挖掘	1
抗旱食用高粱新品种的选育	2
转基因技术研究及其在创新高粱育种材料的应用	3
抗除草剂食用高粱新品种的选育	4
国内外食用高粱种质资源收集与鉴定	6
养分高效利用食用高粱新品种选育及机理探究	7
食用高粱营养品质精准调控	10
食用高粱重要性状的组学辅助育种	12

（续）

项目名称	序号
食用高粱种质资源适应性鉴定及新品种的选育	13
食用高粱品质形成相关基因克隆与分子改良	14
食用高粱主要病害的抗病育种与基因克隆	15
高粱抗旱基因挖掘及其功能鉴定	16
高粱矮秆基因的克隆与功能研究	17
食用高粱抗除草剂恢复系种质创制及应用评价	22
多组学联合解析食用高粱品质的遗传基础	23

2. 企业可承担的项目

项目名称	序号
食用高粱功能性食品开发及生产工艺	8
高粱米的营养功能与加工利用研究	11
食用高粱加工制品的营养价值研究	18
不同品种食用高粱品质性状研究	19
提高食用高粱适口性研究	21

3. 政府推广部门可承担的项目

项目名称	序号
绿色、轻简高效、机械化管理等食用高粱耕作技术集成与示范研究	5
食用高粱品种及其亲本标准指纹图谱库的构建	9
优异食用高粱新品种的示范与推广	20

第五节　编制食用高粱技术路线图

一、绘制食用高粱研发需求技术路线图

研发需求技术路线图可作为各研发主体确定研发投入的指引。其中，图 7-8中标识的项目编号和优先级别对应于表 7-24 中相应编号的项目。

时间	近期（<3年）	中期（3～8年）	长期（>8年）
企业层面	研发项目组（中） ★18 ◆24 ◆31 ◆47	研发项目组（中） ★8 ★10 ◆28 ◆37 ◆43 ◆51 ◆53 ●66 ●68	研发项目组（中） ★19 ★21 ●69 ●70
产业层面	研发项目组（多） ★2 ★3 ★4 ★12 ★12 ★22 ★20 ◆25 ◆26 ◆27 ◆41 ◆42 ◆50 ◆53 ●56 ●60 ●61 ●62 ●65 ●71	研发项目组（中） ★1 ★7 ★10 ★14 ★15 ★16 ★17 ◆30 ◆32 ◆40 ◆45 ◆46 ◆49 ●58 ●63 ●64 ●72	研发项目组（少） ★6 ★11 ★23 ◆33 ◆34 ◆48 ●57
政府层面	研发项目组（中） ★5	研发项目组（中） ●59 ●67 ●73	研发项目组（少） ★9 ★20 ◆29 ◆36 ◆38 ◆39 ◆44 ◆52 ●55

图 7-8　食用高粱产业研发需求技术路线

　　数字为表 7-24 中对应的项目编号，★表示顶级研发需求、◆表示高级研发需求，●表示中级研发需求。

表 7-24　食用高粱产业研发需求项目优先级别及项目名称

优先级别	编号	项目名称
顶级研发需求	1	耐盐碱食用高粱种质资源鉴选及优异等位基因挖掘
	2	抗旱食用高粱新品种的选育
	3	转基因技术研究及其在创新高粱育种材料的应用
	4	抗除草剂食用高粱新品种的选育
	5	绿色、轻简高效、机械化管理等食用高粱耕作技术集成与示范研究
	6	国内外食用高粱种质资源收集与鉴定
	7	养分高效利用食用高粱新品种选育及机理探究

（续）

优先级别	编号	项目名称
顶级研发需求	8	食用高粱功能性食品开发及生产工艺
	9	食用高粱品种及其亲本标准指纹图谱库的构建
	10	食用高粱营养品质精准调控
	11	高粱米的营养功能与加工利用研究
	12	食用高粱重要性状的组学辅助育种
	13	食用高粱种质资源适应性鉴定及新品种的选育
	14	食用高粱品质形成相关基因克隆与分子改良
	15	食用高粱主要病害的抗病育种与基因克隆
	16	高粱抗旱基因挖掘及其功能鉴定
	17	高粱矮秆基因的克隆与功能研究
	18	食用高粱加工制品的营养价值研究
	19	不同品种食用高粱品质性状研究
	20	优异食用高粱新品种的示范与推广
	21	提高食用高粱适口性研究
	22	食用高粱抗除草剂恢复系种质创制及应用评价
	23	多组学联合解析食用高粱品质的遗传基础
高级研发需求	24	食用高粱新品种、新技术示范推广
	25	高粱耐瘠转录组测序的基因挖掘
	26	高粱耐盐种质资源的鉴定及耐盐基因转录组测序
	27	利用 EMS 诱变创制早熟、矮秆、优质高粱新种质及新品种选育
	28	食用高粱重要性状 QTL 定位及分子标记辅助育种研究
	29	食用高粱品质监测平台建设
	30	高粱代谢组与全转录组响应干旱胁迫的调控网络分析
	31	食用高粱专用除草剂的研发及利用
	32	食用高粱耐冷关键基因定位及耐冷机制研究
	33	逆境条件下食用高粱适应性分子生理机制
	34	食用高粱的表观遗传学研究
	35	食用高粱生物育种与转基因安全
	36	食用高粱病害发生、传播及灾变规律研究
	37	食用高粱食品中添加剂的检测技术研究
	38	食用高粱产业技术经济评价
	39	食用高粱产品市场营销策略研究

（续）

优先级别	编号	项目名称
高级研发需求	40	不同品种食用高粱对不同土壤营养元素的吸收差异及其利用技术
	41	适用于高粱试验地播种的小型播种及收获机械的研发
	42	食用高粱种质资源抗病鉴定及其利用研究
	43	食用型高粱籽粒产量性能研究
	44	食用高粱品质的潜力和育种
	45	代谢组学解析食用高粱干旱胁迫的响应机制
	46	高粱发酵品质、微生物群落动态分析及饲用价值评价
	47	组培育种技术在高粱耐盐种质创制中的应用
	48	促生菌剂对食用高粱抗旱生理及土壤微生态的影响研究
	49	食用高粱苗期根系性状解析
	50	密度对不同株型高粱群体光照资源利用率及产量的影响
	51	食用高粱专用肥料研发
	52	食用高粱药用价值分析
	53	丁香酚对高粱醇溶蛋白可食性膜结构及性能的研究
	54	食用高粱特异表达启动子克隆与应用
中级研发需求	55	现代食用高粱产业经营组织体系研究与构建
	56	食用高粱主要营养元素代谢规律、生理功能与高效施用技术
	57	食用高粱品质评价方法建立
	58	食用高粱免耕土壤轻简化管理技术集成优化
	59	食用高粱全产业链风险管理研究与应急预案制定
	60	食用高粱品种鉴定特征（分子特征、光谱特征）
	61	食用高粱水分代谢生理与节水抗旱栽培技术研究
	62	食用高粱根系与土壤互作关系研究
	63	食用高粱连作障碍研究
	64	有机食用高粱栽培技术研发
	65	基于高通量测序分析不同品种高粱土壤微生物群落分析
	66	高粱米煮制前后营养组分变化及其体外消化酵解研究
	67	高粱米应用价值与宣传推广策略
	68	品质改良剂对低蛋白高粱面条的改良效果
	69	高粱红色素的防腐与着色作用
	70	杂粮高粱米营养强化剂的生产技术研究
	71	多组学技术解析食用高粱茎秆碳水化合物的累积和分配机理
	72	食用高粱大粒种质材料的鉴定与筛选
	73	食用高粱休闲产品开发及生产工艺

二、绘制食用高粱顶级研发需求技术路线图

顶级研发需求项目往往是支撑产业发展的最为关键的技术壁垒，通过对23个顶级研发需求在项目实施过程中可能存在的风险、利润营养因素以及研发节点进行了分析，技术路线图见表7-25至表7-47。

表7-25　耐盐碱食用高粱种质资源鉴选及优异等位基因挖掘研究技术路线

顶级研发需求	综合风险	影响利润的因素
耐盐碱食用高粱种质资源鉴选及优异等位基因挖掘	低　中　高 该项研究属于基础研究范畴，研究结果有助于解决当下生产上面临的问题，技术风险高	有利因素：国内外已有相关耐盐碱基因的报道，高粱普遍被认为是耐盐碱作物，挖掘潜力大，是耐盐碱研究的优势作物 不利因素：相关报道基因大部分已有知识产权保护；自主研发工作量大，成本高

关键技术	时间表
种质筛选的前提是收集大量变异广泛的种质材料	近期　中期　长期 我国西北地区盐碱地面积大，土壤贫瘠是当前产业增收迫切需要解决的生产问题，属于近期发展需解决的基础性项目

表7-26　抗旱食用高粱新品种的选育研究技术路线

顶级研发需求	综合风险	影响利润的因素
抗旱、广适食用高粱新品种的选育	低　中　高 项目研究主要解决当前生产应用中面临的问题，投入大，技术风险低	有利因素：国内部分高粱育种单位已经有抗旱相关的前期研究数据，且经过常年积累形成了系列抗旱材料，具备了实验材料基础 不利因素：需要多地区多年的区域试验做基础数据支撑，经费投入大，周期长

关键技术	时间表
目标性状优良株系选育；目标性状鉴定评价	近期　中期　长期 针对我国内陆干旱少雨的气候点，筛选抗旱新品种的意义重大，在近期应启动抗旱、广适新品种的选育

表 7-27　转基因技术研究及其在创新高粱育种材料的应用研究技术路线

顶级研发需求	综合风险	影响利润的因素
转基因技术研究及其在创新高粱育种材料的应用	低　中　高	有利因素：近年来国内外转基因技术日趋成熟，为高粱的转基因研究提供了很大的便捷 不利因素：转基因技术在高粱上存在遗传转化效率极低的现象，大大阻碍了高粱转基因的应用

关键技术	时间表
高粱遗传转化体系的建立及其效率的提升	近期　中期　长期 转基因技术的成功可大大加速育种的进程，该技术属于前沿技术，研究难点多，是应在中期内攻克的基础性研究项目

表 7-28　抗除草剂食用高粱新品种的选育研究技术路线

顶级研发需求	综合风险	影响利润的因素
抗除草剂食用高粱新品种的选育	低　中　高	有利因素：食用高粱抗除草剂品种目前仍为空白，国内高粱育种者大多关注该领域 不利因素：高粱抗除草剂研究基础薄弱，筛选出的抗除草剂材料匮乏，研发技术难度大

关键技术	时间表
变异广泛的食用高粱种质资源的收集	近期　中期　长期 抗除草剂高粱新品种一直是高粱产业链中的空白，目前国内对于抗除草剂品种的筛选仍没有进展，实际生产中急需此类新品种的出现，属于近期规划项目

表 7-29　绿色、轻简高效、机械化管理等食用高粱耕作技术集成与示范研究技术路线

顶级研发需求	综合风险	影响利润的因素
绿色、轻简高效、机械化管理等食用高粱耕作技术集成与示范研究	低　中　高	有利因素：我国山地丘陵面积大，耕作困难，花费人工劳动力大，社会迫切需要研发轻简高效技术，提高水肥利用率，技术应用市场前景好 不利因素：山区和丘陵区地块不规则，中大型机器不能实地开展作业

（续）

关键技术	时间表
机械化品种的应用；水肥一体化等栽培技术；示范推广辐射	近期 中期 长期 该项目对于解决农村劳动力匮乏、治理田地管理粗放的地块具有重大意义，但鉴于相应配套栽培措施研究基础相对落后，属于中长期规划项目

表 7-30　国内外食用高粱种质资源收集与鉴定研究技术路线

顶级研发需求	综合风险	影响利润的因素
国内外食用高粱种质资源收集与鉴定	低 中 高	有利因素：与国际高粱领域专家建立了长期稳定的合作，为后期种质资源的鉴定与收集提供了便利条件 不利因素：跨区域收集种质材料耗时、难度大

关键技术	时间表
跨区域种质材料的收集、精准鉴定	近期 中期 长期 针对目前国内食用高粱种质资源匮乏、遗传距离近，从而导致育种材料创新不足等问题，该项目应为近期规划项目

表 7-31　养分高效利用食用高粱新品种选育及机理探究研究技术路线

顶级研发需求	综合风险	影响利润的因素
养分高效利用食用高粱新品种选育及机理探究	低 中 高	有利因素：提高养分利用率，减少肥料面源污染，做到保证产量的前提下少施肥，市场需求大，推广前景好 不利因素：需形成稳定的养分高效利用品种，并做好示范推广工作

关键技术	时间表
引进耐瘠、抗逆、优质资源材料并评价；目标性状的鉴定、筛选	近期 中期 长期 国内山地丘陵面积大，土壤瘠薄，选育耐瘠薄食用高粱新品种，可充分利用边际土壤，提高养分利用效率，属中期规划项目

表 7-32　食用高粱功能性食品开发及生产工艺研究技术路线

顶级研发需求	综合风险	影响利润的因素
食用高粱功能性食品开发及生产工艺	低——中——高（低）	有利因素：目前市场对食用高粱功能性食品需求量越来越大 不利因素：市场生产工艺研究落后

关键技术	时间表
功能食品的开发工艺	近期　中期　长期（长期） 国内食用高粱功能食品需求量逐渐增加，但由于食用高粱专用品种选育的滞后等问题，该项目应规划为中长期项目

表 7-33　食用高粱品种及其亲本标准指纹图谱库的构建研究技术路线

顶级研发需求	综合风险	影响利润的因素
食用高粱品种及其亲本标准指纹图谱库的构建	低——中——高（高）	有利因素：研究基础好，技术已经成熟，对于规范种子市场管理有重大意义 不利因素：需要投入稳定的经费支持与维护，耗费时间长，需一直更新指纹图谱库

关键技术	时间表
国内食用高粱亲本收集；指纹图谱的构建	近期　中期　长期（中期） 为进品种真实性工作，规范种子市场管理，应将该项目规划为中期发展项目

表 7-34　食用高粱营养品质精准调控研究技术路线

顶级研发需求	综合风险	影响利润的因素
食用高粱营养品质精准调控	低——中——高（中）	有利因素：市场对食用高粱营养品质的需求高，追求高品质功能性食品，市场可能利润空间大 不利因素：技术含量高，精准调控机理尚不明确，需投入经费多

关键技术	时间表
掌握植物营养及代谢机理	近期　中期　长期（长期） 食用高粱加工制品市场需求量逐渐增加，但其营养品质及营养价值的研究仍不深入，寻求食用高粱产品营养价值应规划为长期研究项目

表 7-35　食用高粱营养功能与加工利用研究技术路线

顶级研发需求	综合风险	影响利润的因素
高粱米的营养功能与加工利用研究	低　　中　　高	有利因素：高粱米加工市场需求迫切，营养功能是首要的考虑因素 不利因素：需要科研机构和企业共同合作一起研究，加工技术需企业优化完善并投入使用
关键技术	**时间表**	
高粱米加工工艺	近期　中期　长期	国内高粱米的食用群体较少，但随着人们对于功能食品的要求逐渐增加，该项目应为长期项目

表 7-36　食用高粱重要性状的组学辅助育种研究技术路线

顶级研发需求	综合风险	影响利润的因素
食用高粱重要性状的组学辅助育种	低　　中　　高	有利因素：近年来组学技术正在逐渐走向成熟，多种组学联合分析已成趋势 不利因素：组学研究所需投入经费较大
关键技术	**时间表**	
组学检测技术的应用；组学技术与传统育种技术结合	近期　中期　长期	多组学技术属于前沿技术，多组学联合分析可更为便捷地解析食用高粱品质性状的机理，该项目为中长期规划项目

表 7-37　食用高粱种质资源适应性鉴定及新品种的选育研究技术路线

顶级研发需求	综合风险	影响利润的因素
食用高粱种质资源抗性鉴定及新品种的选育	低　　中　　高	有利因素：极端天气频发，急需多种抗性品种的选育，育成品种应用前景好 不利因素：自然条件下便于鉴定筛选出真正的抗性材料，受天气和地域限制较大
关键技术	**时间表**	
对食用高粱种质资源精准鉴定；目标抗性鉴定技术	近期　中期　长期	多重抗性食用高粱新品种的选育是目前市场急需解决的问题，因此该项目应规划为近期项目

表 7-38　食用高粱品质形成相关基因克隆与分子改良研究技术路线

顶级研发需求	综合风险	影响利润的因素
食用高粱品质形成相关基因克隆与分子改良	低　　中　　高	有利因素：食用高粱品质是市场需求考虑的主要因素，市场应用前景好 不利因素：技术含量高，研究应用中发现有品质性状与其他性状的负调控现象
关键技术	时间表	
品质相关基因资源引进、评价、鉴定、转导分离	近期　中期　长期 该技术属于前沿技术，研究难点多，是应在中期内攻克的基础性研究项目	

表 7-39　食用高粱主要病害的抗病育种与基因克隆技术路线

顶级研发需求	综合风险	影响利润的因素
食用高粱极端逆境（干旱、病害、瘠薄、低温）耐性基因克隆与应用	低　　中　　高	有利因素：与国内外同行有广泛交流，便于材料的引进、资源的扩增，且通过国际合作可进行极端环境鉴定试验 不利因素：高粱耐性基因公布不多，如进行多项耐性研究，需耗费大量时间和经费
关键技术	时间表	
目标性状调控机理研究，目标性状基因发掘分离、定位、转导	近期　中期　长期 耐逆境基因的克隆可为后期定向选育新品种奠定基础，研究难点多，是应在中期内攻克的基础性研究项目	

表 7-40　高粱抗旱基因挖掘及其功能鉴定研究技术路线

顶级研发需求	综合风险	影响利润的因素
高粱抗旱基因挖掘及其功能鉴定	低　　中　　高	有利因素：地方资源经过长期的人工选择，积累了大量优良抗旱材料，为基因挖掘提供了材料基础 不利因素：高粱研究基础尚且薄弱，且高粱遗传转化效率低下，使得基因功能鉴定有较大障碍

（续）

关键技术	时间表
抗旱表型鉴定、抗旱 基因挖掘与功能分析	近期　中期　长期 对于抗旱基因的克隆，可实现定向改造目标性状，研究难点多，应规划为中期内攻克的基础性研究项目

表 7 - 41　高粱矮秆基因的克隆与功能研究技术路线

顶级研发需求	综合风险	影响利润的因素
高粱矮秆基因的克隆 与功能研究	低　　中　　高	有利因素：食用高粱一系列生理表现的关键调控点成为基础研究热点 不利因素：属于基础研究范围，涉及的相关技术要求高，需持续投入支持

关键技术	时间表
株高基因挖掘与功能 分析	近期　中期　长期 对于矮秆基因的克隆，可实现定向改造目标性状，研究难点多，是应在中期内攻克的基础性研究项目

表 7 - 42　食用高粱加工制品的营养价值研究研究技术路线

顶级研发需求	综合风险	影响利润的因素
食用高粱加工制品的 营养价值研究	低　　中　　高	有利因素：不同功能性的食用高粱加工产品应用前景好，市场需求大 不利因素：专用品种缺乏，加工产品成本高，宣传和推广能力欠缺

关键技术	时间表
营养检测指标；加工 制品的制作方法	近期　中期　长期 食用高粱加工制品市场需求量逐渐增加，但其营养品质及营养价值的研究仍不深入，寻求食用高粱产品营养价值应规划为长期研究项目

表 7-43 不同品种食用高粱品质性状研究技术路线

顶级研发需求	综合风险	影响利润的因素
不同品种食用高粱品质性状研究	低 中 高	有利因素：明确不同品种的品质性状，可针对不同市场需求进行推广 不利因素：品质变化研究不深，资源材料基础薄弱
关键技术	时间表	
食用品质性状检测	近期 中期 长期	食用高粱产业市场对功能性食品的需求量逐渐增大，该项目应为中期规划项目

表 7-44 优异食用高粱新品种的示范与推广研究技术路线

顶级研发需求	综合风险	影响利润的因素
优异食用高粱新品种的示范与推广	低 中 高	有利因素：品种选育是基础，科研部门重视，推广和示范工作政府较为重视，并有一定项目经费的投入 不利因素：需要科研单位和企业共同合作完成，示范推广能力和组织形式缺乏
关键技术	时间表	
适宜不同区域品种的示范田建设	近期 中期 长期	新品种的示范是推广措施的首要环节，也是在新品种选育成功后的关键步骤，因此本项目应为中期规划项目

表 7-45 提高食用高粱适口性研究技术路线

顶级研发需求	综合风险	影响利润的因素
提高食用高粱适口性研究	低 中 高	有利因素：食用高粱新品种应以适口性为最重要的育种目标，市场需求逐渐增加 不利因素：同时满足适口性及其他营养性状技术难度大

（续）

关键技术	时间表
提高适口性的关键指标测定	近期　中期　长期 适口性是食用高粱选育的基础，食用高粱产业市场对功能性食品的需求量逐渐增大，该项目应为中期规划项目

表 7-46　食用高粱抗除草剂恢复系种质创制及应用评价研究技术路线

顶级研发需求	综合风险	影响利润的因素
食用高粱抗除草剂恢复系种质创制及应用评价	低　中　高	有利因素：市场应用前景广，急需选育抗除草剂新品种填补市场空白 不利因素：需要长时间持续支持，投入大

关键技术	时间表
抗除草剂种质创制及鉴定	近期　中期　长期 抗除草剂新品种的选育应在抗除草剂亲本的选育基础上，因此抗除草剂恢复系种质创制应属于近期规划项目

表 7-47　多组学联合解析食用高粱品质的遗传基础研究技术路线

顶级研发需求	综合风险	影响利润的因素
多组学联合解析食用高粱品质的遗传基础	低　中　高	有利因素：组学手段日趋成熟，组学联合分析可较为精准探究其遗传机理 不利因素：投入经费大，时间长

关键技术	时间表
组学关键技术的使用	近期　中期　长期 多组学技术属于前沿技术，多组学联合分析可更为便捷地解析食用高粱品质性状的机理，该项目应为中长期规划项目

三、绘制食用高粱顶级研发需求风险利润路线图

将23个食用高粱顶级研发需求项目，采用专家头脑风暴法，以风险值为横坐标，利润率为纵坐标，再将顶级研发需求项目置于该坐标轴上（图7-9），可以看到每个顶级研发需求项目与风险和利润间的相关程度，为科技主管部门或者产业联盟领导在项目立项、科研经费的投入方面做出科学的判断提供依据。图7-9中标示的项目编号与表7-48中相应编号的项目名称对应。

高利润	8、22	4、7、13	3、15
中利润	2、5、21	10、18、19	1、16、17
低利润	20	6、11、23	9、12、14
	低风险	中风险	高风险

图7-9 食用高粱顶级研发需求项目风险利润率分析

表7-48 食用高粱产业顶级研发需求项目注释

序号	项目	备注
1	耐盐碱食用高粱种质资源鉴选及优异等位基因挖掘	中利润，高风险
2	抗旱食用高粱新品种的选育	中利润，低风险
3	转基因技术研究及其在创新高粱育种材料的应用	高利润，高风险
4	抗除草剂食用高粱新品种的选育	高利润，中风险
5	绿色、轻简高效、机械化管理等食用高粱耕作技术集成与示范研究	中利润，低风险
6	国内外食用高粱种质资源收集与鉴定	低利润，中风险
7	养分高效利用食用高粱新品种选育及机理探究	高利润，中风险
8	食用高粱功能性食品开发及生产工艺研究	高利润，低风险
9	食用高粱品种及其亲本标准指纹图谱库的构建	低利润，高风险
10	食用高粱营养品质精准调控	中利润，中风险
11	高粱米的营养功能与加工利用研究	低利润，中风险
12	食用高粱重要性状的组学辅助育种	低利润，高风险
13	食用高粱种质资源适应性鉴定及新品种的选育	高利润，中风险

（续）

序号	项目	备注
14	食用高粱品质形成相关基因克隆与分子改良	低利润，高风险
15	食用高粱主要病害的抗病育种与基因克隆	高利润，高风险
16	高粱抗旱基因挖掘及其功能鉴定	中利润，高风险
17	高粱矮秆基因的克隆与功能研究	中利润，高风险
18	食用高粱加工制品的营养价值研究	中利润，中风险
19	不同品种食用高粱品质性状研究	中利润，中风险
20	优异食用高粱新品种的示范与推广	低利润，低风险
21	提高食用高粱适口性研究	中利润，低风险
22	食用高粱抗除草剂恢复系种质创制及应用评价	高利润，低风险
23	多组学联合解析食用高粱品质的遗传基础	低利润，中风险

四、绘制食用高粱优先研发需求技术发展模式路线图

采用专家头脑风暴法，考虑食用高粱顶级研发需求项目的技术发展模式、研发需求的时间节点，将筛选出的食用高粱顶级研发需求项目置于以时间节点为横坐标、以技术发展为纵坐标的坐标轴上，详见图 7-10，可以将食用高粱顶级研发需求项目与时间节点及技术发展模式的关系体现出来，更好地展示国际先进技术发展趋势以及我国进行食用高粱科研项目时应采取的发展模式，表 7-49 为食用高粱顶级研发需求技术发展模式注释。

科研单位	2、3、4、12、13、22	1、7、10、14、15、16、17	6、23
企业	18	8、11	19、21
政府推广部门	5		9、20
	近期	中期	长期

图 7-10 食用高粱顶级研发需求技术发展模式路线

表 7-49 食用高粱产业顶级研发需求技术发展模式注释

序号	项目名称	备注
1	耐盐碱食用高粱种质资源鉴选及优异等位基因挖掘	科研单位，中期

（续）

序号	项目名称	备注
2	抗旱食用高粱新品种的选育	科研单位，近期
3	转基因技术研究及其在创新高粱育种材料的应用	科研单位，近期
4	抗除草剂食用高粱新品种的选育	科研单位，近期
5	绿色、轻简高效、机械化管理等食用高粱耕作技术集成与示范研究	政府，近期
6	国内外食用高粱种质资源收集与鉴定	科研单位，长期
7	养分高效利用食用高粱新品种选育及机理探究	科研单位，中期
8	食用高粱功能性食品开发及生产工艺研究	企业，中期
9	食用高粱品种及其亲本标准指纹图谱库的构建	政府，长期
10	食用高粱营养品质精准调控	科研单位，中期
11	高粱米的营养功能与加工利用研究	企业，中期
12	食用高粱重要性状的组学辅助育种	科研单位，近期
13	食用高粱种质资源适应性鉴定及新品种的选育	科研单位，近期
14	食用高粱品质形成相关基因克隆与分子改良	科研单位，中期
15	食用高粱主要病害的抗病育种与基因克隆	科研单位，中期
16	高粱抗旱基因挖掘及其功能鉴定	科研单位，中期
17	高粱矮秆基因的克隆与功能研究	科研单位，中期
18	食用高粱加工制品的营养价值研究	企业，近期
19	不同品种食用高粱品质性状研究	企业，长期
20	优异食用高粱新品种的示范与推广	政府，长期
21	提高食用高粱适口性研究	企业，长期
22	食用高粱抗除草剂恢复系种质创制及应用评价	科研单位，近期
23	多组学联合解析食用高粱品质的遗传基础	科研单位，长期

五、绘制食用高粱综合技术路线图

经过对食用高粱产业市场需求、产业目标、技术壁垒和研发需求的研究内容进行整合、凝练，配合时间节点和食用高粱全产业链环节，最后完成食用高粱产业综合技术路线图的绘制（图 7-11）。

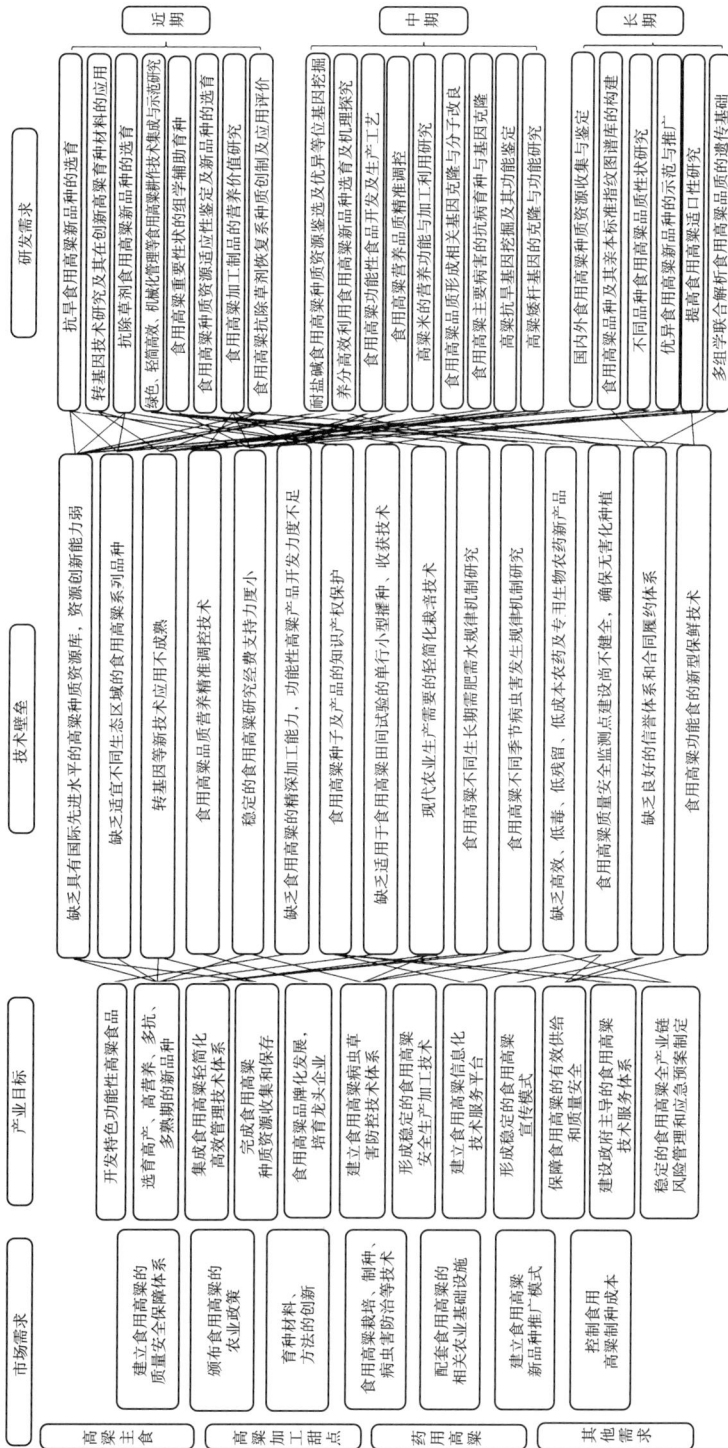

图7-11 食用高粱产业综合技术路线

第八章
能源高粱产业技术路线图

能源高粱用途广泛，除可直接提取糖分、用做动物饲料外，还可通过发酵工程酿制工业酒精、代替煤炭等资源用于生物颗粒燃料，有效减轻煤炭燃烧造成的污染。能源高粱作用广泛，适宜多区域种植。

本产业技术路线的制定，凝聚了科技行政主管部门、行业行政主管部门的领导，农业教学、科研、推广等部门专家，以及高粱产业生产、加工、销售等企业的智慧。结合我国产业发展现状和市场需求，从不同层面、不同角度讨论高粱产业市场需求，确定下一步发展的合适目标，制定行之有效的产业技术路线，针对技术路线中种质资源、研发平台、人才队伍建设等方面的问题，分析产、加、销各产业链环节科技创新关键点，为高粱产业的发展及科技投入指明方向，构建具有中国特色的能源高粱产业技术体系，确保我国能源高粱产业高质量可持续发展，具有一定的指导意义。

第一节　能源高粱市场需求分析

笔者利用"科创中国"高粱产业服务团进行市场调研以及问卷 App 等新媒体传播方式，对全国范围内能源高粱育种、栽培、土肥、植物保护、加工、农机、市场需求与效益以及相关惠民政策开展了调查研究，采用访谈和问卷调查相结合的方式，对科研单位、政府部门、种子企业、渠道经销商、种植户（种植合作社）、加工企业等进行调研，参与问卷调查人数 48 人。调查问卷内容及结果如表 8-1 及图 8-1、图 8-2 所示。

一、能源高粱市场需求调研

市场调研的重点方向是以被调查对象在能源高粱品种及加工材料在日常使用方面的认知和消费习惯展开。

表 8 - 1　能源高粱市场需求调查问卷

1. 贵单位是？
   A. 科研单位
   B. 政府部门
   C. 种子企业
   D. 渠道经销商
   E. 种植户（种植合作社）
   F. 农资销售商
   G. 加工企业
   H. 其他（备注：　　　）
2. 您的年龄层次为？
   A. 30 岁以下
   B. 30～40 岁
   C. 40～50 岁
   D. 50 岁以上
3. 您对哪种能源高粱类型需求更大？
   A. 加工成乙醇型
   B. 加工成汽油醇型
4. 能源高粱年消费金额为？
   A. 1 000 元以下
   B. 1 000～1 500 元
   C. 1 500～2 000 元
   D. 2 000 元以上
5. 您已使用能源高粱制品多久？
   A. 1 年以下
   B. 1～3 年
   C. 3 年以上

　　调查对象包含 6 大类行业。其中，科研单位占比最高达 58.42%，政府部门和种植户分别占 12.51% 和 10.53%，加工企业占比 9.53%，种子企业占比 5.26%，渠道经销商占比 3.75%，整体涵盖了能源高粱产学研用以及加工的全产业链。

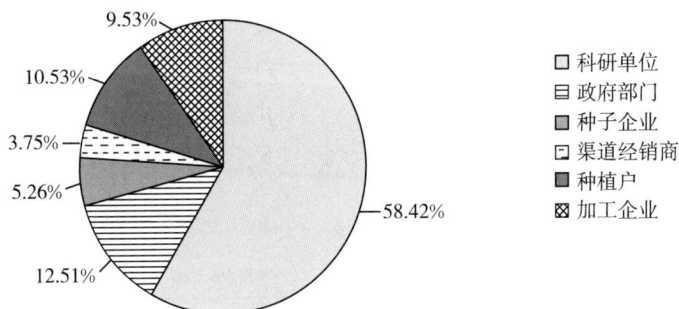

图 8 - 1　能源高粱调查对象统计

调查对象中，年龄层次在 30～40 岁的调查对象占比最高，为 32.11%；其次为 40～50 岁调查对象，占比为 27.82%；50 岁以上人员占比为 24.81%；30 岁以下的调查对象占比最低为 15.26%。本次调研受访者以中年群体为主。

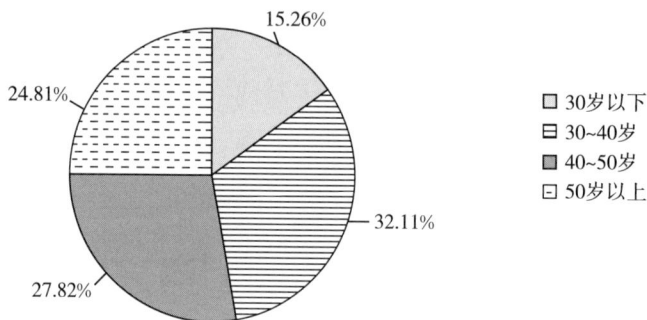

图 8-2　能源高粱市场需求调查对象年龄分布统计

二、能源高粱市场要素分析

项目组于 2023 年 4 月底开始进行要素的收集，通过先发散后收敛的头脑风暴法，经过 6 次反复讨论，最终确定从产品类型、不同产品市场需求要素、日常消费途径、年消费金额等几个方面进行调查，以了解能源高粱产品的市场定位，并根据现阶段能源高粱市场规模确定了调查选项的设置范围。

调查结果显示，50% 的受调查对象认为对能源高粱没有直接的需求，20.83% 的被调查人认为主要是用作加工乙醇制品，12.5% 的受访者表示能源高粱主要是用于生物能源及其附属品的加工（表 8-2）。

表 8-2　能源高粱需求类型调查

选项	小计	比例	
加工成乙醇型	10		20.83%
加工成汽油醇型	2		4.17%
制糖工业	1		2.08%
生物能源及其附属产品	6		12.50%
其他方面	5		10.42%
没有需求	24		50%

对受访者进行能源高粱年消费额统计。结果表明，超过 80% 的人表示

每年用于能源高粱的消费额不超过 1 000 元（表 8-3）。

表 8-3　能源高粱年消费额调查统计

选项	小计	比例
1 000 元以下	39	81.25%
1 000~1 500 元	2	4.17%
1 500~2 000 元	3	6.25%
2 000 元以上	4	8.33%

同时超过八成的受访者对能源高粱的使用年限不超过 1 年，这表明大部分人对能源高粱的特性和使用途径并不了解。依然以传统的玉米为主要饲喂材料，能源高粱的推广和示范仍需要广泛开展（表 8-4）。

表 8-4　能源高粱使用年限调查

选项	小计	比例
1 年以下	40	83.33%
1~3 年	1	2.08%
3 年以上	7	14.58%

大约 27.08% 的受访单位在能源高粱的消费方面，年消费额在 10 000 元以下；超过一半以上的单位不消费能源高粱（表 8-5）。

表 8-5　被调查人所在单位能源高粱年消耗金额统计

选项	小计	比例
10 000 元以下	13	27.08%
10 000~50 000 元	6	12.50%
50 000 元以上	4	8.33%
不消费	25	52.08%

第二节　能源高粱产业目标分析

一、能源高粱产业发展目标问卷调查

能源高粱产业发展目标问卷调查见表 8-6。

表 8 - 6　能源高粱产业目标调查问卷

1. 我国能源高粱种植规模目标应定位在哪个级别最为合适（单选）？
   A. 10 万公顷以下
   B. 10 万～20 万公顷
   C. 20 万公顷以上
2. 我国能源高粱产品产值预期目标？
   A. 10 亿元以下
   B. 10 亿～20 亿元
   C. 20 亿元以上
3. 您认为哪种经营模式更适合未来能源高粱产业发展？
   A. 订单式
   B. 散户自营
   C. 企业自营
4. 请选择您认为重要的 5 个产业目标要素。
   A. 专用品种选育
   B. 完善高效育种技术平台、挖掘和利用优异基因
   C. 集成配套轻简栽培技术
   D. 建立病虫草害防治技术体系
   E. 产品质量安全
   F. 产业人才队伍与基础设施建设
   G. 建立专业行业协会
   H. 建立信息化技术服务平台
   I. 产品精深加工技术
   J. 完善产供销一体化体系

在被调查对象中，高校占比 22.24%，科研单位占比 28.65%，政府部门占比 12.61%，其余行业占比相当（图 8 - 3）。

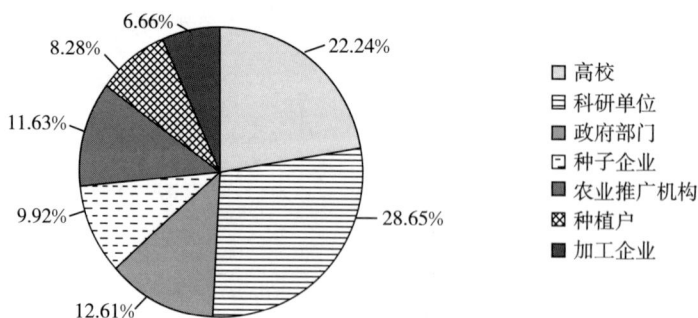

图 8 - 3　能源高粱产业目标调查对象统计

年龄层次在 30～40 岁的调查对象占比最高，为 33.26%；其次为 40～50 岁调查对象，占比为 30.65%；50 岁以上人员占比为 25.63%；30 岁以下的调查对象占比最低仅为 10.45%。本次调研受访者以中青年群体为主（图 8 - 4）。

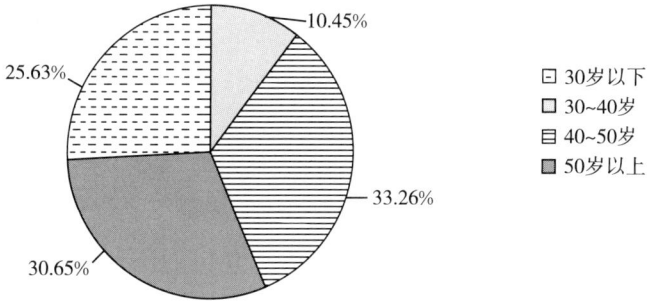

图 8 - 4 能源高粱产业目标被调查人员年龄结构

在能源高粱产业体系调查过程中，前期通过项目组查阅相关文献、头脑风暴等方式，反复论证，设计问卷对能源高粱产业种植规模、产业产值、经营模式范围以及发展目标要素进行调研。通过前文所述调研群体就能源高粱产业发展目标进行座谈、问卷调查，汇总统计归纳，提出合理的能源高粱产业目标。参与问卷调查的人数达 87 人，座谈会、实地调研等参与的人员有 67 人。

能源高粱种植规模目标定位调查中显示（表 8 - 7），有 22.92% 的受访者认为我国应把能源高粱种植目标定在 10 万公顷以下，16.67% 的受访者认为应定在 10 万～20 万公顷为宜，16.67% 的受访者认为应该定在 20 万公顷以上，43.75% 的受访者表示不清楚。说明能源高粱在我国的利用推广并不乐观，超过 40% 的受访者对能源高粱的供需状况并不了解。

表 8 - 7 能源高粱种植规模调查

选项	小计	比例
10 万公顷以下	11	22.92%
10 万～20 万公顷	8	16.67%
20 万公顷以上	8	16.67%
不清楚	21	43.75%

对我国能源高粱产品的产值预期目标分析表明（表 8 - 8），20.83% 的受访者认为我国能源高粱产值不会超过 10 亿元，18.75% 的受访者认为在 10 亿～20 亿元，14.58% 的受访者认为在 20 亿元以上，而表示不太清楚的受访者最多占所有受访者的 45.83%。说明能源高粱在我国的利用推广虽并不乐观，但仍有不少受访对象对我国新能源发展密切关注，认为能源高粱有广阔的发展前景，应大面积推广。

表 8-8　能源高粱产值预期目标调查

选项	小计	比例	
10 亿元以下	10		20.83%
10 亿～20 亿元	9		18.75%
20 亿元以上	7		14.58%
不清楚	22		45.83%

　　从我国能源高粱经营模式调研的结果中发现（表 8-9），3/4 的受访者认为订单式经营更适合未来的发展趋势，其次是企业自营的方式，选择两种经营方式占受访者的 97.92%。

表 8-9　能源高粱经营模式适宜性调查

选项	小计	比例	
订单式	36		75%
散户自营	1		2.08%
企业自营	11		22.92%

　　通过调研汇总统计归纳并对产业目标要素进行排序（表 8-10）。

表 8-10　能源高粱产业目标需求要素重要性评价

议题	头脑风暴统计值 T	问卷调查统计值 D	重要值 V	优先排序
专用品种选育	88.21	87.50	0.77	1
完善高效育种技术平台、挖掘和利用优异基因	58.36	56.25	0.33	2
集成配套轻简栽培技术	62.41	52.08	0.33	3
建立病虫草害防治技术体系	59.02	50.00	0.30	4
产品质量安全	55.29	47.92	0.26	5
完善产供销一体化体系	45.33	56.25	0.25	6
产业人才队伍与基础设施建设	45.21	54.17	0.24	7
产品精深加工技术	42.58	43.75	0.19	8
建立信息化技术服务平台	36.38	35.42	0.13	9
建立专业行业协会	15.39	16.67	0.03	10

　　（1）专用品种选育　针对不同高粱产业领域，选择适合产业需求、在目标性状表现突出的优良品种，以满足细分市场的品种需求。构建完善的种子生产体系，满足能源高粱产业种子需求。

（2）完善高效育种技术平台、挖掘和利用优异基因　挖掘、定位优异基因，建立完善的分子标记辅助育种和转基因育种、基因编辑育种平台，与常规育种结合，提高育种效率。

（3）集成配套轻简栽培技术　重点解决与优良品种推广与生产相适应的高产、高效轻简配套技术，即围绕增密、机械播种等减轻劳动量为基础的轻简技术研发。

（4）建立病虫草害防治技术体系　针对能源高粱常见的、危害较大丝黑穗病、炭疽病、纹枯病等病害，蚜虫、玉米螟、黏虫和蝼蛄等害虫以及稗草、狗尾草、马唐等草害，研究其分布情况及发生规律，开展无公害药剂防治开发和综合防治技术研究。

（5）产品质量安全　根据来源不同，对能源高粱生产、加工、运输和销售环节中可能存在的药物残留、有害化学物质、病菌霉菌等潜在危害，在种植、生产、加工及流通过程实现无害化生产控制。

二、能源高粱产业目标要素分析

1. 用头脑风暴法对产业目标要素进行排序

专家经过头脑风暴法，对上述产业目标分为 3 个时段（近期、中期和长期）预期，得到多个相关产业目标要素（表 8-11）。

表 8-11　头脑风暴能源高粱产业目标要素

近期（<3 年）	中期（3~8 年）	长期（>8 年）
系统整理现有育种资源，明确能源高粱优势遗传群体，建立核心种质库；以系谱清楚的骨干恢复系及保持系为材料，开展种质资源创新及新品种选育；建立种质资源高通量表型鉴定平台，发掘优异种质资源	引进新资源，利用新技术方法，包括单倍体诱导技术、化学诱变技术等，丰富优质种质资源，开展优异基因定位与分子标记辅助育种，开展耐瘠、耐盐碱、抗旱、高产优良品种选育，探索生物育种体系	优异基因资源挖掘与优质多抗优良保持系和恢复系筛选，结合常规育种与生物育种技术开展多抗性品种选育。选育目标满足生产需求，生物育种技术得到广泛应用，资源丰富性、品种各项指标达到国际先进水平
对能源高粱生产过程中水、肥、植物生长剂、种子处理、不同的栽培措施对高粱生长所产生的影响及规律进行研究；开展浇水、施肥、生长调节及机械化栽培技术研究；能源高粱适宜生产生态基地筛选及制种基地生态适应性鉴定	在系列栽培技术研发成果基础上，对不同的栽培技术措施进行组装集成，形成成套轻简高效栽培技术规程，建立示范基地进行推广与应用	在示范基地推广应用基础上，与农业机械化应用成果整合形成完备的能源高粱轻简高效栽培技术规程，应用于生产实际，提高能源高粱生产效率

（续）

近期（<3年）	中期（3~8年）	长期（>8年）
适用于能源高粱的分子标记、组培技术、基因编辑技术探索，转化体系的构建，能源高粱优异基因资源的发掘、定位及克隆，构建突变体库	能源高粱南方区试研究，基因组测序，优异基因资源的克隆及其作用机理研究，优异基因的分子标记开发与转化，基因编辑体系建立	建立完善的生物育种平台，实现定向基因编辑，通过生物育种技术手段培育可供育种使用的优异种质资源
能源高粱常见病虫草害监控与调查，发生发展规律研究，抗性资源发掘，无公害药剂开发与防治技术研究	病虫草害与高粱互作研究，抗性基因定位与克隆，能源高粱收获时间与糖分含量变化关系研究	明确病虫草害危害机理及规律，探明能源高粱抗性资源及机理，建立完善无公害防治体系
对生产环节中可能产生的危害进行详尽调查，明确危害产生环节、原因、发生频率、危害程度，对种植、生产、加工及运输过程中的各项技术进行研究，针对能源高粱生产加工流通环节制定质量标准，探索产品质量安全监管方法	完善种植、生产、加工及运输中的操作规程，建立能源高粱生产加工流通环节质量标准体系，建立能源高粱标准化生产试验示范区，进行产品质量安全监管	建立完善的生产操作规程、质量标准体系、产品质量监管体系，在种植、生产、加工及流通过程实现无害化生产控制

2. 产业目标要素与市场要素关联分析

在产业目标要素与市场要素关联分析中，以市场需求分析研讨会上确定的主要市场需求要素为基础，用头脑风暴法得到专家一致评议意见，以产业目标要素构建分析矩阵，筛选产生目标要素在市场拉动下的有限顺序（表8-12）。

表8-12 能源高粱产业目标要素与市场需求要素关联分析后产业目标要素分析

需求要素		V_1	V_2	V_3	V_4	V_5	V_6	V_7	V_8	V_9	V_{10}	$\sum(V_{ji} \times V_i)$	排序
重要值		0.77	0.33	0.33	0.30	0.26	0.25	0.24	0.19	0.13	0.03		
目标要素重要值(V_{ij})	1	3	3	2	2	2	2	3	2	3	3	7.16	1
	2	3	1	2	2	3	2	3	2	3	2	6.73	2
	3	3	1	2	3	2	2	2	1	1	2	6.08	3
	4	2	2	2	2	2	1	3	1	3	0	5.53	4
	5	1	2	3	2	3	0	1	1	0	1	4.26	5
	6	2	2	1	2	0	0	2	0	2	1	3.90	6

第三节　能源高粱技术壁垒分析

技术壁垒分析是指在提出讨论和确定能源高粱产业近期、中期和长期不同目标要素过程中的技术壁垒，并将壁垒要素进行排序，以便具体分析影响产业发展的技术难点、关键点。

一、能源高粱技术壁垒调查

为了充分了解能源高粱全产业链产业发展过程中可能会遇到的技术壁垒，编写组经过多次讨论，结合生产实际，针对品种选育、生产技术研究与集成、技术服务以及流通加工及综合利用过程中可能出现的技术壁垒进行了罗列，并依此通过调查问卷进行了调查。按公式 5 - 1 计算获得能源高粱全产业链各环节中技术难点的重要值，对结果进行统计后得到各个技术壁垒的优先排序（表 8 - 13）。

表 8 - 13　能源高粱技术壁垒调查问卷

1. 品种选育（排序）
　A. 优异种质资源缺乏，创新能力差
　B. 遗传转化体系不成熟
　C. 缺乏适宜区域生态气候的高抗逆、丰产性品种
　D. 基础科研缺乏稳定经费支持
　E. 研发团队不稳定，技术力量薄弱
　F. 专用科研试验装备缺乏
2. 生产技术研究与集成（排序）
　A. 水肥利用效率偏低
　B. 不同生态区病虫害发生规律研究不够深
　C. 产品安全质量的监测点建设尚不健全
　D. 山地、坡道等边缘区生产机械化程度低
　E. 高效、低毒、低残留农药及专用生物农药新产品的研发应用滞后
3. 技术服务（排序）
　A. 缺乏稳定的经费支持
　B. 对市场假冒伪劣种子与知识产权保护应加强市场管理与监督
　C. 社会化农机服务组织不多，需构建社会渠道农机服务体系
　D. 技术服务体系缺乏合理的人才结构、稳定的农技队伍、健全的农技服务机制
　E. 建设分布合理的新品种、新技术示范展示基地
　F. 农业研究机构与农业推广机构脱节
4. 流通加工及综合利用（排序）
　A. 加工产品种类少
　B. 加工新产品开发不足
　C. 缺乏良好的信誉体系和合同履约体系
　D. 产供销一体化程度低，缺乏专业的行业协会

能源高粱产业技术壁垒调查对象分布图显示（图8-5）被调查对象共7个类型，分别是高校、科研单位、政府部门、种子企业、农业推广机构、种植户和加工企业。其中，科研单位占比最高达24.22%，其次是高校相关人员达17.36%。

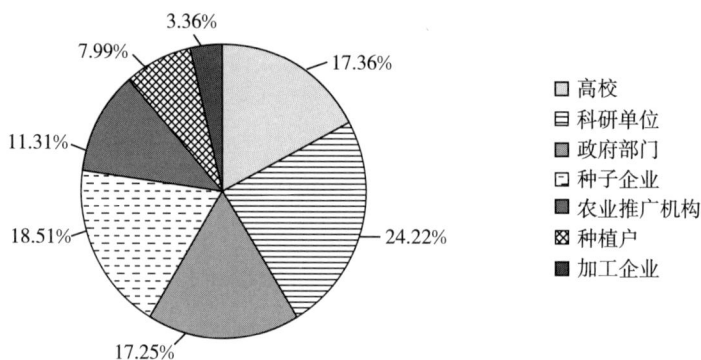

图8-5 能源高粱产业技术壁垒调查对象分布

能源高粱产业技术壁垒被调查对象年龄主要分布在30~40岁以及40~50岁两个年龄段（图8-6）。

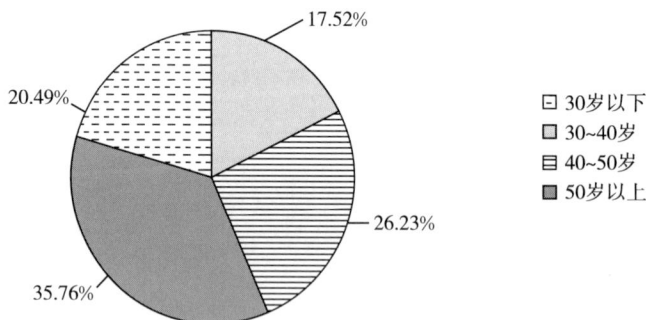

图8-6 能源高粱产业技术壁垒调查对象年龄分布

1. 品种选育领域技术壁垒要素调查

针对品种选育与种质资源利用领域的技术壁垒，共列出技术壁垒要素6个，通过调查问卷对技术壁垒要素进行排序，最终调查结果如表8-14所示。

表8-14 能源高粱品种选育领域技术壁垒要素调查

排序	选项	头脑风暴值T	问卷调查值D	重要值V	优先排序
1	优异种质资源缺乏，创新能力差	4.92	4.85	23.86	1
2	缺乏适宜区域生态气候的高抗逆、丰产性品种	4.02	3.9	15.68	2

（续）

排序	选项	头脑 风暴值 T	问卷 调查值 D	重要值 V	优先 排序
3	研发团队不稳定、技术力量薄弱	3.17	3.13	9.92	3
4	遗传转化体系不成熟	3.21	3.02	9.69	4
5	基础科研缺乏稳定经费支持	3.05	2.94	8.97	5
6	专用科研试验装备缺乏	2.11	2.13	4.49	6

　　能源高粱品种选育可能存在的技术壁垒按重要性排序结果表明，60.87%的调查对象认为优异种质资源缺乏、创新能力差是最主要的制约因素，19.57%的调查对象认为目前缺乏适宜区域生态气候的高抗逆、丰产性品种，8.89%的调查者认为研发团队不稳定、技术力量薄弱是制约能源高粱品种选育技术壁垒的第三个主要因素。以上结果表明，种质资源的匮乏及育种技术手段的陈旧是主要因素，现代分子生物学技术的发展还不足以从微观领域带来质的改变，辅助的角色没有明显改善。这也说明传统育种和分子生物学技术相结合共同推陈出新才是能源高粱品种选育的最优解。

　　2. 生产技术研究与集成领域技术壁垒要素调查

　　针对生产技术研究与集成中的技术壁垒，共列出技术壁垒要素5个，通过调查问卷对技术壁垒要素进行排序，最终调查结果如表8-15所示。

表8-15　能源高粱生产技术研究与集成领域的技术壁垒要素排序

序号	选项	头脑 风暴值 T	问卷 调查值 D	重要值 V	优先 排序
1	水肥利用效率偏低	3.51	3.40	11.93	1
2	不同生态区病虫害发生规律研究不够深	3.29	3.21	10.56	2
3	山地、坡道等边缘区生产机械化程度低	2.81	2.75	7.73	3
4	高效、低毒、低残留农药及专用生物农药新产品的研发应用滞后	2.66	2.54	6.76	4
5	产品安全质量的监测点建设尚不健全	2.53	2.52	6.38	5

　　调研结果表明，水肥利用效率偏低是主要制约因素，不同生态区病虫害发生规律研究不够深，山地、坡道等边缘区生产机械化程度低分列二、三位。这些问题主要在水肥条件比较差的山区，部分地区靠天吃饭，雨水充沛则生长态势好，少雨干旱则可能面临绝收。能源高粱耐瘠薄、耐干旱，虽不以籽粒产量为收获指标，但水肥条件好的地区无论青刈还是青贮产量都比干

旱地区明显增高。

3. 技术服务领域技术壁垒要素调查

针对生产技术研究与集成中的技术壁垒，共列出技术壁垒要素 6 个，通过调查问卷对技术壁垒要素进行排序（表 8 - 16）。

表 8 - 16　能源高粱产业技术服务领域的技术壁垒要素排序

序号	选项	头脑风暴值 T	问卷调查值 D	重要值 V	优先排序
1	缺乏稳定的经费支持	4.21	3.96	16.67	1
2	社会化农机服务组织不多，需构建社会渠道农机服务体系	3.65	3.58	13.07	2
3	技术服务体系缺乏合理的人才结构、稳定的农技队伍、健全的农技服务机制	3.43	3.40	11.66	3
4	建设分布合理的新品种、新技术示范展示基地	3.39	3.35	11.36	4
5	对市场假冒伪劣种子与知识产权保护应加强市场管理与监督	3.15	3.08	9.70	5
6	农业研究机构与农业推广机构脱节	2.62	2.52	6.60	6

调查结果表明，技术服务中缺乏稳定的经费支持是主要制约因素；第二是社会化农机服务组织不多，需构建社会渠道农机服务体系；第三是技术服务体系缺乏合理的人才结构、稳定的农技队伍、健全的农技服务机制。科研保障仍是基础也是重点。

4. 能源高粱流通加工及综合利用中存在的技术壁垒

针对流通加工及综合利用领域的技术壁垒，共列出技术壁垒要素 4 个，通过调查问卷对技术壁垒要素进行排序（表 8 - 17）。

表 8 - 17　能源高粱产业流通加工及综合利用领域技术壁垒要素排序

序号	选项	头脑风暴值 T	问卷调查值 D	重要值 V	优先排序
1	加工产品种类少	3.05	2.9	8.85	1
2	加工新产品开发不足	2.81	2.77	7.78	2
3	产供销一体化程度低，缺乏专业的行业协会	2.32	2.19	5.08	3
4	缺乏良好的信誉体系和合同履约体系	1.85	1.75	3.24	4

在流通加工及综合利用领域技术壁垒调查中，更多的受访者认为加工产品种类少和加工新产品开发不足是制约产业发展的主要因素；产供销一体化

程度低，缺乏专业的行业协会位列第三。

二、能源高粱关键技术难点、技术差距与障碍分析

结合技术壁垒问卷调查结果，进行讨论与总结归纳，针对能源高粱育种、栽培、病虫害防治、生产加工、产品流通和技术推广等不同技术领域各环节的关键技术难点、技术差距和障碍进行了分析，具体结果见表8-18。

表8-18　能源高粱产业链上设计的关键技术难点、技术差距与障碍分析

技术领域	关键技术难点	技术差距与障碍分析
品种选育	1. 种质资源挖掘与创新不足 2. 适宜不同生态地区的育种基地缺乏 3. 分子育种、转基因技术缺乏 4. 育种方法陈旧、新方法创新与应用缓慢 5. 抗倒伏、易消化不同类型能源高粱品种不多 6. 科学研究缺乏稳定的经费支持	优异种质资源缺乏，创新能力差；缺乏适宜区域生态气候的高抗逆、丰产性品种；遗传转化体系不成熟
生产技术研究与集成	7. 能源高粱需肥规律基础性研究不足，肥料利用率低 8. 能源高粱病虫草害防控检测体系仍需完善 9. 能源高粱病虫草害发生规律及原理研究不足 10. 缺乏高效环保的防治药剂及抗性品种 11. 专用、低成本、高效控释或缓释肥料研发 12. 适合山地、坡道耕作条件的播种、施肥和收获机械研发落后 13. 集成简化高效配套栽培及病虫害防控一体化技术体系缺乏，不能满足现代农业发展需要 14. 产品安全质量检测体系不健全	水肥利用效率偏低；不同生态区病虫害发生规律研究不够深；产品安全质量的监测点建设尚不健全
技术服务	15. 政府主导的技术服务体系不健全，缺乏合理的农技服务队伍和健全的农技服务机制 16. 市场管理和知识产权保护不够完善 17. 建设分布合理的新品种、新技术展示窗口 18. 社会化农技服务组织不多，能力不强，需构建社会渠道的农技服务体系 19. 缺乏稳定的经费支持	缺乏稳定的经费支持；社会化农技服务组织不多，需构建社会渠道农技服务体系；对市场假冒伪劣种子与知识产权保护应加强市场管理与监督
流通加工及综合利用	20. 新产品研发与加工新产品开发不足 21. 精深加工落后，缺乏规模化加工企业 22. 产供销一体化程度低，缺乏专业的行业协会 23. 缺乏良好的信誉体系和合同履约体系	加工产品种类少；加工新产品开发不足；产供销一体化程度低，缺乏专业的行业协会

三、能源高粱技术壁垒要素与产业目标要素关联分析

根据调查结果，依次将品种选择、生产技术研究与集成、技术服务以及流通加工及综合利用中的技术壁垒与产业目标要素进行关联分析（表8-19），并对关键技术难点进行排序（表8-20）。

表8-19　能源高粱技术壁垒要素与产业目标关联度分析

产业目标要素	V_1	V_2	V_3	V_4	V_5	V_6	V_7	V_8	V_9	V_{10}	$\sum(V_{ji} \times V_i)$	排序
重要值	0.77	0.33	0.33	0.30	0.26	0.25	0.24	0.19	0.13	0.03		
1	3	3	3	3	1	3	1	2	1	2	7.01	1
2	3	2	3	1	2	1	1	3	2	3	6.19	4
3	1	2	2	3	0	1	3	2	0	1	4.37	16
4	3	3	1	2	2	3	1	2	3	1	6.54	2
5	2	1	2	3	1	2	2	1	0	1	4.89	13
6	1	1	0	2	1	0	1	2	1	0	2.71	22
7	3	3	2	3	1	2	2	0	2	2	6.42	3
8	2	3	2	2	2	0	2	0	2	1	5.27	9
9	1	2	1	3	0	1	2	1	1	1	3.74	18
10	3	2	0	2	1	2	3	2	2	1	5.72	8
11	2	1	1	3	2	2	2	1	0	1	4.82	14
12	2	1	2	2	1	0	2	2	1	0	4.38	17
13	3	0	1	1	2	3	2	1	2	2	5.20	12
14	2	2	1	0	2	2	2	2	1	1	4.57	15
15	3	2	2	2	2	1	0	3	0	1	5.60	6
16	2	2	1	2	2	3	3	2	2	1	5.79	7
17	3	1	2	3	1	1	2	1	0	1	5.41	11
18	1	1	0	2	1	1	2	0	1	0	2.82	20
19	3	1	3	2	1	3	2	1	2	2	6.23	5
20	2	2	2	1	2	2	2	3	2	1	5.52	10
21	2	1	0	2	0	1	2	1	0	1	3.42	19
22	1	2	0	1	1	0	0	1	0	1	2.21	23
23	1	2	0	0	1	1	0	1	2	1	2.42	21

（注：最左侧纵列为"技术壁垒重要值（V_{ij}）"）

通过关联分析，筛选出10关键技术难点（技术壁垒要素），见表8-20。

表 8-20　能源高粱产业筛选出 10 个关键技术难点

重要性排序	关键技术难点	关键技术难点序号
1	种质资源挖掘与创新不足	1
2	育种方法陈旧、新方法创新与应用缓慢	4
3	能源高粱需肥规律基础性研究不足，肥料利用率低	7
4	缺乏稳定的经费支持	19
5	适宜不同生态地区的育种基地缺乏	2
6	市场管理和知识产权保护不够完善	16
7	缺乏高效环保的防治药剂及抗性品种	10
8	政府主导的技术服务体系不健全，缺乏合理的农技服务队伍和健全的农技服务机制	15
9	新产品研发与加工新产品开发不足	20
10	建设分布合理的新品种、新技术展示窗口	17

对筛选出关键技术难点，从近期、中期、长期时间节点上对存在技术壁垒作出了评价，见表 8-21。

表 8-21　能源高粱产业技术壁垒要素时间节点分析

技术领域	近期（<3 年）	中期（3~8 年）	长期（>8 年）
品种选育	优异种质资源缺乏，创新能力差	缺乏适宜区域生态气候的高抗逆、丰产性品种	遗传转化体系不成熟
生产技术	水肥利用效率偏低	不同生态区病虫害发生规律研究不够深	产品安全质量的监测点建设尚不健全
技术服务	缺乏稳定的经费支持	社会化农技服务组织不多，需构建社会渠道农技服务体系	对市场假冒伪劣种子与知识产权保护应加强市场管理与监督
流通加工	加工产品种类少	加工新产品开发不足	供销一体化程度低，缺乏专业的行业协会

第四节　能源高粱研发需求分析

一、能源高粱技术研发

根据产业目标与技术壁垒因素调查结果，结合专家讨论与文献调查，对产业链各个环节重要研发领域进行了综合分析和排序，列出了能源高粱产业链研发需求，并对这些研发需求进行评价（表8-22）。

表8-22　能源高粱产业链研发需求

产业链环节	顶级	高级	中级
品种选育	种质资源创新与利用，优良不育系、恢复系及保持系的选育（92%） 适宜区域生态气候的高抗逆、丰产性新品种选育（91%） 生物育种技术（88%）	能源高粱青贮发酵品质、有氧稳定性和体外瘤胃发酵特性的研究（75%） 种子质量检测（72%）	种子生产与贮藏（68%） 育种专用科研试验装备研发（66%）
生产技术研究与集成	不同生态区病虫草害发生与防治研究（82%） 水肥高效利用（77%） 山地、坡道地区机械化生产（71%）	产品安全质量检测体系构建（62%） 产品生产基地建设（61%）	低毒、低残留生物农药新产品研发（52%）
技术服务	种子质量与知识产权保护（78%） 农技服务体系建设（71%）	人才队伍建设（66%） 展示基地建设（61%）	种植保险服务（48%） 种植贷款服务（47%）
流通、加工及综合利用	新产品开发（85%）	水、氮调控对能源高粱生长和水、氮利用的影响研究（71%）	信誉体系及合同履约体系建设（59%）

根据以上研发需求，罗列出相关的研发需求项目36个，并按照优先顺序将这些项目分为顶级、高级和中级研发需求项目。其中，顶级研发需求项目18个（表8-23），高级研发需求项目13个（表8-24），中级研发需求项目5个（表8-25）。

表8-23　能源高粱产业顶级研发需求项目

项　　目

1. 能源高粱种质资源收集与评价

2. 能源高粱种质资源信息库建设

3. 能源高粱茎秆锤度相关性分析

4. 能源高粱茎秆液态发酵及乙醇提取工艺技术研究

5. 能源高粱育种新技术新方法的研发

6. 能源高粱分子标记辅助育种体系研发

7. 能源高粱突变体库建设

8. 能源高粱分子育种平台建设研发

（续）

项　　目
9. 不同生态类型区能源高粱种质鉴选与推广应用
10. 能源高粱轻简高效栽培技术规程制定、集成与示范
11. 能源高粱成熟期蚜虫发生规律研究与防治技术研发
12. 能源高粱抗旱节水技术集成与应用
13. 能源高粱缺素生长规律研究及专用肥开发利用
14. 能源高粱收获时间与糖分含量变化关系研究
15. 能源高粱收获技术推广改良
16. 能源高粱农技服务体系建设
17. 能源高粱种子知识产权保护体系建设
18. 能源高粱盐碱地品种筛选

表 8－24　能源高粱产业高级研发需求项目

项　　目
1. 能源高粱高通量表型鉴定平台建设
2. 能源高粱优良不育系、保持系和恢复系的筛选及测配
3. 能源高粱对盐渍和高温的交叉适应性
4. 能源高粱南方区试研究
5. 能源高粱亲本标准指纹图谱构建
6. 能源高粱不同品种叶片抗氧化物质动态研究
7. 能源高粱轻简栽培技术改良
8. 能源高粱产品质量安全标准体系建设
9. 能源高粱品种展示基地建设
10. 能源高粱种子市场管理监督体系建设
11. 能源高粱营养价值评定
12. 能源高粱收获技术推广与应用
13. 水、氮调控对能源高粱生长和水、氮利用的影响研究

表 8－25　能源高粱产业中级研发需求项目

项　　目
1. 能源高粱新品种选育
2. 能源高粱青贮发酵品质、有氧稳定性和体外瘤胃发酵特性的研究
3. 能源高粱品种配套栽培技术研发
4. 重金属复合污染及固定修复对能源高粱生长及生理特性的影响
5. 能源高粱产品包装及运输

按产业链环节看，研发项目中品种选育环节占17项，生产技术研究与集成环节占11项，技术服务环节占5项，流通、加工及综合利用环节占3项（图8-7）。

重要性高	1、2、3、4、5、6、7、8、9	10、11、12、13、14、15	16、17	18	顶级研发项目
	1、2、3、4、5、6、9	7、8、12	10、11	13	高级研发项目
重要性低	1	2、3	4	5	中级研发项目
领域	品种育种	生产技术研究与集成	技术服务	流通加工及利用	

图8-7　能源高粱产业研发项目各环节位置

二、能源高粱顶级研发需求分析

为了进一步对顶级研发需求项目进行评估，从项目执行风险、利润影响因素、技术研发时间节点和组织研发主体对顶级研发需求进行分析。

1. 顶级研发需求项目市场风险分析（表8-26）

表8-26　能源高粱产业顶级研发需求市场风险分析

市场风险等级	低风险	中风险	高风险
研发项目	1. 能源高粱种质资源收集与评价 2. 能源高粱种质资源信息库建设 6. 能源高粱分子标记辅助育种体系研发 9. 不同生态类型区能源高粱种质鉴选与推广应用 17. 能源高粱种子知识产权保护体系建设	3. 能源高粱茎秆锤度相关性分析 7. 能源高粱突变体库建设 8. 能源高粱分子育种平台建设研发 10. 能源高粱轻简高效栽培技术规程制定、集成与示范 11. 能源高粱成熟期蚜虫发生规律研究与防治技术研发 12. 能源高粱抗旱节水技术集成与应用 13. 能源高粱缺素生长规律研究及专用肥开发利用 14. 能源高粱收获时间与糖分含量变化关系研究 16. 能源高粱农技服务体系建设 18. 能源高粱盐碱地品种筛选	4. 能源高粱茎秆液态发酵及乙醇提取工艺技术研究 5. 能源高粱育种新技术新方法的研究 15. 能源高粱收获技术推广改良

2. 顶级研发需求项目技术风险分析（表 8 - 27）。

表 8 - 27　能源高粱产业顶级研发需求技术风险分析

技术风险等级	低风险	中风险	高风险
研发项目	1. 能源高粱种质资源收集与评价 3. 能源高粱茎秆锤度相关性分析 9. 不同生态类型区能源高粱种质鉴选与推广应用 14. 能源高粱收获时间与糖分含量变化关系研究 16. 能源高粱农技服务体系建设 17. 能源高粱种子知识产权保护体系建设	2. 能源高粱种质资源信息库建设 4. 能源高粱茎秆液态发酵及乙醇提取工艺技术研究 10. 能源高粱轻简高效栽培技术规程制定、集成与示范 12. 能源高粱抗旱节水技术集成与应用 15. 能源高粱收获技术推广改良 18. 能源高粱盐碱地品种筛选	5. 能源高粱育种新技术新方法的研发 6. 能源高粱分子标记辅助种体系研发 7. 能源高粱突变体库建设 8. 能源高粱分子育种平台建设研发 11. 能源高粱成熟期蚜虫发生规律研究与防治技术研发 13. 能源高粱缺素生长规律研究及专用肥开发利用

三、能源高粱利润影响因素分析

1. 利润大小评估分析（表 8 - 28）

表 8 - 28　能源高粱产业顶级研发需求项目利润分析

利润等级	低	中	高
研发项目	1. 能源高粱种质资源收集与评价 2. 能源高粱种质资源信息库建设 7. 能源高粱突变体库建设 17. 能源高粱种子知识产权保护体系建设	3. 能源高粱茎秆锤度相关性分析 5. 能源高粱育种新技术新方法的研发 6. 能源高粱分子标记辅助育种体系研发 10. 能源高粱轻简高效栽培技术规程制定、集成与示范 12. 能源高粱抗旱节水技术集成与应用 14. 能源高粱收获时间与糖分含量变化关系研究 16. 能源高粱农技服务体系建设	4. 能源高粱茎秆液态发酵及乙醇提取工艺技术研究 8. 能源高粱分子育种平台建设研发 9. 不同生态类型区能源高粱种质鉴选与推广应用 11. 能源高粱成熟期蚜虫发生规律研究与防治技术研发 13. 能源高粱缺素生长规律研究及专用肥开发利用 15. 能源高粱收获技术推广改良 18. 能源高粱盐碱地品种筛选

2. 顶级研发需求利润影响因素分析（表8-29）

表8-29 能源高粱产业顶级研发需求利润影响因素分析

序号	项　目	有利因素	不利因素
1	能源高粱种质资源收集与评价	地方资源经历长时间进化，积累了大量优异变异待发掘	能源高粱地方资源尚未有系统性研究
2	能源高粱种质资源信息库建设	育种工作基础性工作，意义重大	时间长，投入大，需持续支持
3	能源高粱茎秆锤度相关性分析	研究体系与方法成熟，技术积累雄厚，容易开展	短时间内难以取得突破性进展
4	能源高粱茎秆液态发酵及乙醇提取工艺技术研究	市场需求大，在乡村振兴政策下发展潜力大，且有长期育种工作作为基础	研究基础薄弱，能源高粱材料相对匮乏
5	能源高粱育种新技术新方法的研发	可以加快育种进程，改进育种技术，市场潜力大	技术创新难度高，花费巨大，难以取得突破性进展
6	能源高粱分子标记辅助育种体系研发	技术成熟，对育种工作具有较大的促进作用	需要投入经费较多，企业难以负担
7	能源高粱突变体库建设	对基础研究意义重大	突变体往往表型较差，难以直接筛选到可供育种利用的材料
8	能源高粱分子育种平台建设研发	育种基础性工作，研发成功对提高育种能力意义重大	投入较大，短时间内难以获得回报，需要长期持久性投入
9	不同生态类型区能源高粱种质鉴选与推广应用	育种公司注重不同生态区产业布局，产业发展依赖程度大	需要稳定资金支持
10	能源高粱轻简高效栽培技术规程制定、集成与示范	当前农村劳动力短缺问题凸显，农业生产人力成本偏高，产业发展背景下技术应用前景好	高粱种植地区往往分布于山区丘陵地带，限制了机械使用，劳动力成本降低的同时生产成本增加，涉及环节多，开发难度大
11	能源高粱成熟期蚜虫发生规律研究与防治技术研发	病虫草害对农业危害重大，常造成农业严重减产，该研究对于保障农业生产安全意义重大	病虫草害研究不深，抗性与产量关系不清
12	能源高粱抗旱节水技术集成与应用	能源高粱种植区多位于北方干旱地区，水资源利用矛盾突出，节水技术需求大	该技术研究涉及环节多，体系复杂

（续）

序号	项　目	有利因素	不利因素
13	能源高粱缺素生长规律研究及专用肥开发利用	提高肥料利用率，减少面源污染有利，减少施肥环节，节约劳动力，研发将推动轻简高效栽培技术研发	肥料缓释技术尚未与能源高粱生育期同步，对能源高粱需肥规律研究难度较大
14	能源高粱收获时间与糖分含量变化关系研究	保护生态环境，提高农产品质量和安全性，实现农业可持续发展	成本高，推广困难
15	能源高粱收获技术推广改良	降低人力成本，提高生产效率	开发难度大，涉及环节多，成本高，收益小
16	能源高粱农技服务体系建设	完善的农技服务体系有助于推动农业新技术、新品种的推广应用，对农业现代化发展意义重大	建设成本高，对农业技术人员需求较大，是较为复杂的系统性工程
17	能源高粱种子知识产权保护体系建设	有助于规范市场行为，维护市场秩序，推动市场健康发展	我国种子知识产权保护起步晚，体制不够完善，存在保护标准偏低、保护范围偏窄、保护链条偏短等问题
18	能源高粱盐碱地品种筛选	有助于提高产品附加值和经济效益，保障产业健康发展，利润较高	新产品开发需要较大投入

四、能源高粱技术研发时间节点分析

1. 近期应解决的问题

序号	项　目	编号
1	能源高粱种质资源收集与评价	1
2	能源高粱种质资源信息库建设	2
3	不同生态类型区能源高粱种质鉴选与推广应用	9
4	能源高粱轻简高效栽培技术规程制定、集成与示范	10
5	能源高粱抗旱节水技术集成与应用	12
6	能源高粱收获时间与糖分含量变化关系研究	14
7	能源高粱收获技术推广改良	15
8	能源高粱农技服务体系建设	16
9	能源高粱种子知识产权保护体系建设	17
10	能源高粱盐碱地品种筛选	18

2. 中期应解决的问题

序号	项　目	编号
1	能源高粱茎秆锤度相关性分析	3
2	能源高粱分子标记辅助育种体系研发	6
3	能源高粱突变体库建设	7
4	能源高粱成熟期蚜虫发生规律研究与防治技术研发	11
5	能源高粱缺素生长规律研究及专用肥开发利用	13

3. 长期应解决的问题

序号	项　目	编号
1	能源高粱茎秆液态发酵及乙醇提取工艺技术研究	4
2	能源高粱分子育种平台建设研发	8
3	能源高粱育种新技术新方法的研发	5

五、能源高粱技术研发主体分析

1. 科研单位可承担的项目

序号	项　目	编号
1	能源高粱种质资源收集与评价	1
2	能源高粱种质资源信息库建设	2
3	能源高粱茎秆锤度相关性分析	3
4	能源高粱育种新技术新方法的研发	5
5	能源高粱分子标记辅助育种体系研发	6
6	能源高粱突变体库建设	7
7	能源高粱分子育种平台建设研发	8
8	能源高粱成熟期蚜虫发生规律研究与防治技术研发	11
9	能源高粱缺素生长规律研究及专用肥开发利用	13

2. 企业可承担的项目

序号	项　目	编号
1	能源高粱茎秆液态发酵及乙醇提取工艺技术研究	4

（续）

序号	项　目	编号
2	不同生态类型区能源高粱种质鉴选与推广应用	9
3	能源高粱轻简高效栽培技术规程制定、集成与示范	10
4	能源高粱抗旱节水技术集成与应用	12
5	能源高粱收获时间与糖分含量变化关系研究	14
6	能源高粱收获技术推广改良	15
7	能源高粱盐碱地品种筛选	18

3. 政府推广部门可承担的项目

序号	项　目	编号
1	能源高粱农技服务体系建设	16
2	能源高粱种子知识产权保护体系建设	17

六、能源高粱技术发展模式分析

1. 自主研发

根据技术的重要性及人才、基地和经费情况，确定在顶级研发需求中可以或需要自主研发的项目12个。自主研发的承担机构须具备国内同行认可的较强的学术优势和产业化基础，项目执行可采用的模式有联合攻关或独立承担模式。

序号	项　目	编号
1	能源高粱种质资源收集与评价	1
2	能源高粱种质资源信息库建设	2
3	能源高粱茎秆锤度相关性分析	3
4	能源高粱育种新技术新方法的研发	5
5	能源高粱分子标记辅助育种体系研发	6
6	能源高粱突变体库建设	7
7	能源高粱分子育种平台建设研发	8
8	不同生态类型区能源高粱种质鉴选与推广应用	9
9	能源高粱成熟期蚜虫发生规律研究与防治技术研发	11
10	能源高粱缺素生长规律研究及专用肥开发利用	13
11	能源高粱农技服务体系建设	16
12	能源高粱种子知识产权保护体系建设	17

2. 中外技术合作

部分项目可以通过中外技术合作的方式，充分利用国外的技术、资金和人才优势，加快完成项目研发与执行。通过对需求风险、研发时间节点和利润等分析，认为以下 6 个研发项目可以采取中外技术合作的方式实施。

序号	项　目	编号
1	能源高粱茎秆液态发酵及乙醇提取工艺技术研究	4
2	能源高粱轻简高效栽培技术规程制定、集成与示范	10
3	能源高粱抗旱节水技术集成与应用	12
4	能源高粱收获时间与糖分含量变化关系研究	14
5	能源高粱收获技术推广改良	15
6	能源高粱盐碱地品种筛选	18

第五节　编制能源高粱技术路线图

一、绘制能源高粱研发需求技术路线图

根据顶级研发需求风险性分析、利润分析、研发节点分析、研发主体分析及研发模式分析结果，绘制研发需求项目路线图（图 8-8、表 8-30）。

表 8-30　能源高粱产业研发需求项目名称

优先级别	项　目
顶级研发需求	1. 能源高粱种质资源收集与评价 2. 能源高粱种质资源信息库建设 3. 能源高粱茎秆锤度相关性分析 4. 能源高粱茎秆液态发酵及乙醇提取工艺技术研究 5. 能源高粱育种新技术新方法的研发 6. 能源高粱分子标记辅助育种体系研发 7. 能源高粱突变体库建设 8. 能源高粱分子育种平台建设研究 9. 不同生态类型区能源高粱种质鉴选与推广应用 10. 能源高粱轻简高效栽培技术规程制定、集成与示范 11. 能源高粱成熟期蚜虫发生规律研究与防治技术研究 12. 能源高粱抗旱节水技术集成与应用 13. 能源高粱缺素生长规律研究及专用肥开发利用 14. 能源高粱收获时间与糖分含量变化关系研究 15. 能源高粱收获技术推广改良 16. 能源高粱农技服务体系建设 17. 能源高粱种子知识产权保护体系建设 18. 能源高粱盐碱地品种筛选

（续）

优先级别	项　　目
高级研发 需求	19. 能源高粱高通量表型鉴定平台建设 20. 能源高粱优良不育系、保持系和恢复系的筛选及测配 21. 能源高粱对盐渍和高温的交叉适应性研究 22. 能源高粱南方区试研究 23. 能源高粱亲本标准指纹图谱构建 24. 能源高粱不同品种叶片抗氧化物质动态研究 25. 能源高粱轻简栽培技术改良 26. 能源高粱产品质量安全标准体系建设 27. 能源高粱品种展示基地建设 28. 能源高粱种子市场管理监督体系建设 29. 能源高粱营养价值评定 30. 能源高粱收获技术推广与应用 31. 水、氮调控对能源高粱生长和水、氮利用的影响研究
中级研发 需求	32. 能源高粱新品种选育 33. 能源高粱青贮发酵品质、有氧稳定性和体外瘤胃发酵特性的研究 34. 能源高粱品种配套栽培技术研发 35. 重金属复合污染及固定修复对能源高粱生长及生理特性的影响 36. 能源高粱产品包装及运输

时间	近期（<3年）	中期（3～8年）	长期（>8年）
科研单位层面	研发项目组（少） ★1　★2 ◆19　◆20 ◆22　◆23 ▲33	研发项目组（中） ★3　★6 ★7　★11 ★13　◆21	研发项目组（少） ★5　★8 ◆24
企业层面	研发项目组（中） ★9　★10 ★12　★14 ★15　★18 ◆25　◆26 ◆27　◆30 ▲32　▲35 ▲36	研发项目组（少） ◆31　▲34	研发项目组（多） ★4
政府层面	研发项目组（中） ★16　★17 ◆28　◆29	研发项目组（中）	

图 8-8　能源高粱产业研发需求技术路线

　　图中■代表凝练和筛选的研发项目，框中的数字代表项目编号，（多）（中）（少）代表项目组的多少，★代表顶级研发项目、◆代表高级研发项目、▲代表中级研发项目。

二、绘制能源高粱顶级研发需求技术路线图

对项目所罗列的 18 个顶级研发需求在实施过程中可能存在的风险、利润及研发节点进行了分析，绘制了顶级研发需求技术路线图（表 8-31 至表 8-48）。

表 8-31　能源高粱种质资源收集与评价技术路线

顶级研发需求	综合风险	影响利润的因素
能源高粱种质资源收集与评价	低　　中　　高 我国高粱种质资源多，变异类型丰富，项目执行有利于推动能源高粱育种产业发展	有利因素：地方资源经历长时间进化，积累了大量优异变异待发掘 不利因素：能源高粱地方资源尚未有系统性研究

关键技术	时间表
优异能源高粱资源引进与发掘；能源高粱种质资源的鉴定与评价	近期　中期　长期 种质资源收集与评价工作是育种工作开展的基础，我国有丰富的高粱地方品种资源，需要进行系统性研究，从需求上看属于近期需发展的项目

表 8-32　能源高粱种质资源信息库建设技术路线

顶级研发需求	综合风险	影响利润的因素
能源高粱种质资源信息库建设	低　　中　　高 项目属于公益性基础研究，便于种质资源的有效利用，育种需求大，但研发技术有一定难度，综合风险为中低	有利因素：育种工作是基础性工作，意义重大 不利因素：时间长，投入大，需持续支持

关键技术	时间表
引进资源的整理；资源的鉴定、评价、保存；资源性状信息数据库建设	近期　中期　长期 种质资源信息的系统化整理对于育种工作意义重大，利于种质资源创新工作开展，应当尽早启动

表 8－33　能源高粱茎秆锤度相关性分析技术路线

顶级研发需求	综合风险	影响利润的因素
能源高粱茎秆锤度相关性分析	低　中　高 项目研究属于产业核心竞争力，具有持续性、经费投入高、投入期长等特点，是能源高粱产业发展必需性工作之一，研究成果有重大的经济效益和社会效益，综合风险为中偏低	有利因素：研究体系与方法成熟，技术积累雄厚，容易开展 不利因素：短时间内难以取得突破性进展

关键技术	时间表	
收集优良不育系、保持系及恢复系材料；根据育种目标对种质资源材料进行改良	近期　中期　长期 种质资源改良和不育系、保持系和恢复系选育工作属于育种产业发展核心，是产业育种基础性工作，种质资源改良有一定的时间周期，在时间计划上应做中长期发展计划	

表 8－34　能源高粱茎秆液态发酵及乙醇提取工艺研究技术路线

顶级研发需求	综合风险	影响利润的因素
能源高粱茎秆液态发酵及乙醇提取工艺技术研究	低　中　高 项目研究主要在于解决生产上急需解决的问题，属于产业核心竞争力，周期长、投入大、技术路线成熟，但需要对市场准确把握，综合风险偏高	有利因素：市场需求大，在乡村振兴政策下发展潜力大，且有长期育种工作作为基础 不利因素：研究基础薄弱，能源高粱材料相对匮乏

关键技术	时间表	
优异不育系、保持系和恢复系的筛选与组配液态发酵及提取工艺的改良	近期　中期　长期 适用于茎秆液态发酵的新品种选育周期较长，同时液态发酵工艺的改良需要长时间的积累	

表 8－35　能源高粱育种新技术新方法的研发技术路线

顶级研发需求	综合风险	影响利润的因素
能源高粱育种新技术新方法的研发	低　中　高 项目属于产业核心竞争力，是当前前沿技术，投入高，存在一定的技术风险	有利因素：可以加快育种进程，改进育种技术，市场潜力大 不利因素：技术创新难度高，花费巨大，难以取得突破性进展

（续）

关键技术	时间表
针对当前育种工作中所存在的流程长、不确定性等问题，从表型鉴定选择、基因型鉴定、设计育种等方向进行技术革新	近期　中期　长期 本项目属于前沿技术，对提高育种效率具有重要意义，需要充足的技术积淀，应当长期规划

表 8-36　能源高粱分子标记辅助育种体系研发技术路线

顶级研发需求	综合风险	影响利润的因素
能源高粱分子标记辅助育种体系研发	低　中　高 本研究对于提高育种效率具有重要意义，技术路线成熟，可以提高育种企业的核心竞争力，但需要较大经费投入	有利因素：技术成熟，对育种工作具有较大的促进作用 不利因素：需要投入经费较多，企业难以负担

关键技术	时间表
高密度遗传图谱构建；重要性状遗传定位；与性状紧密连锁的分子标记的开发	近期　中期　长期 该技术属于前沿技术，目前国内在水稻等作物上已有较多研究，但高粱领域相关研究尚存在许多不足，技术应用尚不成熟，需做中长期规划

表 8-37　能源高粱突变体库建设技术路线

顶级研发需求	综合风险	影响利润的因素
能源高粱突变体库建设	低　中　高 该技术可以为基础研究及育种提供大量可用研究材料，技术相对成熟，但诱变材料多数表型表现较差，难以直接应用于育种工作	有利因素：对基础研究意义重大 不利因素：突变体往往表型较差，难以直接筛选到可供育种利用的材料

关键技术	时间表
通过理化手段进行种子诱变；突变体材料的鉴定与筛选	近期　中期　长期 该项目主要为基础研究服务，对后续基因功能研究意义重大，应做中长期规划

表 8 - 38　能源高粱分子育种平台建设研发技术路线

顶级研发需求	综合风险	影响利润的因素
能源高粱分子育种平台建设研发	低　　中　　高 项目属于产业核心竞争力，是当前前沿技术，投入高，存在一定的技术风险	有利因素：育种基础性工作，研发成功对提高育种能力意义重大 不利因素：投入较大，短时间内难以获得回报，需要长期持久性投入
关键技术	时间表	
重要基因的发掘；组培技术研发；基因编辑与转基因技术研发；分子标记辅助选择或基因组选择技术研发	近期　中期　长期 该项目为产业重要基础研究，受到各级相关部门重视，研究项目多、周期长、投入大，需做长期规划	

表 8 - 39　不同生态类型区能源高粱种质鉴选与推广应用技术路线

顶级研发需求	综合风险	影响利润的因素
不同生态类型区能源高粱种质鉴选与推广应用	低　　中　　高 项目属于育种产业基础建设，对于提高种业竞争力具有重要意义，具有持续性，技术风险低，是产业发展的重要保障，能为产业发展带来较大利润	有利因素：育种公司注重不同生态区产业布局，产业发展依赖程度大 不利因素：需要稳定资金支持
关键技术	时间表	
需要政府长期稳定资金支持	近期　中期　长期 基地建设是种业发展的基础，对产业发展进步具有重要影响，属于能源高粱产业近期发展目标	

表 8 - 40　能源高粱轻简高效栽培技术规程制定、集成与示范技术路线

顶级研发需求	综合风险	影响利润的因素
能源高粱轻简高效栽培技术规程制定、集成与示范	低　　中　　高 丘陵山地种植条件与农村劳动力匮乏对轻简高效栽培技术有较大需求，此项目研发推广需要与对应的能源高粱品种相适应，且需要相关栽培技术取得突破，开展相关研究具有一定的风险	有利因素：当前农村劳动力短缺问题凸显，农业生产人力成本偏高，产业发展背景下技术应用前景好 不利因素：高粱种植地区往往分布于山区丘陵地带，限制了机械使用，劳动力成本降低的同时生产成本增加，涉及环节多，开发难度大

（续）

关键技术	时间表
能源高粱一次性施肥技术集成；病虫草害及绿色无公害管理技术集成；与栽培技术相适应的播、耕、收配套机械筛选；集成技术的产业化示范	近期　中期　长期 项目对于丘陵山区以及劳动力匮乏地区农业发展具有较大的促进作用，可以提高农业生产效率，需求迫切

表 8－41　能源高粱成熟期蚜虫发生规律研究与防治技术研发技术路线

顶级研发需求	综合风险	影响利润的因素
能源高粱成熟期蚜虫发生规律研究与防治技术研发	低　中　高 风险主要来自病虫草害机理研究	有利因素：病虫草害对农业危害重大，常造成农业严重减产，该研究对于保障农业生产安全意义重大 不利因素：病虫草害研究不深，抗性与产量关系不清

关键技术	时间表
主要病虫草害发生规律调查；主要病虫草害机理研究；病虫草害防治技术研究	近期　中期　长期 病虫草害对能源高粱生产具有较大威胁，亟待解决，但监控体系与研发需进行一定的技术积累，需做中期规划

表 8－42　能源高粱抗旱节水技术集成与应用技术路线

顶级研发需求	综合风险	影响利润的因素
能源高粱抗旱节水技术集成与应用	低　中　高 抗旱节水技术可以降本增效，对保障能源高粱生产具有重大意义，但项目涉及范围较广，具有一定的研发难度	有利因素：能源高粱种植区多位于北方干旱地区，水资源利用矛盾突出，节水技术需求大 不利因素：该技术研究涉及环节多，体系复杂

关键技术	时间表
能源高粱水分供需规律研究；旱地地表覆盖、秸秆还田、深松耕技术研究；抗旱节水技术集成与推广	近期　中期　长期 北方农业种植地区需水矛盾严重，对抗旱节水技术需求迫切，技术应用价值高，应及早推广

表 8 - 43　能源高粱缺素生长规律研究及专用肥开发利用技术路线

顶级研发需求	综合风险	影响利润的因素
能源高粱缺素生长规律研究及专用肥开发利用	低　　中　　高 植物营养研究与施肥技术目前国外发展较快，国内企业主要为合作引进技术，研究有专利影响，应用研发还处于探索阶段，技术尚不成熟，农民改变耕种模式也需要一定的时间，因此开发风险属于中高级别	有利因素：提高肥料利用率，减少面源污染有利，减少施肥环节，节约劳动力，研发将推动轻简高效栽培技术研发 不利因素：肥料缓释技术尚未与能源高粱生育期同步，对能源高粱需肥规律研究难度较大
关键技术	时间表	
能源高粱需肥规律研究；适宜能源高粱专用高效肥料研发；一次性缓释施肥技术研究与推广	近期　　中期　　长期 能源高粱多种植于丘陵山地，粗放管理明显，需要通过研究营养需求规律提高施肥效率，项目实施仍需一定的技术积累，应做中期规划	

表 8 - 44　能源高粱收获时间与糖分含量变化关系研究技术路线

顶级研发需求	综合风险	影响利润的因素
能源高粱收获时间与糖分含量变化关系研究	低　　中　　高 随着环境保护意识以及人们对环境安全要求的提高，无公害防治技术受到重视，项目需求较高，但技术成本较高，推广存在一定难度	有利因素：保护生态环境，提高农产品质量和安全性，实现农业可持续发展 不利因素：成本高、推广困难
关键技术	时间表	
病虫草害发生规律研究；无毒微毒农药与生物防治技术研发；无公害防治技术集成与推广	近期　　中期　　长期 无公害防治是加强生态建设、维护生态安全、促进生态文明建设、实现农业可持续发展的重要组成部分，已有较多技术积累，应及早实施	

表 8 - 45　能源高粱收获技术推广改良技术路线

顶级研发需求	综合风险	影响利润的因素
能源高粱收获技术推广改良	低　　中　　高 山地坡道耕作困难，花费劳动力大，农业生产机械的研发可以极大提高生产效率，技术应用需求较高，但是山地坡道农业种植面积较小，种植条件复杂，开发难度大，成本高	有利因素：降低人力成本，提高生产效率 不利因素：开发难度大，涉及环节多，成本高，收益小

（续）

关键技术	时间表
山地、坡道机收标准研究；山地、坡道生产机械研发	近期 中期 长期 ├─●─┼─┼──→ 日本等农业发达国家已有较为丰富的小型农业机械开发经验，对于山地、坡道等小面积农田使用农业机械开发有较好的借鉴意义，随着人口老龄化与农村人口向城镇流动，农业劳动力短缺问题凸显，项目需求迫切

表 8-46　能源高粱农技服务体系建设技术路线

顶级研发需求	综合风险	影响利润的因素
能源高粱农技服务体系建设	低　中　高 ├●─┼─┼──┤ 项目研究属于产业人才团队建设，属于农业发展系统性工程，对于提升能源高粱产业核心竞争力意义重大，具有持续性，技术风险极低，对于提高从业人员技术水平有重大意义	有利因素：完善的农技服务体系有助于推动农业新技术、新品种的推广应用，对农业现代化发展意义重大 不利因素：建设成本高，对农业技术人员需求较大，是较为复杂的系统性工程

关键技术	时间表
合理配置团队人才结构，打造产前、产中、产后技术服务力量；打造试验示范推广平台；建立农技推广试验、示范运行机制；政府持续经费保障	近期 中期 长期 ├─●─┼─┼──→ 农业技术推广对于农业科技研发成果转化、提高农业生产科技含量具有重大意义，为产业发展提供坚强的科技支撑和人才保障，建设意义重大，需求迫切，应及早实施

表 8-47　能源高粱种子知识产权保护体系建设技术路线

顶级研发需求	综合风险	影响利润的因素
能源高粱种子知识产权保护体系建设	低　中　高 ├─┼─●─┤ 该项研究实施对于加快形成鼓励自主创新的政策环境具有重大意义，在国外有较为完善的管理体系可供参考与借鉴	有利因素：有助于规范市场行为，维护市场秩序，推动市场健康发展 不利因素：我国种子知识产权保护起步晚，体制不够完善，存在保护标准偏低、保护范围偏窄、保护链条偏短等问题

（续）

关键技术	时间表
加快修订《种子法》和《植物新品种保护条例》；建设实质性派生品种审查认证制度；严厉打击假冒套牌品种等违法行为，加大知识产权保护力度	近期　中期　长期 加强种业知识产权保护是种业振兴、市场净化活动的核心环节，要综合利用法律、经济、技术、行政等多种手段，从立法、司法、执法、管理和技术支撑等多方面发力，促进种业高质量发展，应当尽早实施

表 8 - 48　能源高粱盐碱地品种筛选技术路线

顶级研发需求	综合风险	影响利润的因素
能源高粱盐碱地品种筛选	低　中　高 耐盐碱地种质资源鉴选主要风险来自选育时间较长、试验可一定程度上导致部分土壤盐碱化	有利因素：有利于我国边际土地的利用 不利因素：品种选育时间长

关键技术	时间表
1. 种质资源收集、鉴选 2. 品种的示范推广	近期　中期　长期 耐盐碱种子资源的鉴选可为我国边际土壤利用率的提升带来显著效果，增加我国杂粮产量

三、绘制能源高粱顶级研发需求风险利润路线图

将 18 个顶级研发需求项目置于以风险程度为横轴、利润为纵轴的坐标系上（图 8-9），项目编号对应于表 8 - 49 相应编号的项目名称。通过该坐标系，显示了每一个优先项目风险和利润之间的相关性，为科技主管部门或产业联盟领导在项目立项、科研经费投入等方面做出科学判断提供依据。

高利润		4、8、11、15、18	9
中利润	5	3、6、10、12、13、14、16	
低利润		2、7	1、17
	高风险	中风险	低风险

图 8-9　能源高粱顶级研发需求风险利润相关性

表 8 - 49　能源高粱产业顶级研发需求项目利润与风险

序号	项　目	备注
1	能源高粱种质资源收集与评价	低利润，低风险
2	能源高粱种质资源信息库建设	低利润，中低风险
3	能源高粱茎秆锤度相关性分析	中利润，中低风险
4	能源高粱茎秆液态发酵及乙醇提取工艺技术研究	高利润，中高风险
5	能源高粱育种新技术新方法的研发	中利润，高风险
6	能源高粱分子标记辅助育种体系研发	中利润，中风险
7	能源高粱突变体库建设	低利润，中高风险
8	能源高粱分子育种平台建设研发	高利润，中高风险
9	不同生态类型区能源高粱种质鉴选与推广应用	高利润，低风险
10	能源高粱轻简高效栽培技术规程制定、集成与示范	中利润，中风险
11	能源高粱成熟期蚜虫发生规律研究与防治技术研发	高利润，中高风险
12	能源高粱抗旱节水技术集成与应用	中利润，中风险
13	能源高粱缺素生长规律研究及专用肥开发利用	中利润，中高风险
14	能源高粱收获时间与糖分含量变化关系研究	中利润，中低风险
15	能源高粱收获技术推广改良	高利润，中高风险
16	能源高粱农技服务体系建设	中利润，中低风险
17	能源高粱种子知识产权保护体系建设	低利润，低风险
18	能源高粱盐碱地品种筛选	高利润，中风险

四、绘制能源高粱优先研发需求技术发展模式路线图

对能源高粱技术发展模式（自主研发、技术合作、技术引进）按近期、中期、长期三种时间节点进行分类，绘制 18 个顶级研发需求技术发展模式路线图（图 8 - 10），图中标示的项目编号对应于优先研发需求技术发展模式注释表（表 8 - 50）中相应编号的项目名称。

自主研发	1、2、9、16、17	3、6、7、11、13	5、8
合作研发	10、12、14、15、18		4
	近期（<3年）	中期（3~8年）	长期（>8年）

图 8 - 10　能源高粱产业优先发展需求技术发展模式

表 8 - 50　能源高粱产业顶级研发需求项目发展模式注释

序号	项　目	备注
1	能源高粱种质资源收集与评价	自主研发，近期
2	能源高粱种质资源信息库建设	自主研发，近期
3	能源高粱茎秆锤度相关性分析	自主研发，中期
4	能源高粱茎秆液态发酵及乙醇提取工艺技术研究	合作研发，长期
5	能源高粱育种新技术新方法的研发	自主研发，长期
6	能源高粱分子标记辅助育种体系研发	自主研发，中期
7	能源高粱突变体库建设	自主研发，中期
8	能源高粱分子育种平台建设研发	自主研发，长期
9	不同生态类型区能源高粱种质鉴选与推广应用	自主研发，近期
10	能源高粱轻简高效栽培技术规程制定、集成与示范	合作研发，近期
11	能源高粱成熟期蚜虫发生规律研究与防治技术研发	自主研发，中期
12	能源高粱抗旱节水技术集成与应用	合作研发，近期
13	能源高粱缺素生长规律研究及专用肥开发利用	自主研发，中期
14	能源高粱收获时间与糖分含量变化关系研究	合作研发，近期
15	能源高粱收获技术推广改良	合作研发，近期
16	能源高粱农技服务体系建设	自主研发，近期
17	能源高粱种子知识产权保护体系建设	自主研发，近期
18	能源高粱盐碱地品种筛选	合作研发，近期

五、绘制能源高粱综合技术路线图

综合市场需求、产业目标、技术壁垒、研发需求进行整理和凝练，结合全产业链进程，绘制能源高粱产业综合技术路线图（图 8 - 11）。

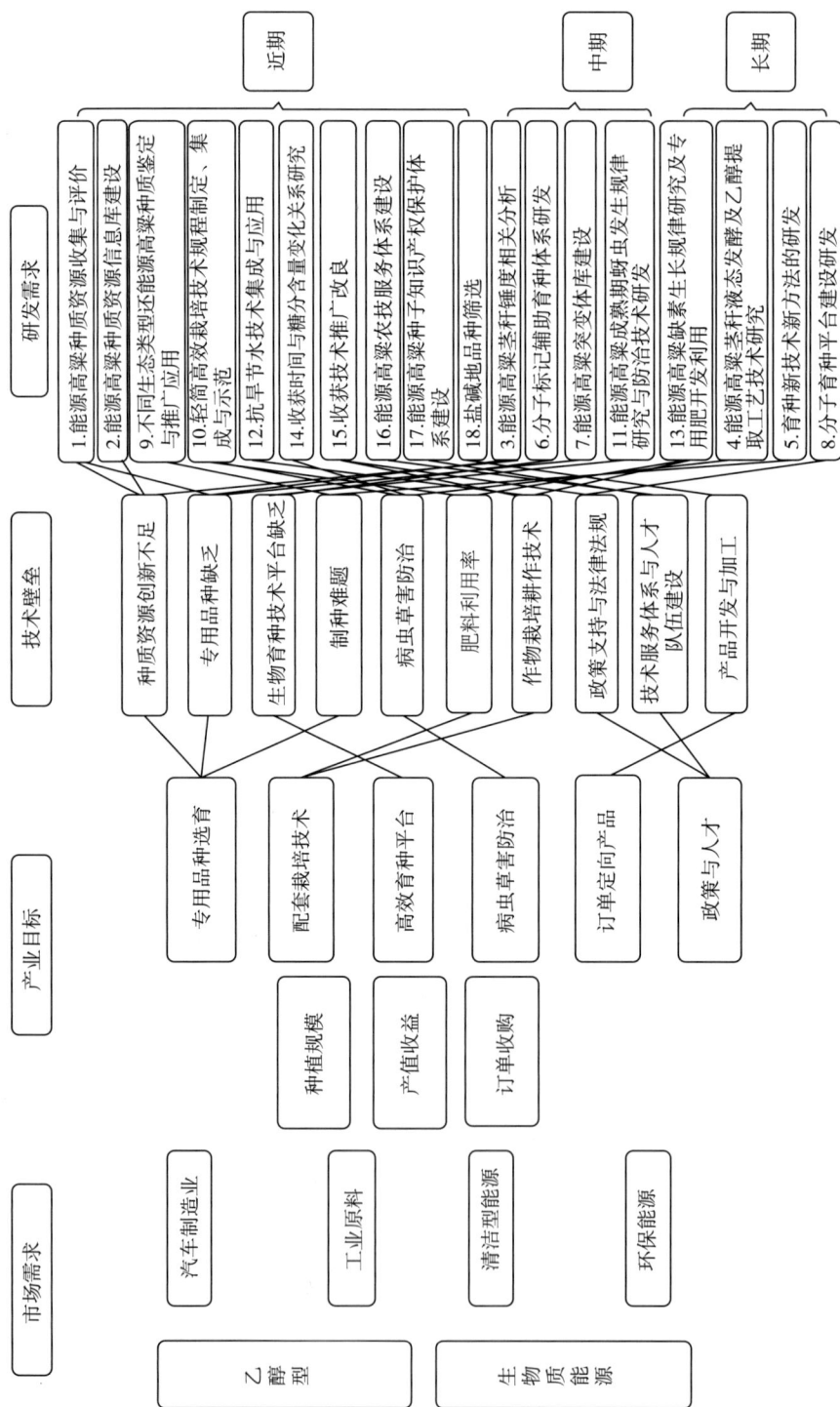

图 8-11　能源高粱产业综合技术路线

第 九 章
帚用高粱产业技术路线图

  帚用高粱是高粱的一个变种，其穗轴大大缩短，有长而直的分枝。帚用高粱在世界各地广泛用于编织和扎制笤帚、炊帚等制品。由于投入少，产出大，具有加工价值较大、经济效益较高的特点，在我国内蒙古东部、黑龙江、吉林、辽宁、山东、甘肃、山西等地都有一定面积的种植，在全国播种面积增长较快。据不完全统计，全国帚用高粱种植面积约为35万公顷。笤帚加工主要集中在山东、河北、黑龙江、安徽等地，石家庄和武汉有全国最大的两个笤帚制品批发市场，年笤帚交易量分别达到2 000万把和4 000万把，交易额分别为1亿元和2亿元左右。

  帚用高粱是旱作农业增收增效的特色农作物，因其具有抗旱性强、适合山地种植、生育期短、对土壤要求不高等特点，在农业产业结构调整中有很大的优势，对解决农民就业问题，增加农民收入具有重要意义，但我国帚用高粱产业发展中仍面临组织化程度低、加工转化能力不足、市场建设落后以及资金短缺、投入不足等问题。为适应我国农业产业转型发展需求，促进帚用高粱产业高质量发展，本项目依托中国农学会"高粱产业技术路线图研究"项目，制定帚用高粱产业技术路线图。

  帚用高粱产业技术路线图研究按照产业技术路线图绘制程序，通过头脑风暴、调查问卷、专家研讨等方式，对帚用高粱全产业链上品种选育、生产技术研究与集成、技术服务和流通、加工和技术利用等环节的市场需求、产业目标、技术壁垒以及研发需求进行讨论与分析，并最终形成帚用高粱产业技术路线图。

第一节　帚用高粱市场需求分析

一、帚用高粱市场需求问卷调查

  为了全面了解我国帚用高粱的市场需求，项目组于2023年5月底开始进行要素的收集，采用头脑风暴法，经过多次反复讨论，最终确定从产品类型、不同产品市场需求要素、日常消费途径、年消费金额以及产品使用年限几个方面进行调查，以了解帚用高粱产品的市场定位，并根据现阶段帚用高粱市场规模确定了调查选项的设置范围，最终形成的市场需求调查问卷，如表9-1所示。在进行市场需求调研的基础上，开展市场需求分析研讨会，分析帚用高粱市场需求要素，以期对帚用高粱需求情况形成较为全面的了解。

表 9-1　帚用高粱市场需求调查问卷

1. 贵单位是?
   A. 科研单位及高校
   B. 政府部门
   C. 种子企业
   D. 渠道经销商
   E. 种植户（种植合作社）
   F. 农资销售商
   G. 加工企业
   H. 消费者
   I. 其他（备注：　　　）
2. 您的年龄为?
   A. 30 岁以下
   B. 30~40 岁
   C. 40~50 岁
   D. 50 岁以上
3. 请对以下高粱产品需求量进行排序。
   A. 高粱清洁用品（笤帚、扫把等）
   B. 高粱制厨房用品（锅刷、篦子等）
   C. 高粱手工艺品
4. 请对下列帚用高粱清洁用品市场需求要素重要性进行排序。
   A. 价格
   B. 耐用性及环保
   C. 产品外观
   D. 购买便捷性
5. 请对下列帚用高粱制厨房用品市场需求要素重要性进行排序。
   A. 价格
   B. 安全耐用性
   C. 产品外观
   D. 购买便捷性
6. 请对下列帚用高粱手工艺品市场需求要素重要性进行排序。
   A. 价格
   B. 收藏价值
   C. 观赏性
   D. 购买便捷性

（续）

7. 购买途径为?
    A. 集市
    B. 超市
    C. 网购

8. 帚用高粱加工产品年消费金额为?
    A. 50 元以下
    B. 50~100 元
    C. 100~200 元
    D. 200 元以上

9. 帚用高粱加工产品使用年限一般为?
    A. 1 年以下
    B. 1~3 年
    C. 3 年以上

10. 请选择您认为对帚用高粱市场需求影响较大的 5 个要素。
    A. 品种
    B. 栽培技术
    C. 病虫害防治
    D. 农用机械
    E. 产品加工
    F. 农业推广
    G. 农业政策
    H. 质量安全检测

　　笔者利用"科创中国"高粱产业服务团进行市场调研的机会，采用面对面访谈、问卷调查和网络新媒体相结合的方式，对帚用高粱市场需求开展调查，参与调查人员包括科研单位、政府部门、种子企业、渠道经销商、种植户（种植合作社）、加工企业、消费者等，参与问卷调查人数 74 人，来源比例见图 9-1。

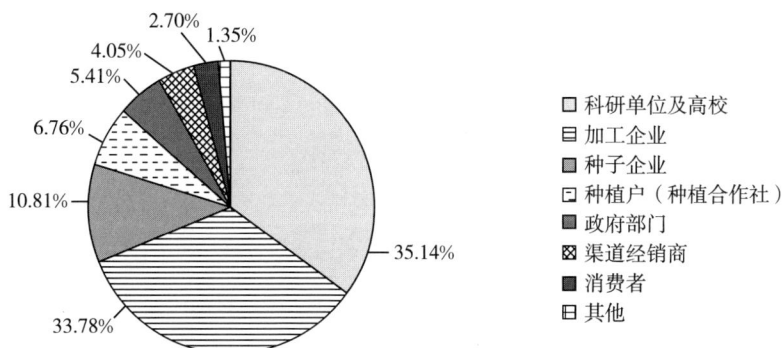

图 9-1　帚用高粱市场需求调查对象统计

　　来源于科研单位及高校的调查对象占比最高，为 35.14%；其次为加工企业，占比为 33.78%；来源为种子企业、种植户、政府部门、渠道经销商以及消费者的调查对象占比分别为 10.81%、6.76%、5.41%、4.05% 和 2.70%；另有 1.35% 的调查对象来源为其他。

调查对象年龄分布情况如图 9-2 所示，年龄层次在 30~40 岁的占比最高，为 43.24%；其次为 40~50 岁，占比为 28.38%；50 岁以上人员和 30 岁以下人员分别占比为 16.22% 和 12.16%。

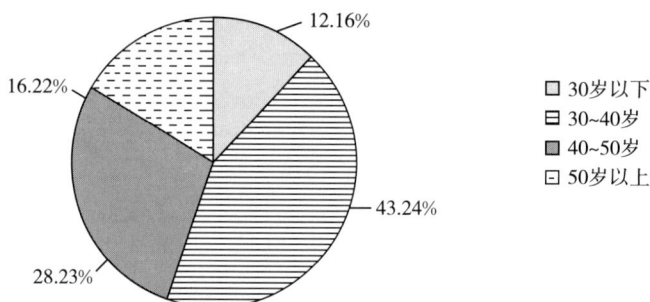

图 9-2 帚用高粱市场需求调查对象年龄分布

二、帚用高粱市场需求分析研讨会

在市场调研的基础上，编制组召开帚用高粱市场需求分析研讨会，结合市场调研结果，探讨帚用高粱产品消费状况以及市场潜力，筛选出重要的市场需求要素。

三、帚用高粱市场需求要素分析

根据统计结果，结合专家讨论会对帚用高粱产品需求要素进行分析，按照公式 5-1 计算各要素的重要值。计算结果如表 9-2 所示。三种产品中，需求量最高的是高粱清洁用品，超过 68% 的受访者将其列为购买最多的产品；其次为高粱厨房用品，20% 的受访者将其列为购买最多的产品；高粱手工艺品需求量最小。

表 9-2 帚用高粱产品需求量调查

选项	问卷调查值 D	头脑风暴值 T	重要值 V	排序
高粱清洁用品（笤帚、扫把等）	2.55	2.43	6.20	1
高粱厨房用品（锅刷、篦子等）	1.62	1.52	2.46	2
高粱手工艺品	1.34	1.24	1.66	3

从表9-3可以看出，在高粱清洁用品市场需求要素重要性调查中，受访者对产品耐用性及环保关注最多，其次为产品价格、外观以及购买便捷性。在高粱厨房用品市场需求要素重要性调查中，受访者对产品安全耐用性关注最多，其次为产品价格、外观以及购买便捷性，如表9-4所示。而对高粱手工艺品来说，消费者更多关注产品的观赏性，其次为收藏价值、价格和购买便捷性，调查结果如表9-5所示。

表9-3　帚用高粱清洁用品（笤帚、扫把等）市场需求要素调查

选项	问卷调查值D	头脑风暴值T	重要值V	排序
耐用性及环保	3.26	3.44	11.21	1
价格	2.65	2.35	6.23	2
产品外观	2.05	1.98	4.06	3
购买便捷性	1.55	1.33	2.06	4

表9-4　帚用高粱厨房用品（锅刷、笓子等）市场需求要素调查

选项	问卷调查值D	头脑风暴值T	重要值V	排序
安全耐用性	3.00	3.31	9.93	1
价格	2.62	2.55	6.68	2
产品外观	2.31	1.63	3.77	3
购买便捷性	1.92	1.03	1.98	4

表9-5　帚用高粱手工艺品市场需求要素调查

选项	问卷调查值D	头脑风暴值T	重要值V	排序
观赏性	3.15	3.26	10.27	1
收藏价值	2.98	2.77	8.25	2
价格	2.17	2.13	4.62	3
购买便捷性	0.40	0.52	0.21	4

根据表9-6结果可知，消费者日常消费帚用高粱产品更多是在集市进行购买，其重要值为5.13；其次为超市，通过网购方式购买帚用高粱产品的消费者最少，这两个选项重要值分别为3.07和1.96。这与帚用高粱制品消费主要为日常消费有关。相应的，如表9-7所示，超过半数受调查消费者帚用高粱制品年消费金额在50元以下。

表 9-6　帚用高粱日常消费途径调查

选项	问卷调查值 D	头脑风暴值 T	重要值 V	排序
集市	2.22	2.31	5.13	1
超市	1.83	1.68	3.07	2
网购	1.45	1.35	1.96	3

表 9-7　帚用高粱加工产品年消费金额调查

选项	问卷调查值 D	头脑风暴值 T	重要值 V	排序
50 元以下	0.55	0.45	0.25	1
50~100 元	0.23	0.27	0.06	2
100~200 元	0.11	0.17	0.02	3
200 元以上	0.11	0.11	0.01	4

由于帚用高粱制品通常为消耗品，使用频率较高，因此其使用年限一般较短，这也与笔者的调查结果相吻合。超过 80% 的受访者表示其购买的帚用高粱加工产品使用年限在 3 年以下，其中选项"1~3 年"和"1 年以下"的重要值分别为 0.22 和 0.11；而选项"3 年以上"的重要值仅为 0.04。调查结果如表 9-8 所示。

表 9-8　帚用高粱加工产品使用年限调查

选项	问卷调查值 D	头脑风暴值 T	重要值 V	排序
1~3 年	0.43	0.52	0.22	1
1 年以下	0.38	0.28	0.11	2
3 年以上	0.19	0.20	0.04	3

通过对帚用高粱市场需求要素的分析，调查组最终确定品种、栽培技术、病虫害防治、产品加工及农业推广为影响较大的 5 个市场需求要素，详见表 9-9。

表 9-9　帚用高粱市场需求要素调查

选项	问卷调查值 D	头脑风暴值 T	重要值 V	排序
品种	3.15	3.24	10.21	1
栽培技术	3.03	3.12	9.45	2
病虫害防治	2.87	2.95	8.47	3

（续）

选项	问卷调查值 D	头脑风暴值 T	重要值 V	排序
产品加工	2.53	2.44	6.17	4
农业推广	2.46	2.37	5.83	5
农业政策	2.33	2.12	4.94	6
质量安全检测	2.11	2.08	4.39	7
农用机械	1.98	1.85	3.66	8

第二节 帚用高粱产业目标分析

一、帚用高粱产业发展目标问卷调查

为了分析帚用高粱产业发展目标，编制组查阅相关文献，采用头脑风暴法等方式，提出问题，经过反复论证，设计出最终调查问卷。问卷内容包括帚用高粱产业种植规模、产值、经营模式范围以及发展目标要素，详见表 9 - 10。

表 9 - 10 帚用高粱产业发展目标调查问卷

1. 贵单位是？
   A. 科研单位及高校
   B. 政府部门
   C. 种子企业
   E. 种植户（种植合作社）
   H. 加工企业
2. 您的年龄为？
   A. 30 岁以下
   B. 30～40 岁
   C. 40～50 岁
   D. 50 岁以上
3. 我国帚用高粱种植规模目标应定位在哪个级别最为合适（单选）？
   A. 30 万亩左右
   B. 30 万～50 万亩
   C. 50 万亩以上
   D. 不太清楚
4. 帚用高粱产品产值预期目标？
   A. 10 亿元以下
   B. 10 亿～20 亿元
   C. 20 亿元以上
   D. 不太清楚
5. 你认为哪种经营模式更适合未来帚用高粱产业发展？
   A. 企业通过与生产者签订订单进行收购

（续）

B. 企业与生产者在收获后进行现场收购

C. 企业自建基地进行生产

6. 请选择您认为重要的 5 个产业目标要素。

    A. 专用品种选育

    B. 完善高效育种技术平台、挖掘和利用优异基因

    C. 集成配套轻简栽培技术

    D. 建立病虫草害防治技术体系

    E. 产品生产及质量安全

    F. 产业人才队伍与基础设施建设

    G. 建立专业行业协会

    H. 建立信息化技术服务平台

    I. 产品精深加工技术

    J. 完善产供销一体化体系

编制组在全国范围内采用面对面访谈和问卷调查相结合的方式，对帚用高粱产业相关的科研单位、政府部门、种子企业、种植户（种植合作社）、加工企业等进行调研，参与问卷调查人数 64 人，受访者占比分布见图 9-3。

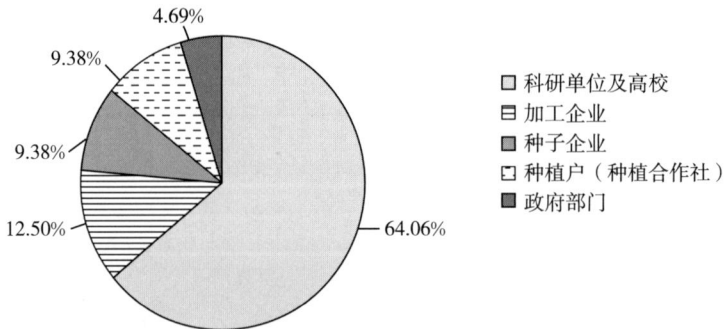

图 9-3 帚用高粱产业目标调查对象统计

来源于科研单位及高校的调查对象占比最高，为 64.06%；其次为加工企业，占比为 12.50%；来源为种子企业、种植户、政府部门的调查对象占比分别为 9.38%、9.38%和 4.69%。

在调查对象中，年龄层次在 30～40 岁的调查对象占比最高，为 42.19%；其次为 40～50 岁的调查对象，占比为 28.13%；50 岁以上人员和 30 岁以下人员分别占比 18.75%和 10.94%。结果详见图 9-4。

二、帚用高粱产业目标要素分析研讨会

在市场调研的基础上，编制组召开帚用高粱产业目标要素分析研讨会。

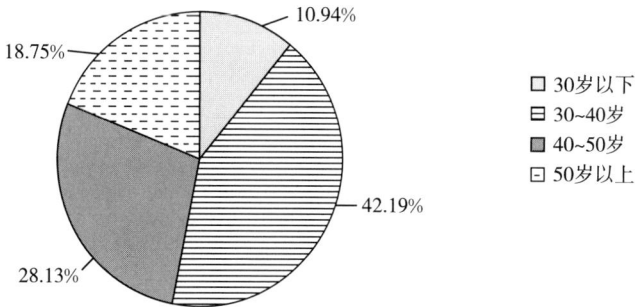

图 9 - 4　帚用高粱产业目标调查对象年龄分布

研讨会邀请了国内高粱产业领域专家，围绕高粱产业发展的总体目标，探讨并提出合理的帚用高粱产业目标，对产业目标要素的优先度进行排序。研讨会的参与人员包括国家高粱体系岗位专家、中国农业科学院、山西农业大学专家代表以及高粱产业技术路线图编制组全体成员共 32 人。

三、帚用高粱产业目标要素分析

帚用高粱种植规模调查中，根据我国现有帚用高粱种植规模设置"30万亩左右""30 万～50 万亩""50 万亩以上"以及"不太清楚"4 个选项，调查结果如图 9 - 5 所示。除去对帚用高粱种植不太熟悉的群体外，44.62％的受访者认为我国帚用高粱种植规模在 30 万～50 万亩为宜，38.31％的受访者认为 30 万亩左右是合适的种植规模，此外还有 10.77％的受访者选择50 万亩以上的种植规模。

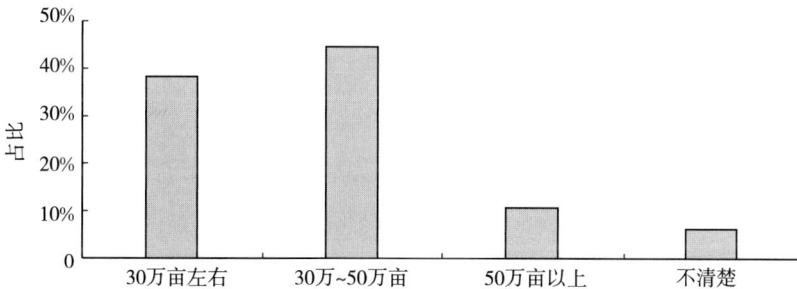

图 9 - 5　帚用高粱种植规模调查

我国帚用高粱产品产值预期目标调查结果如图 9 - 6 所示，43.10％的受访者认为 10 亿～20 亿元的产值较为合适；认为 10 亿元以下为合适产值的受访者人数次之，占问卷调查总人数的 35.31％；12.31％的受访者认为

20亿元以上的产值规模较为合适。

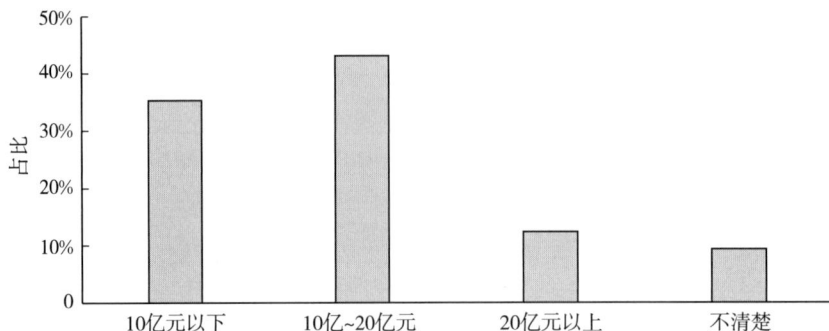

图 9-6　帚用高粱产品产值预期目标调查

　　适合帚用高粱产业发展的经营模式调查结果如图 9-7 所示。与企业和生产者在收获后进行现场收购（20%）以及企业自建基地进行生产（15.38%）相比，64.62%的受访者认为企业通过与生产者签订订单进行收购的模式较为合适，这一比例占到了绝对优势，说明订单农业生产模式已深入人心。

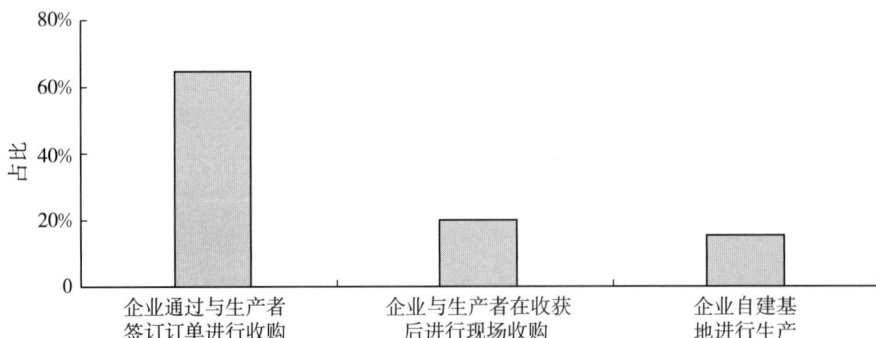

图 9-7　帚用高粱产业发展经营模式调查

　　编制组结合根据调查统计与专家讨论会结果，对帚用高粱产品需求要素进行分析，按照公式 5-1 计算各要素的重要值。帚用高粱产业目标要素排序结果如表 9-11 所示。

表 9-11　帚用高粱产业目标调查问卷统计

选项	问卷调查值 D	头脑风暴值 T	重要值 V	排序
专用品种选育	0.83	0.87	0.72	1
集成配套轻简栽培技术	0.74	0.74	0.55	2

（续）

选项	问卷调查值 D	头脑风暴值 T	重要值 V	排序
完善高效育种技术平台、挖掘和利用优异基因	0.51	0.55	0.28	3
建立病虫草害防治技术体系	0.51	0.52	0.27	4
产品生产及质量安全	0.43	0.41	0.18	5
产业人才队伍与基础设施建设	0.42	0.40	0.17	6
完善产供销一体化体系	0.42	0.35	0.15	7
产品精深加工技术	0.37	0.31	0.11	8
建立信息化技术服务平台	0.28	0.27	0.08	9
建立专业行业协会	0.14	0.24	0.03	10
健全的帚用高粱种植保险服务	0.08	0.21	0.02	11
完善的帚用高粱种植贷款服务	0.03	0.18	0.01	12

结合调查统计及专家研讨，编制组总结出以下 6 个最重要的产业目标要素：

（1）专用品种选育　针对帚用高粱产业需求，选择目标性状表现突出的优良品种，构建完善的品种选育及种子生产体系。

（2）集成配套轻简栽培技术　重点解决与优良品种推广与生产相配套的高产、高效轻简栽培技术，围绕全程机械化开展技术研发，实现良种良法配套，保障下游加工企业优质原材料供应。

（3）挖掘和利用优异基因，完善高效育种技术平台　根据帚用高粱生产需求，挖掘、定位优异基因，建立完善的分子标记辅助育种和转基因育种、基因编辑育种平台，实现分子育种与常规育种结合，提高育种效率。

（4）建立病虫草害防治技术体系　针对帚用高粱生产中常见的、危害较大的丝黑穗病、大斑病、炭疽病、纹枯病、苗枯病、矮花叶病、麦角病、黑葱花霉根腐病等病害，蚜虫、玉米螟、金针虫、黏虫、高粱红蜘蛛、高粱条螟和蝼蛄等虫害以及稗草、狗尾草、马唐等草害，研究其分布情况及发生规律，开展无公害药剂防治开发和综合防治技术研究。

（5）产品生产及质量安全　对帚用高粱生产、加工、运输和销售环节中可能存在的药物残留、有害化学物质、病菌霉菌等潜在危害进行无害化生产控制。

（6）产业人才队伍与基础设施建设　培养结构合理的高素质人才队伍，完善农业基础设施建设，满足产业发展需求。

专家通过研讨,从 3 个时段(近期、中期和长期)考虑,分别列出上述 6 个产业目标在对应时段的产业目标要素,讨论结果如表 9-12 所示。

表 9-12　头脑风暴帚用高粱产业目标要素

排序	产业目标要素	近期(<3 年)	中期(3~8 年)	长期(>8 年)
1	专用品种选育	系统整理现有育种资源,建立核心种质库,以系谱清楚的骨干恢复系及保持系为材料,开展种质资源创新及新品种选育,建立种质资源高通量表型鉴定平台,发掘优异种质资源	引进新资源,利用包括单倍体诱导技术、化学诱变技术等在内的新技术方法,丰富优异种质资源,开展基因定位与分子标记辅助育种,选育耐瘠、耐盐碱、抗旱、高产优质品种,探索分子育种体系	优异基因资源挖掘与优质多抗优良保持系和恢复系筛选,结合常规育种与生物育种技术开展多抗性品种选育;选育目标满足生产需求,生物育种技术得到广泛应用,资源丰富性、品种各项指标达到国际先进水平
2	集成配套轻简栽培技术	对帚用高粱生产过程中水、肥、植物生长剂、种子处理、机械化技术等不同的栽培措施对高粱生长所产生的影响及规律进行研究,开展浇水、施肥、生长调节及机械化栽培技术进行试验研究;帚用高粱适宜生产生态基地筛选及制种基地生态适应性鉴定	在系列栽培技术研发成果基础上,对不同的栽培技术措施进行组装集成,形成成套轻简高效栽培技术规程,建立示范基地进行推广与应用	在示范基地推广应用基础上,与农业机械化应用成果整合形成完备的帚用高粱轻简高效栽培技术规程,应用于生产实际,提高帚用高粱生产效率
3	完善高效育种技术平台、挖掘和利用优异基因	适用于帚用高粱的分子标记、组培技术、基因编辑技术探索,转化体系的构建,帚用高粱优异基因资源的发掘、定位及克隆,构建突变体库	帚用高粱高密度遗传图谱构建,基因组测序,帚用高粱优异基因资源的克隆及其作用机理研究,优异基因的分子标记开发与转化,基因编辑体系的建立	建立完善的生物育种平台,实现定向基因编辑,通过生物育种技术手段培育可供育种使用的优异种质资源
4	建立病虫草害防治技术体系	帚用高粱常见病虫草害监控与调查,发生发展规律研究,抗性资源发掘,无公害药剂开发与防治技术研究	病虫草害与高粱互作研究,抗性基因定位与克隆,无公害防治技术集成与研究	明确病虫草害危害机理及规律,探明帚用高粱抗性资源及机理,建立完善无公害防治体系

（续）

排序	产业目标要素	近期（<3 年）	中期（3～8 年）	长期（>8 年）
5	产品生产及质量安全	对生产环节中可能产生的危害进行详尽调查，明确危害产生环节、原因、发生频率、危害程度，对种植、生产、加工及运输过程中的各项技术进行研究，针对帚用高粱生产加工流通环节制定质量标准，探索产品质量安全监管方法	完善种植、生产、加工及运输中的操作规程，建立帚用高粱生产加工流通环节质量标准体系，建立帚用高粱标准化生产试验示范区，进行产品质量安全监管	建立完善的生产操作规程，质量标准体系，产品质量监管体系，在种植、生产、加工及流通过程实现无害化生产控制
6	产业人才队伍与基础设施建设	建立合理的推广体系，培养科研人员以及农业推广技术员，对农民进行高素质培训，制定行业发展规划	培养一支素质高、结构合理的科研和推广人才队伍，建立完善的农业科研与推广体系，培育有影响力的行业企业	建设具有先进水平的专家队伍及科研推广平台，实现产学研融合，支撑行业企业规模化发展

编制组利用表 9-13 所列帚用高粱主要市场要素与表 9-14 所列帚用高粱产业主要目标要素分析结果，结合头脑风暴法得到的专家权重值，构建市场需求要素与产业目标要素的关联分析矩阵，筛选产生目标要素在市场拉动下的优先顺序，所得结果如表 9-15 所示。

表 9-13　帚用高粱主要市场需求要素

序号	市场需求要素	问卷调查值 D	头脑风暴值 T	重要值 V	排序
V_1	品种	3.15	3.24	10.21	1
V_2	栽培技术	3.03	3.12	9.45	2
V_3	病虫害防治	2.87	2.95	8.47	3
V_4	产品加工	2.53	2.44	6.17	4
V_5	农业推广	2.46	2.37	5.83	5

表 9-14　帚用高粱产业目标要素

序号	选项	问卷调查值 D	头脑风暴值 T	重要值 V	排序
1	专用品种选育	0.83	0.87	0.72	1
2	集成配套轻简栽培技术	0.74	0.74	0.55	2

（续）

序号	选项	问卷调查值 D	头脑风暴值 T	重要值 V	排序
3	完善高效育种技术平台、挖掘和利用优异基因	0.51	0.55	0.28	3
4	建立病虫草害防治技术体系	0.51	0.52	0.27	4
5	产品质量安全	0.43	0.41	0.18	5
6	产业人才队伍与基础设施建设	0.42	0.40	0.17	6

表 9-15　市场需求要素和产业目标要素关联分析

需求要素	V_1	V_2	V_3	V_4	V_5	$\sum(V_{ji}\times V_i)$	排序
重要值	10.21	9.45	8.47	6.17	5.83		
目标要素重要值 (V_{ji}) 1	3	2	3	2	2	98.94	1
2	2	3	2	1	2	83.54	2
3	3	1	3	1	1	77.49	3
4	2	1	3	1	2	73.11	4
5	1	2	3	2	1	72.69	5
6	2	1	2	2	2	70.81	6

　　根据关联分析的结果，编制组对产业目标要素重新排序，最终得到关联分析后的产业目标要素如表9-16所示。

表 9-16　帚用高粱产业关联分析后产业目标要素

排序	产业目标要素	近期（<3年）	中期（3~8年）	长期（>8年）
1	专用品种选育	系统整理现有育种资源，明确帚用高粱优势遗传群体，建立核心种质库，以系谱清楚的骨干恢复系及保持系为材料，开展种质资源创新及新品种选育，建立种质资源高通量表型鉴定平台，发掘优异种质资源	引进新资源，利用新技术方法，包括单倍体诱导技术、化学诱变技术等，丰富优质种质资源，开展优异基因定位与分子标记辅助育种，开展耐瘠、耐盐碱、抗旱、高产优质品种选育，探索生物育种体系	优异基因资源挖掘与优质多抗优良保持系和恢复系筛选，结合常规育种与生物育种技术开展多抗性品种选育；选育目标满足生产需求，生物育种技术得到广泛应用，资源丰富性、品种各项指标达到国际先进水平

（续）

排序	产业目标要素	近期（<3 年）	中期（3~8 年）	长期（>8 年）
2	集成配套轻简栽培技术	对帚用高粱生产过程中水、肥、植物生长剂、种子处理、机械化技术等不同的栽培措施对高粱生长所产生的影响及规律进行研究，开展浇水、施肥、生长调节及机械化栽培技术进行试验研究；帚用高粱适宜生产生态基地筛选及制种基地生态适应性鉴定	在系列栽培技术研发成果基础上，对不同的栽培技术措施进行组装集成，形成成套轻简高效栽培技术规程，建立示范基地进行推广与应用	在示范基地推广应用基础上，与农业机械化应用成果整合形成完备的帚用高粱轻简高效栽培技术规程，应用于生产实际，提高帚用高粱生产效率
3	完善高效育种技术平台、挖掘和利用优异基因	适用于帚用高粱的分子标记、组培技术、基因编辑技术探索，转化体系的构建，帚用高粱优异基因资源的发掘、定位及克隆，构建突变体库	帚用高粱高密度遗传图谱构建，基因组测序，帚用高粱优异基因资源的克隆及其作用机理研究，优异基因的分子标记开发与转化，基因编辑体系建立	建立完善的生物育种平台，实现定向基因编辑，通过生物育种技术手段培育可供育种使用的优异种质资源
4	建立病虫草害防治技术体系	帚用高粱常见病虫草害监控与调查，发生发展规律研究，抗性资源发掘，无公害药剂开发与防治技术研究	病虫草害与高粱互作研究，抗性基因定位与克隆，无公害防治技术集成与研究	明确病虫草害危害机理及规律，探明帚用高粱抗性资源及机理，建立完善无公害防治体系
5	产品质量安全	对生产环节中可能产生的危害进行详尽调查，明确危害产生环节、原因、发生频率、危害程度，对种植、生产、加工及运输过程中的各项技术进行研究，针对帚用高粱生产加工流通环节制定质量标准，探索产品质量安全监管方法	完善种植、生产、加工及运输中的操作规程，建立帚用高粱生产加工流通环节质量标准体系，建立帚用高粱标准化生产试验示范区，进行产品质量安全监管	建立完善的生产操作规程，质量标准体系，产品质量监管体系，在种植、生产、加工及流通过程实现无害化生产控制
6	产业人才队伍与基础设施建设	建立合理的推广体系，培养科研人员以及农业推广技术员，对农民进行高素质培训，制定行业发展规划	培养一支素质高、结构合理的科研和推广人才队伍，建立完善的农业科研与推广体系，培育有影响力的行业企业	建设具有先进水平的专家队伍及科研推广平台，实现产学研融合，支撑行业企业规模化发展

第三节 帚用高粱技术壁垒分析

一、帚用高粱技术壁垒问卷调查

为了充分了解帚用高粱全产业链产业发展过程中可能会遇到的技术壁垒，编制组结合生产实际，针对品种选育、生产技术研究与集成、技术服务以及流通加工及综合利用过程中可能出现的技术壁垒进行了罗列，经过多次讨论，设计了帚用高粱技术壁垒调查问卷，调查问卷如表 9-17 所示。编制组据此对帚用高粱产业发展技术壁垒进行了调查。

表 9-17 帚用高粱技术壁垒调查问卷

1. 贵单位是?
   A. 科研单位及高校
   B. 政府部门
   C. 种子企业
   D. 种植户（种植合作社）
   E. 加工企业
2. 您的年龄为?
   A. 30 岁以下
   B. 30~40 岁
   C. 40~50 岁
   D. 50 岁以上
3. 请您对品种选育中的技术壁垒要素进行排序。
   A. 优异种质资源缺乏，创新能力差
   B. 缺乏适宜区域生态气候的高抗逆、丰产性品种
   C. 基础科研缺乏稳定经费支持
   D. 遗传转化体系不成熟
   E. 研发团队不稳定，技术力量薄弱
   F. 专用科研试验装备缺乏
4. 请您对生产技术研究与集成中的技术壁垒要素进行排序。
   A. 不同生态区病虫害发生规律研究不够深入
   B. 水肥利用效率偏低
   C. 山地、坡道等边缘区生产机械化程度低
   D. 产品安全质量的监测点建设尚不健全
   E. 高效、低毒、低残留农药及专用生物农药新产品的研发应用滞后
5. 请您对技术服务中的技术壁垒要素进行排序。
   A. 对市场假冒伪劣种子与知识产权保护应加强市场管理与监督
   B. 缺乏稳定的经费支持
   C. 社会化农机服务组织不多，需构建社会渠道农机服务体系
   D. 技术服务体系缺乏合理的人才结构、稳定的农技队伍、健全的农技服务机制
   E. 建设分布合理的新品种、新技术示范展示基地
   F. 农业研究机构与农业推广机构脱节

（续）

G. 帚用高粱种植保险服务不健全
H. 帚用高粱种植贷款服务不规范
6. 请您对流通加工及综合利用中的技术壁垒要素进行排序。
A. 加工产品种类少
B. 加工新产品开发不足
C. 产供销一体化程度低，缺乏专业的行业协会
D. 缺乏良好的信誉体系和合同履约体系

编制组采用面谈访问和问卷调查相结合的方式，对科研单位、政府部门、种子企业、种植户（种植合作社）、加工企业等进行调研，参与问卷调查人数 65 人，来源比例见图 9-8。

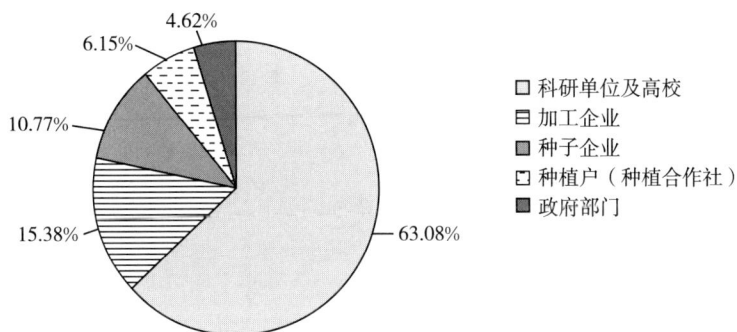

图 9-8　帚用高粱技术壁垒调查对象统计

来源于科研单位及高校的调查对象占比最高，为 63.08％；其次为加工企业，占比为 15.38％；来源为种子企业、种植户、政府部门的调查对象占比分别为 10.77％、6.15％和 4.62％。

调查对象的年龄层次分布如图 9-9 所示。年龄层次在 30～40 岁的受访者占比为 41.54％；40～50 岁的受访者数量次之，占比为 30.77％；50 岁以上人员和 30 岁以下人员分别占比为 18.46％和 9.23％。

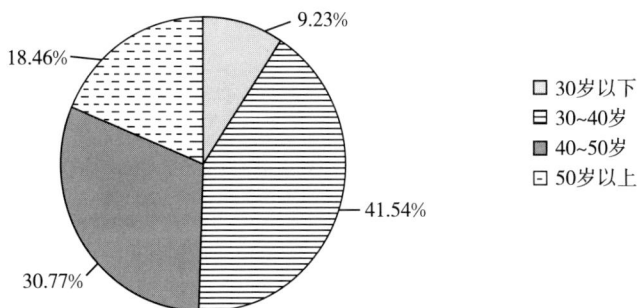

图 9-9　帚用高粱技术壁垒调查对象年龄分布

二、帚用高粱技术壁垒问卷调查结果分析

编制组将品种选育、生产技术研究与集成、技术服务、流通加工及综合利用 4 个领域中的技术壁垒的调查结果与专家头脑风暴分析结合,对各技术壁垒要素进行分析,结果如表 9 - 18 所示。

表 9 - 18　帚用高粱品种选育领域的技术壁垒要素排序

领域	排序	技术壁垒要素	问卷调查值 D	头脑风暴值 T	重要值 V
品种选育	1	优异种质资源缺乏,创新能力差	4.69	5.31	24.90
	2	缺乏适宜区域生态气候的高抗逆、丰产性品种	3.97	4.33	17.19
	3	基础科研缺乏稳定经费支持	3.28	3.98	13.05
	4	遗传转化体系不成熟	3.23	3.54	11.43
	5	研发团队不稳定,技术力量薄弱	2.80	3.05	8.54
	6	专用科研试验装备缺乏	1.78	2.01	3.58
生产技术研究与集成	1	不同生态区病虫害发生规律研究不够深入	3.51	4.55	15.97
	2	水肥利用效率偏低	3.29	4.09	13.46
	3	山地、坡道等边缘区生产机械化程度低	2.69	3.68	9.90
	4	产品安全质量的监测点建设尚不健全	2.52	2.97	7.48
	5	高效、低毒、低残留农药及专用生物农药新产品的研发应用滞后	2.18	2.15	4.69
技术服务	1	对市场假冒伪劣种子与知识产权保护应加强市场管理与监督	5.68	5.77	32.77
	2	缺乏稳定的经费支持	5.66	5.43	30.73
	3	社会化农技服务组织不多,需构建社会渠道农技服务体系	5.58	5.25	29.30
	4	技术服务体系缺乏合理的人才结构、稳定的农技队伍、健全的农技服务机制	4.60	4.37	20.10
	5	建设分布合理的新品种、新技术示范展示基地	4.22	4.12	17.39
	6	农业研究机构与农业推广机构脱节	3.35	3.89	13.03
	7	帚用高粱种植保险服务不健全	1.89	2.54	4.80
	8	帚用高粱种植贷款服务不规范	1.11	1.97	2.19
流通加工及综合利用	1	加工产品种类少	2.92	3.11	9.08
	2	加工新产品开发不足	2.69	2.87	7.72
	3	产供销一体化程度低,缺乏专业的行业协会	2.02	2.51	5.07
	4	缺乏良好的信誉体系和合同履约体系	1.86	2.03	3.78

在品种选育的技术壁垒调查中，超过 60％ 的受访者将优异种质资源缺乏、创新能力差排在第一位，显示出种质资源对于品种选育工作的重要性；缺乏适宜区域生态气候的高抗逆、丰产性品种和基础科研缺乏稳定经费支持分列二、三位。

在生产技术研究与集成领域技术壁垒调查中，不同生态区病虫害发生规律研究不够深入和水肥利用效率偏低两个问题受到关注程度最高；山地、坡道等边缘区生产机械化程度低排在第三位。

在技术服务领域的技术壁垒调查中，对市场假冒伪劣种子与知识产权保护应加强市场管理与监督、缺乏稳定的经费支持和社会化农技服务组织不多且需构建社会渠道农技服务体系三个问题受到关注程度最高。

在流通加工及综合利用领域技术壁垒调查中，更多的受访者认为加工产品种类少和加工新产品开发不足是制约产业发展的重要因素；产供销一体化程度低、缺乏专业的行业协会位列第三。

编制组结合调查及专家头脑风暴法分析结果，对帚用高粱全产业链品种选育、生产技术研究、技术服务、流通加工与综合利用环节中的关键技术难点进行综合打分与总结归纳，得出 12 个帚用高粱产业技术壁垒要素，结果排序如下：

（1）种质资源研究。

（2）优质、高抗、广适、高产品种选育与示范。

（3）育种新技术、新方法研发。

（4）制种技术与制种基地建设。

（5）不同生态区病虫草害发生与防控。

（6）栽培技术研发与养分高效利用。

（7）轻简栽培技术与机械化研发与推广。

（8）打击假冒伪劣种子与知识产权保护。

（9）农技服务体系建设。

（10）产品加工与质量安全保障。

（11）新产品开发。

（12）产供销一体化体系与行业协会建设。

三、帚用高粱关键技术难点、技术差距与障碍分析

根据技术壁垒调查结果，编制组针对帚用高粱育种、栽培、病虫害防

治、生产加工、产品流通和技术推广等不同技术领域各环节的关键技术难点、技术差距和障碍进行了分析和总结归纳，得出 15 个技术难点、25 个基础差距和障碍，具体结果见表 9-19。

表 9-19 帚用高粱产业的关键技术难点和障碍分析

技术领域	关键技术难点	技术差距和障碍
品种选育	1. 种质资源研究 2. 育种技术开发 3. 种子生产技术与基地建设 4. 品种选育	种质资源挖掘与创新不足；不同生态育种基地缺乏；分子育种、转基因技术缺乏；育种方法陈旧、新方法创新与应用缓慢；不育系、恢复系、保持系繁殖与相应高产制种难题；缺乏适宜不同生态区域的高产、广适、多抗品种；缺乏适宜机械化品种；缺乏稳定的经费支持
生产技术研究与集成	5. 帚用高粱病虫草害防控 6. 帚用高粱养分高效利用 7. 集成轻简高效配套栽培及病虫害防控一体化技术体系 8. 产品安全质量检测	帚用高粱病虫草害防控检测体系仍需完善；帚用高粱病虫草害发生规律及原理研究不足；缺乏高效环保的防治药剂及抗性品种；帚用高粱需肥规律基础性研究不足，肥料利用率低；专用、低成本、高效释或缓释肥料研发；适合山地、坡道耕作条件的播种、施肥和收获机械研发落后；集成简化高效配套栽培及病虫害防控一体化技术体系缺乏，不能满足现代农业发展需要；产品安全质量检测体系不健全
技术服务	9. 农技服务体系建设 10. 知识产权保护与市场秩序维护 11. 新品种示范与推广	政府主导的技术服务体系不健全，缺乏合理的农技服务队伍和健全的农技服务机制；市场管理和知识产权保护不够完善；建设分布合理的新品种、新技术展示窗口；社会化农技服务组织不多，能力不强，需构建社会渠道的农技服务体系；缺乏稳定的经费支持
流通加工及综合利用	12. 新产品研发与加工 13. 产品精深加工与规模化生产 14. 产供销一体化 15. 业界体系构建	新产品研发与加工、新产品开发不足；精深加工落后，缺乏规模化加工企业；产供销一体化程度低，缺乏专业的行业协会；缺乏良好的信誉体系和合同履约体系

四、帚用高粱技术壁垒要素与产业目标要素关联分析

根据技术壁垒调查结果，编制组将表 9-19 所列的品种选育、生产技术研究与集成、技术服务、流通加工及综合利用 4 个领域的 15 个关键技术难点与表 9-14 所列的产业目标要素进行关联分析，详见表 9-20，并筛选得到 10 个重要的产业目标要素列于表 9-21。

表 9 - 20　帚用高粱技术壁垒要素与产业目标关联度分析

产业目标要素	V_1	V_2	V_3	V_4	V_5	V_6	$\sum (V_{ji} \times V_i)$	排序
重要值	0.72	0.55	0.28	0.27	0.18	0.17		
1	3	1	3	1	1	2	4.34	1
2	3	0	3	1	0	2	3.61	6
3	2	1	1	0	1	2	2.79	12
4	3	1	3	1	1	1	4.17	2
5	2	2	2	3	1	2	4.43	3
6	1	3	2	0	0	2	3.27	10
7	1	3	1	2	1	2	3.71	4
8	0	1	0	2	3	2	1.97	15
9	1	3	0	1	1	3	3.33	9
10	2	1	2	0	0	2	2.89	11
11	2	2	1	1	0	2	3.43	7
12	3	1	1	0	2	2	3.69	5
13	2	1	0	0	2	2	2.69	14
14	2	2	0	1	2	1	3.34	8
15	2	2	1	1	2	2	3.79	13

（表中第一列为"关键技术难点 (V_{ji})"）

表 9 - 21　帚用高粱产业关键技术难点

重要性排序	关键技术难点	关键技术难点序号
1	种质资源研究	1
2	品种选育	4
3	帚用高粱病虫草害防控	5
4	集成轻简高效配套栽培及病虫害防控一体化技术体系	7
5	新产品研发与加工	12
6	育种技术开发	2
7	新品种示范与推广	11
8	产供销一体化	14
9	农技服务体系建设	9
10	帚用高粱养分高效利用	6

　　根据调查结果结合专家研讨，编制组对筛选的 10 个重要技术难点从短期、中期、长期时间节点上对存在的技术壁垒做出评价，并列于表 9 - 22。

表 9 - 22　帚用高粱产业关键技术难点分析

技术领域	短期（1～3 年）	中期（3～8 年）	长期（8 年以后）
品种选育	1. 种质资源研究	4. 品种选育	2. 育种技术开发
生产技术研究与集成	5. 帚用高粱病虫草害防控 6. 帚用高粱养分高效利用		7. 集成轻简高效配套栽培及病虫害防控一体化技术体系
技术服务	11. 新品种示范与推广	9. 农技服务体系建设	
流通、加工及综合利用	12. 新产品研发与加工	14. 产供销一体化	

第四节　帚用高粱研发需求分析

一、帚用高粱技术研发需求分析

编制组根据产业目标与技术壁垒因素调查结果，结合专家讨论与文献调查，对产业链各个环节重要研发领域进行了综合分析和排序，列出了帚用高粱产业链研发需求，并对这些研发需求进行评价，评价结果详见表 9 - 23。

表 9 - 23　帚用高粱产业链研发需求

产业链环节	顶级	高级	中级
品种选育	种质资源创新与利用（97%） 优良不育系、恢复系及保持系的选育（93%） 适宜区域生态气候的高抗逆、丰产性新品种选育（89%） 生物育种技术（85%）	新品种示范与推广（77%） 种子质量检测（75%）	种子生产与贮藏（64%） 育种专用科研试验装备研发（60%）
生产技术研究与集成	不同生态区病虫草害发生与防治研究（93%） 水肥高效利用（90%） 山地、坡道地区机械化生产（85%）	产品安全质量检测体系构建（76%） 产品生产基地建设（70%）	低毒、低残留生物农药新产品研发（68%）
技术服务	种子质量与知识产权保护（89%） 农技服务体系建设（83%）	人才队伍建设（75%） 展示基地建设（71%）	种植保险服务（52%） 种植贷款服务（58%）
流通、加工及综合利用	新产品开发（80%）	产供销一体化建设（70%）	信誉体系及合同履约体系建设（67%）

根据以上研发需求，编制组罗列出相关的研发需求项目 43 个，并按照优先顺序将这些项目分为顶级、高级和中级研发需求项目。其中，顶级研发需求项目 18 个（表 9-24），高级研发需求项目 13 个（表 9-25），中级研发需求项目 12 个（表 9-26）。

表 9-24　帚用高粱顶级研发需求项目

项　　　目
1. 帚用高粱种质资源收集与评价
2. 帚用高粱种质资源信息库建设
3. 帚用高粱种质资源改良与不育系、保持系和恢复系的选育
4. 适合不同生态区的优质、高产、多抗、广适、适宜机械化生产专用品种的选育
5. 育种新技术新方法的研发
6. 分子标记辅助育种体系研发
7. 帚用高粱突变体库建设
8. 分子育种平台建设研发
9. 不同生态类型制种基地筛选与建设
10. 轻简高效栽培技术规程制定、集成与示范
11. 病虫草害发生规律研究与防治技术研发
12. 抗旱节水技术集成与应用
13. 营养元素需求规律研究与高效专用肥开发
14. 无公害防治技术集成与研究
15. 适合山地、坡道的生产机械开发
16. 帚用高粱农技服务体系建设
17. 帚用高粱种子知识产权保护体系建设
18. 旅游市场帚用高粱工艺产品研发

表 9-25　帚用高粱高级研发需求项目

项　　　目
1. 帚用高粱高通量表型鉴定平台建设
2. 优良不育系、保持系和恢复系的筛选及测配
3. 优良组合的筛选与鉴定
4. 帚用高粱高密度遗传图谱构建
5. 帚用高粱亲本标准指纹图谱构建
6. 帚用高粱基因编辑与遗传转化体系构建
7. 帚用高粱生产操作规程
8. 帚用高粱产品质量安全标准体系建设
9. 品种展示基地建设
10. 种子市场管理监督体系建设
11. 帚用高粱农民合作社研究
12. 帚用高粱收获机械化应用
13. 产供销一体化建设

表 9 - 26　帚用高粱中级研发需求项目

项　　目
1. 新品种示范与推广
2. 种子贮藏技术研究
3. 种子清选与加工设备研发
4. 种子质量检测
5. 品种配套栽培技术研发
6. 新型无公害农药研发
7. 新型农民培养
8. 帚用高粱种植保险业务研究与开发
9. 帚用高粱种植贷款业务研究与开发
10. 帚用高粱产品贮运
11. 帚用高粱产品包装及运输
12. 市场信用体系构建

按产业链环节看，研发项目中品种选育环节占 17 项，生产技术研究与集成环节占 14 项，技术服务环节占 8 项，流通、加工及综合利用环节占 4 项。研发项目各环节位置详见图 9 - 10。

重要性高	1、2、3、4、5、6、7、8、9	10、11、12、13、14、15	16、17	18	顶级研发项目
	1、2、3、4、5、6、9	7、8、12	10、11	13	高级研发项目
重要性低	1	2、3、4、5、6	7、8、9、12	10、11	中级研发项目
领域	品种选育	生产技术研究与集成	技术服务	流通加工及利用	

图 9 - 10　帚用高粱研发项目各环节位置

二、帚用高粱顶级研发需求分析

为了进一步对顶级研发需求项目进行评估，编制组从项目执行风险、利润影响因素、技术研发时间节点和组织研发主体四方面对顶级研发需求进行分析。

（一）风险性分析

1. 顶级研发需求项目市场风险分析（表 9 - 27）

表 9 - 27　帚用高粱顶级研发需求市场风险分析

市场风险等级	低风险	中风险	高风险
研发项目	1. 帚用高粱种质资源收集与评价	3. 帚用高粱种质资源改良与不育系、保持系和恢复系的选育	4. 适合不同生态区的优质、高产、多抗、广适、适宜机械化生产专用品种的选育

（续）

市场风险等级	低风险	中风险	高风险
研发项目	2. 帚用高粱种质资源信息库建设 6. 分子标记辅助育种体系研发 9. 不同生态类型制种基地筛选与建设 17. 帚用高粱种子知识产权保护体系建设	7. 帚用高粱突变体库建设 8. 分子育种平台建设研发 10. 轻简高效栽培技术规程制定、集成与示范 11. 病虫草害发生规律研究与防治技术研发 12. 抗旱节水技术集成与应用 13. 营养元素需求规律研究与高效专用肥开发 14. 无公害防治技术集成与研究 16. 帚用高粱农技服务体系建设 18. 旅游市场帚用高粱工艺产品研发	5. 育种新技术新方法的研发 15. 适合山地、坡道的生产机械开发

2. 顶级研发需求项目技术风险分析（表9-28）

表9-28　帚用高粱顶级研发需求技术风险分析

技术风险等级	低风险	中风险	高风险
研发项目	1. 帚用高粱种质资源收集与评价 3. 帚用高粱种质资源改良与不育系、保持系和恢复系的选育 9. 不同生态类型制种基地筛选与建设 14. 无公害防治技术集成与研究 16. 帚用高粱农技服务体系建设 17. 帚用高粱种子知识产权保护体系建设	2. 帚用高粱种质资源信息库建设 4. 适合不同生态区的优质、高产、多抗、广适、适宜机械化生产专用品种的选育 10. 轻简高效栽培技术规程制定、集成与示范 12. 抗旱节水技术集成与应用 15. 适合山地、坡道的生产机械开发 18. 旅游市场帚用高粱工艺产品研发	5. 育种新技术新方法的研发 6. 分子标记辅助育种体系研发 7. 帚用高粱突变体库建设 8. 分子育种平台建设研发 11. 病虫草害发生规律研究与防治技术研发 13. 营养元素需求规律研究与高效专用肥开发

（二）利润影响因素分析

1. 利润大小评估分析（表9-29）

表9-29　帚用高粱顶级研发需求项目利润分析

利润等级	低	中	高
研发项目	1. 帚用高粱种质资源收集与评价 2. 帚用高粱种质资源信息库建设 7. 帚用高粱突变体库建设 17. 帚用高粱种子知识产权保护体系建设	3. 帚用高粱种质资源改良与不育系、保持系和恢复系的选育 5. 育种新技术新方法的研发 6. 分子标记辅助育种体系研发 10. 轻简高效栽培技术规程制定、集成与示范 12. 抗旱节水技术集成与应用 14. 无公害防治技术集成与研究 16. 帚用高粱农技服务体系建设	4. 适合不同生态区的优质、高产、多抗、广适、适宜机械化生产专用品种的选育 8. 分子育种平台建设研发 9. 不同生态类型制种基地筛选与建设 11. 病虫草害发生规律研究与防治技术研发 13. 营养元素需求规律研究与高效专用肥开发 15. 适合山地、坡道的生产机械开发 18. 旅游市场帚用高粱工艺产品研发

2. 顶级研发需求利润影响因素分析（表9-30）

表9-30　帚用高粱顶级研发需求利润影响因素分析

序号	项目	有利因素	不利因素
1	帚用高粱种质资源收集与评价	地方资源经历长时间进化，积累了大量优异变异待发掘	帚用高粱地方资源尚未有系统性研究
2	帚用高粱种质资源信息库建设	育种工作是基础性工作，意义重大	时间长，投入大，需持续支持
3	帚用高粱种质资源改良与不育系、保持系和恢复系的选育	研究体系与方法成熟，技术积累雄厚，容易开展	短时间内难以取得突破性进展
4	适合不同生态区的优质、高产、多抗、广适、适宜机械化生产专用品种的选育	市场需求大，在乡村振兴政策下发展潜力大，且有长期育种工作作为基础	研究基础薄弱，帚用高粱材料相对匮乏
5	育种新技术新方法的研发	可以加快育种进程，改进育种技术，市场潜力大	技术创新难度高，花费巨大，难以取得突破性进展
6	分子标记辅助育种体系研发	技术成熟，对育种工作具有较大的促进作用	需要投入经费较多，企业难以负担

（续）

序号	项 目	有利因素	不利因素
7	帚用高粱突变体库建设	对基础研究意义重大	突变体往往表型较差，难以直接筛选到可供育种利用的材料
8	分子育种平台建设研发	属于育种基础性工作，研发成功对提高育种能力意义重大	投入较大，短时间内难以获得回报，需要长期持久性投入
9	不同生态类型制种基地筛选与建设	育种公司注重不同生态区产业布局，产业发展依赖程度大	需要稳定资金支持
10	轻简高效栽培技术规程制定、集成与示范	当前农村劳动力短缺问题凸显，农业生产人力成本偏高，产业发展背景下技术应用前景好	高粱种质地区往往分布于山区丘陵地带，限制了机械使用，劳动力成本降低的同时生产成本增加，涉及环节多，开发难度大
11	病虫草害发生规律研究与防治技术研发	病虫草害对农业危害重大，常造成农业严重减产，该研究对于保障农业生产安全意义重大	病虫草害研究不深入，抗性与产量关系不清
12	抗旱节水技术集成与应用	帚用高粱种植区多位于北方干旱地区，水资源利用矛盾突出，节水技术需求大	该技术研究涉及环节多，体系复杂
13	营养元素需求规律研究与高效专用肥开发	提高肥料利用率，对减少面源污染有利，减少施肥环节，节约劳动力，研发将推动轻简高效栽培技术研发	肥料缓释技术尚未与帚用高粱生育期同步，对帚用高粱需肥规律研究难度较大
14	无公害防治技术集成与研究	保护生态环境，提高农产品质量和安全性，实现农业可持续发展	成本高、推广困难
15	适合山地、坡道的生产机械开发	降低人力成本，提高生产效率	开发难度大，涉及环节多，成本高，收益小
16	帚用高粱农技服务体系建设	完善的农技服务体系有助于推动农业新技术、新品种的推广应用，对农业现代化发展意义重大	建设成本高，对农业技术人员需求较大，是较为复杂的系统性工程

（续）

序号	项 目	有利因素	不利因素
17	帚用高粱种子知识产权保护体系建设	有助于规范市场行为，维护市场秩序，推动市场健康发展	我国种子知识产权保护起步晚，体制不够完善，存在保护标准偏低、保护范围偏窄、保护链条偏短等问题
18	旅游市场帚用高粱工艺产品研发	有助于提高产品附加值和经济效益，保障产业健康发展，利润较高	新产品开发需要较大投入

（三）技术研发时间节点分析

1. 近期应解决的问题

项目名称	序号
帚用高粱种质资源收集与评价	1
帚用高粱种质资源信息库建设	2
不同生态类型制种基地筛选与建设	9
轻简高效栽培技术规程制定、集成与示范	10
抗旱节水技术集成与应用	12
无公害防治技术集成与研究	14
适合山地、坡道的生产机械开发	15
帚用高粱农技服务体系建设	16
帚用高粱种子知识产权保护体系建设	17
旅游市场帚用高粱工艺产品研发	18

2. 中期应解决的问题

项目名称	序号
帚用高粱种质资源改良与不育系、保持系和恢复系的选育	3
分子标记辅助育种体系研发	6
帚用高粱突变体库建设	7
病虫草害发生规律研究与防治技术研发	11
营养元素需求规律研究与高效专用肥开发	13

3. 长期应解决的问题

项目名称	序号
适合不同生态区的优质、高产、多抗、广适、适宜机械化生产专用品种的选育	4
育种新技术新方法的研发	5
分子育种平台建设研发	8

（四）技术研发主体分析

1. 科研单位可承担的项目

项目名称	序号
帚用高粱种质资源收集与评价	1
帚用高粱种质资源信息库建设	2
帚用高粱种质资源改良与不育系、保持系和恢复系的选育	3
育种新技术新方法的研发	5
分子标记辅助育种体系研发	6
帚用高粱突变体库建设	7
分子育种平台建设研发	8
病虫草害发生规律研究与防治技术研发	11
营养元素需求规律研究与高效专用肥开发	13

2. 企业可承担的项目

项目名称	序号
适合不同生态区的优质、高产、多抗、广适、适宜机械化生产专用品种的选育	4
不同生态类型制种基地筛选与建设	9
轻简高效栽培技术规程制定、集成与示范	10
抗旱节水技术集成与应用	12
无公害防治技术集成与研究	14
适合山地、坡道的生产机械开发	15
旅游市场帚用高粱工艺产品研发	18

3. 政府推广部门可承担的项目

项目名称	序号
帚用高粱农技服务体系建设	16
帚用高粱种子知识产权保护体系建设	17

（五）技术发展模式分析

1. 自主研发

编制组根据技术的重要性及人才、基地和经费情况，确定在顶级研发需求中，可以或需要自主研发的项目 12 个。自主研发的承担机构须具备国内同行认可的较强的学术优势和产业化基础，项目执行可采用的模式有联合攻关或独立承担模式。

项目名称	序号
帚用高粱种质资源收集与评价	1
帚用高粱种质资源信息库建设	2
帚用高粱种质资源改良与不育系、保持系和恢复系的选育	3
育种新技术新方法的研发	5
分子标记辅助育种体系研发	6
帚用高粱突变体库建设	7
分子育种平台建设研发	8
不同生态类型制种基地筛选与建设	9
病虫草害发生规律研究与防治技术研发	11
营养元素需求规律研究与高效专用肥开发	13
帚用高粱农技服务体系建设	16
帚用高粱种子知识产权保护体系建设	17

2. 中外技术合作

部分项目可以通过中外技术合作的方式，充分利用国外的技术、资金和人才优势，加快完成项目研发与执行。通过对需求风险、研发时间节点和利润等分析，编制组认为以下 6 个研发项目可以采取中外技术合作的方式实施。

项目名称	序号
适合不同生态区的优质、高产、多抗、广适、适宜机械化生产专用品种的选育	4
轻简高效栽培技术规程制定、集成与示范	10
抗旱节水技术集成与应用	12
无公害防治技术集成与研究	14
适合山地、坡道的生产机械开发	15
旅游市场帚用高粱工艺产品研发	18

第五节　编制帚用高粱技术路线图

一、绘制帚用高粱研发需求技术路线图

根据顶级研发需求风险性分析、利润分析、研发节点分析、研发主体分析及研发模式分析结果，编制组绘制研发需求项目路线图（图9-11），其中研发需求项目注释见表9-31，图9-11中的项目编号对应于表9-31中相应编号的项目题目。

时间	近期（<3年）		中期（3～8年）		长期（>8年）	
科研单位层面	研发项目组（少）		研发项目组（中）		研发项目组（少）	
	★1	★2	★3	★6	★5	★8
	◆19	◆20	★7	★11	◆24	
	◆22	◆23	★13	◆21		
	▲33					
企业层面	研发项目组（中）		研发项目组（少）		研发项目组（多）	
	★9		◆31	▲34	★4	
	★12	★10	▲37			
	★15	★14				
	◆26	★18				
	◆27	◆30				
	▲32	▲41				
	▲36	▲35				
	▲42	◆25				
政府层面	研发项目组（中）		研发项目组（中）			
	★16	★17	▲38	▲40		
	◆28	◆29	▲43			
	▲39					

图9-11　帚用高粱研发需求技术路线

图中■代表凝练和筛选的研发项目，框中的数字代表项目编号，（多）（中）（少）代表项目组的多少，★表示顶级研发项目、◆表示高级研发项目、▲表示中级研发项目。

表 9 - 31 帚用高粱研发需求项目注释

优先级别	项　　目
顶级研发需求	1. 帚用高粱种质资源收集与评价 2. 帚用高粱种质资源信息库建设 3. 帚用高粱种质资源改良与不育系、保持系和恢复系的选育 4. 适合不同生态区的优质、高产、多抗、广适、适宜机械化生产专用品种的选育 5. 育种新技术新方法的研发 6. 分子标记辅助育种体系研发 7. 帚用高粱突变体库建设 8. 分子育种平台建设研发 9. 不同生态类型制种基地筛选与建设 10. 轻简高效栽培技术规程制定、集成与示范 11. 病虫草害发生规律研究与防治技术研发 12. 抗旱节水技术集成与应用 13. 营养元素需求规律研究与高效专用肥开发 14. 无公害防治技术集成与研究 15. 适合山地、坡道的生产机械开发 16. 帚用高粱农技服务体系建设 17. 帚用高粱种子知识产权保护体系建设 18. 旅游市场帚用高粱工艺产品研发
高级研发需求	19. 帚用高粱高通量表型鉴定平台建设 20. 优良不育系、保持系和恢复的筛选及测配 21. 优良组合的筛选与鉴定 22. 帚用高粱高密度遗传图谱构建 23. 帚用高粱亲本标准指纹图谱构建 24. 帚用高粱基因编辑与遗传转化体系构建 25. 帚用高粱生产操作规程 26. 帚用高粱产品质量安全标准体系建设 27. 品种展示基地建设 28. 种子市场管理监督体系建设 29. 帚用高粱农民合作社研究 30. 帚用高粱收获机械化应用 31. 产供销一体化建设
中级研发需求	32. 新品种示范与推广 33. 种子贮藏技术研究 34. 种子清选与加工设备研发 35. 种子质量检测 36. 品种配套栽培技术研究 37. 新型无公害农药研发 38. 新型农民培养 39. 帚用高粱种植保险业务研究与开发 40. 帚用高粱种植贷款业务研究与开发 41. 帚用高粱产品贮运 42. 帚用高粱产品包装及运输 43. 市场信用体系构建

编制组对项目所罗列的 18 个顶级研发需求在实施过程中可能存在的风险、利润及研发节点进行了分析，并绘制了顶级研发需求技术路线图，详见表 9-32 至表 9-49。

表 9-32　帚用高粱种质资源收集与评价技术路线

顶级研发需求	综合风险	影响利润的因素
帚用高粱种质资源收集与评价	低　中　高　我国高粱种质资源丰富，变异类型多样，项目执行有利于推动帚用高粱育种产业发展	有利因素：地方资源经历长时间进化，积累了大量优异变异待发掘　不利因素：帚用高粱地方资源尚未有系统性研究

关键技术	时间表
优异帚用高粱资源引进与发掘；帚用高粱种质资源的鉴定与评价	近期　中期　长期　种质资源收集与评价工作是育种工作开展的基础，我国有丰富的高粱地方品种资源，需要进行系统性研究，从需求上看属于近期需发展的项目

表 9-33　帚用高粱种质资源信息库建设技术路线

顶级研发需求	综合风险	影响利润的因素
帚用高粱种质资源信息库建设	低　中　高　项目属于公益性基础研究，便于种质资源的有效利用，育种需求大，但研发技术有一定难度，综合风险为中低	有利因素：育种工作是基础性工作，意义重大　不利因素：时间长，投入大，需持续支持

关键技术	时间表
引进资源的整理；资源的鉴定、评价、保存；资源性状信息数据库建设	近期　中期　长期　种质资源信息的系统化整理对于育种工作意义重大，有利于种质资源创新工作开展，应当尽早启动

表 9 - 34　帚用高粱种质资源改良与不育系、保持系和恢复系的选育技术路线

顶级研发需求	综合风险	影响利润的因素
帚用高粱种质资源改良与不育系、保持系和恢复系的选育	 低　　中　　高 项目研究属于产业核心竞争力,具有持续性、经费投入高、投入期长等特点,是帚用高粱产业发展必需性工作之一,研究成果有重大的经济效益和社会效益,综合风险为中偏低	有利因素:研究体系与方法成熟,技术积累雄厚,容易开展 不利因素:短时间内难以取得突破性进展
关键技术	**时间表**	
收集优良不育系、保持系及恢复系材料;根据育种目标对种质资源材料进行改良	 近期　中期　长期 种质资源改良和不育系、保持系和恢复系选育工作属于育种产业发展核心,是产业育种基础性工作,种质资源改良有一定的时间周期,在时间计划上应做中长期发展计划	

表 9 - 35　适合不同生态区的优质、高产、多抗及适宜机械化生产专用品种的选育技术路线

顶级研发需求	综合风险	影响利润的因素
适合不同生态区的优质、高产、多抗、广适、适宜机械化生产专用品种的选育	 低　　中　　高 项目研究主要在于解决生产上急需解决的问题,属于产业核心竞争力,周期长、投入大、技术路线成熟,但需要对市场的准确把握,综合风险偏高	有利因素:市场需求大,在乡村振兴政策下发展潜力大,且有长期育种工作作为基础 不利因素:研究基础薄弱,帚用高粱材料相对匮乏
关键技术	**时间表**	
优异不育系、保持系和恢复系的筛选与组配;杂交组合的鉴定与筛选	 近期　中期　长期 新品种选育与审定工作有较长的时间周期,应做长期计划	

表 9 - 36　育种新技术新方法的研发技术路线

顶级研发需求	综合风险	影响利润的因素
育种新技术新方法的研发	 低　　中　　高 项目属于产业核心竞争力,是当前前沿技术,投入高,存在一定的技术风险	有利因素:可以加快育种进程,改进育种技术,市场潜力大 不利因素:技术创新难度高,花费巨大,难以取得突破性进展

（续）

关键技术	时间表
针对当前育种工作中所存在的流程长、不确定性等问题，从表型鉴定选择、基因型鉴定、设计育种等方向进行技术革新	近期　中期　长期 本项目属于前沿技术，对提高育种效率具有重要意义，需要充足的技术积淀，应当长期规划

表 9 - 37　分子标记辅助育种体系研发技术路线

顶级研发需求	综合风险	影响利润的因素
分子标记辅助育种体系研发	低　　中　　高 本研究对于提高育种效率具有重要意义，技术路线成熟，可以提高育种企业的核心竞争力，但需要较大经费投入	有利因素：技术成熟，对育种工作具有较大的促进作用 不利因素：需要投入经费较多，企业难以负担

关键技术	时间表
高密度遗传图谱构建；重要性状遗传定位；与性状紧密连锁的分子标记的开发	近期　中期　长期 该技术属于前沿技术，目前国内在水稻等作物上已有较多研究，但高粱领域相关研究尚存在许多不足，技术应用尚不成熟，需做中长期规划

表 9 - 38　帚用高粱突变体库建设技术路线

顶级研发需求	综合风险	影响利润的因素
帚用高粱突变体库建设	低　　中　　高 该技术可以为基础研究及育种提供大量可用研究材料，技术相对成熟，但诱变材料多数表型表现较差，难以直接应用于育种工作	有利因素：对基础研究意义重大 不利因素：突变体往往表型较差，难以直接筛选到可供育种利用的材料

关键技术	时间表
通过理化手段进行种子诱变；突变体材料的鉴定与筛选	近期　中期　长期 该项目主要为基础研究服务，对后续基因功能研究意义重大，应做中长期规划

表 9 - 39 分子育种平台建设研发技术路线

顶级研发需求	综合风险	影响利润的因素
分子育种平台建设研发	低　中　高 项目属于产业核心竞争力，是当前前沿技术，投入高，存在一定的技术风险	有利因素：属于育种基础性工作，研发成功对提高育种能力意义重大 不利因素：投入较大，短时间内难以获得回报，需要长期持久性投入
关键技术	**时间表**	
重要基因的发掘；组培技术研发；基因编辑与转基因技术研发；分子标记辅助选择或基因组选择技术研发	近期　中期　长期 该项目为产业重要基础研究，受到各级相关部门重视，研究项目多、周期长、投入大，需做长期规划	

表 9 - 40 不同生态类型制种基地筛选与建设技术路线

顶级研发需求	综合风险	影响利润的因素
不同生态类型制种基地筛选与建设	低　中　高 项目属于育种产业基础建设，对于提高种业竞争力具有重要意义，具有持续性，技术风险低，是产业发展的重要保障，能为产业发展带来极大利润	有利因素：育种公司注重不同生态区产业布局，产业发展依赖程度大 不利因素：需要稳定资金支持
关键技术	**时间表**	
不同生态区温光条件调查；品种生长的温光需求研究；不同生态类型制种基地筛选与建设	近期　中期　长期 基地建设是种业发展的基础，对产业发展进步具有重要影响，属于帚用高粱产业近期发展目标	

表 9 - 41 轻简高效栽培技术规程制定、集成与示范技术路线

顶级研发需求	综合风险	影响利润的因素
轻简高效栽培技术规程制定、集成与示范	低　中　高 丘陵山地种植条件与农村劳动力匮乏对轻简高效栽培技术有较大需求，此项目研发推广需要与对应的帚用高粱品种相适应，且需要相关栽培技术取得突破，开展相关研究具有一定的风险	有利因素：当前农村劳动力短缺问题凸显，农业生产人力成本偏高，产业发展背景下技术应用前景好 不利因素：高粱种质地区往往分布于山区丘陵地带，限制了机械使用，劳动力成本降低的同时生产成本增加，涉及环节多，开发难度大

（续）

关键技术	时间表
帚用高粱一次性施肥技术集成；病虫草害及绿色无公害管理技术集成；与栽培技术相适应的播、耕、收配套机械筛选；集成技术的产业化示范	近期　中期　长期 项目对于丘陵山区以及劳动力匮乏地区农业发展具有较大的促进作用，可以提高农业生产效率，需求迫切

表 9－42　病虫草害发生规律研究与防治技术研发技术路线

顶级研发需求	综合风险	影响利润的因素
病虫草害发生规律研究与防治技术研发	低　中　高 风险主要来自病虫草害机理研究	有利因素：病虫草害对农业危害重大，常造成农业严重减产，该研究对于保障农业生产安全意义重大 不利因素：病虫草害研究不深入，抗性与产量关系不清

关键技术	时间表
主要病虫草害发生规律调查；主要病虫草害机理研究；病虫草害防治技术研究	近期　中期　长期 病虫草害对帚用高粱生产具有较大威胁，亟待解决，但监控体系与研发需进行一定的技术积累，需做中期规划

表 9－43　抗旱节水技术集成与应用技术路线

顶级研发需求	综合风险	影响利润的因素
抗旱节水技术集成与应用	低　中　高 抗旱节水技术可以降本增效，对保障帚用高粱生产具有重大意义，但项目涉及范围较广，具有一定的研发难度	有利因素：帚用高粱种植区多位于北方干旱地区，水资源利用矛盾突出，节水技术需求大 不利因素：该技术研究涉及环节多，体系复杂

关键技术	时间表
帚用高粱水分供需规律研究；旱地地表覆盖、秸秆还田、深松耕技术研究；抗旱节水技术集成与推广	近期　中期　长期 北方农业种植地区需水矛盾严重，对抗旱节水技术需求迫切，技术应用价值高，应及早推广

表9-44 营养元素需求规律研究与高效专用肥开发技术路线

顶级研发需求	综合风险	影响利润的因素
营养元素需求规律研究与高效专用肥开发	低　　中　　高　　　　植物营养研究与施肥技术目前国外发展较为先进，国内企业主要为合作引进技术，研究有专利影响，应用研发还处于探索阶段，技术尚不成熟，农民改变耕种模式也需要一定的时间，因此开发风险属于中高级别	有利因素：提高肥料利用率，对减少源面污染有利，减少施肥环节，节约劳动力，研发将推动轻简高效栽培技术研究 不利因素：肥料缓释技术尚未与帚用高粱生育期同步，对帚用高粱需肥规律研究难度较大

关键技术	时间表
帚用高粱需肥规律研究；适宜帚用高粱专用高效肥料研发；一次性缓释施肥技术研究与推广	近期　中期　长期　　　　帚用高粱多种植于丘陵山地，粗放管理明显，需要通过研究营养需求规律提高施肥效率，项目实施仍需一定的技术积累，应做中期规划

表9-45 无公害防治技术集成与研究技术路线

顶级研发需求	综合风险	影响利润的因素
无公害防治技术集成与研究	低　　中　　高　　　　随着环境保护意识以及人们对环境安全要求的提高，无公害防治技术受到重视，项目需求较高，但技术成本较高，推广存在一定难度	有利因素：保护生态环境，提高农产品质量和安全性，实现农业可持续发展 不利因素：成本高、推广困难

关键技术	时间表
病虫草害发生规律研究；无毒微毒农药与生物防治技术研发；无公害防治技术集成与推广	近期　中期　长期　　　　无公害防治是加强生态建设、维护生态安全、促进生态文明建设、实现农业可持续发展的重要组成部分，已有较多技术积累，应及早实施

表9-46 适合山地、坡道的生产机械开发技术路线

顶级研发需求	综合风险	影响利润的因素
适合山地、坡道的生产机械开发	低　　中　　高　　　　山地坡道耕作困难、劳动强度大，农业生产机械的研发可以极大提高生产效率，技术应用需求较高，但是山地坡道农业种植面积较小，种植条件复杂，开发难度大，成本高	有利因素：降低人力成本，提高生产效率 不利因素：开发难度大，涉及环节多，成本高，收益小

（续）

关键技术	时间表
山地、坡道机收标准研究；山地、坡道生产机械研发	近期　中期　长期 日本等农业发达国家已有较为丰富的小型农业机械开发经验，对于山地、坡道等小面积农田使用农业机械开发有较好的借鉴意义，随着人口老龄化与农村人口向城镇流动，农业劳动力短缺问题凸显，项目需求迫切

表 9-47　帚用高粱农技服务体系建设技术路线

顶级研发需求	综合风险	影响利润的因素
帚用高粱农技服务体系建设	低　中　高 项目研究属于产业人才团队建设，属于农业发展系统性工程，对于提升帚用高粱产业核心竞争力意义重大，具有持续性，技术风险极低，对于提高从业人员知识和技术水平有重大意义	有利因素：完善的农技服务体系有助于推动农业新技术、新品种的推广应用，对农业现代化发展意义重大 不利因素：建设成本高，对农业技术人员需求较大，是较为复杂的系统性工程

关键技术	时间表
合理配置团队人才结构，打造产前、产中、产后技术服务力量；打造试验示范推广平台；建立农技推广试验、示范运行机制；政府持续经费保障	近期　中期　长期 农业技术推广对于农业科技研发成果转化、提高农业生产科技含量具有重大意义，为产业发展提供坚强的科技支撑和人才保障，建设意义重大，需求迫切，应及早实施

表 9-48　帚用高粱种子知识产权保护体系建设技术路线

顶级研发需求	综合风险	影响利润的因素
帚用高粱种子知识产权保护体系建设	低　中　高 该项研究实施对于加快形成鼓励自主创新的政策环境具有重大意义，在国外有较为完善的管理体系可供参考与借鉴	有利因素：有助于规范市场行为，维护市场秩序，推动市场健康发展 不利因素：我国种子知识产权保护起步晚，体制不够完善，存在保护标准偏低、保护范围偏窄、保护链条偏短等问题

（续）

关键技术	时间表
加快修订《种子法》和《植物新品种保护条例》；建设实质性派生品种审查认证制度；严厉打击假冒套牌品种等违法行为，加大知识产权保护力度	近期　中期　长期 加强种业知识产权保护是种业振兴市场净化活动的核心环节，要综合利用法律、经济、技术、行政等多种手段，从立法、司法、执法、管理和技术支撑等多方面发力，促进种业高质量发展，应当尽早实施

表 9-49　旅游市场帚用高粱工艺产品技术路线

顶级研发需求	综合风险	影响利润的因素
旅游市场帚用高粱工艺产品研发	低　中　高 主要风险来自产品是否适应市场、开发产品利用技术难易以及需投入的成本与产出的比例	有利因素：有助于提高产品附加值和经济效益，保障产业健康发展，利润较高 不利因素：新产品开发需要较大投入

关键技术	时间表
传统生产技术提升；旅游市场工艺产品需求调研；新产品技术研发；产品市场推广	近期　中期　长期 产品开发为产业提供新的增长点，提升帚用高粱产品附加值，对帚用高粱产业发展拉动力强，应及早启动研发

二、绘制帚用高粱顶级研发需求风险利润路线图

编制组将 18 个顶级研发需求项目置于以风险程度为横轴、利润高低为纵轴的坐标系上，绘制成帚用高粱顶级研发需求风险利润图（图 9-12），图中项目编号对应于表 9-50 相应编号的项目名称。通过该坐标系，显示了每一个优先项目风险和利润之间的相关性，为科技主管部门或产业联盟领导在项目立项、科研经费投入等方面做出科学判断提供依据。

	高风险	中风险	低风险
高利润		4、8、11、15、18	9
中利润	5	3、6、10、12、13、14、16	
低利润		2、7	1、17

图 9-12　帚用高粱顶级研发需求风险利润路线

表 9-50　帚用高粱顶级研发需求项目风险利润关系注释

序号	项　目	备　注
1	帚用高粱种质资源收集与评价	低利润，低风险
2	帚用高粱种质资源信息库建设	低利润，中低风险
3	帚用高粱种质资源改良与不育系、保持系和恢复系的选育	中利润，中低风险
4	适合不同生态区的优质、高产、多抗、广适、适宜机械化生产专用品种的选育	高利润，中高风险
5	育种新技术新方法的研发	中利润，高风险
6	分子标记辅助育种体系研发	中利润，中风险
7	帚用高粱突变体库建设	低利润，中高风险
8	分子育种平台建设研发	高利润，中高风险
9	不同生态类型制种基地筛选与建设	高利润，低风险
10	轻简高效栽培技术规程制定、集成与示范	中利润，中风险
11	病虫草害发生规律研究与防治技术研发	高利润，中高风险
12	抗旱节水技术集成与应用	中利润，中风险
13	营养元素需求规律研究与高效专用肥开发	中利润，中高风险
14	无公害防治技术集成与研究	中利润，中低风险
15	适合山地、坡道的生产机械开发	高利润，中高风险
16	帚用高粱农技服务体系建设	中利润，中低风险
17	帚用高粱种子知识产权保护体系建设	低利润，低风险
18	旅游市场帚用高粱工艺产品研发	高利润，中风险

三、绘制帚用高粱优先研发需求技术发展模式路线图

编制组对帚用高粱技术发展模式（自主研发、技术合作、技术引进）按近期、中期、长期三种时间节点进行分类，绘制了 18 个顶级研发需求技术发展模式路线图（图 9-13），图中标示的项目编号对应于表 9-51 中相应编号的项目名称。

自主研发	1、2、9、16、17	3、6、7、11、13	5、8
合作研发	10、12、14、15、18		4
	近期（<3年）	中期（3～8年）	长期（>8年）

图 9-13　帚用高粱优先发展需求技术发展模式路线

表 9 - 51 帚用高粱优先研发需求技术发展模式注释

序号	项 目	备注
1	帚用高粱种质资源收集与评价	自主研发，近期
2	帚用高粱种质资源信息库建设	自主研发，近期
3	帚用高粱种质资源改良与不育系、保持系和恢复系的选育	自主研发，中期
4	适合不同生态区的优质、高产、多抗、广适、适宜机械化生产专用品种的选育	合作研发，长期
5	育种新技术新方法的研发	自主研发，长期
6	分子标记辅助育种体系研发	自主研发，中期
7	帚用高粱突变体库建设	自主研发，中期
8	分子育种平台建设研发	自主研发，长期
9	不同生态类型制种基地筛选与建设	自主研发，近期
10	轻简高效栽培技术规程制定、集成与示范	合作研发，近期
11	病虫草害发生规律研究与防治技术研发	自主研发，中期
12	抗旱节水技术集成与应用	合作研发，近期
13	营养元素需求规律研究与高效专用肥开发	自主研发，中期
14	无公害防治技术集成与研究	合作研发，近期
15	适合山地、坡道的生产机械开发	合作研发，近期
16	帚用高粱农技服务体系建设	自主研发，近期
17	帚用高粱种子知识产权保护体系建设	自主研发，近期
18	旅游市场帚用高粱工艺产品研发	合作研发，近期

四、绘制帚用高粱综合技术路线图

编制组综合市场需求、产业目标、技术壁垒与研发需求，结合全产业链进程，经过整理和凝练，绘制帚用高粱产业综合技术路线图（图 9 - 14）。

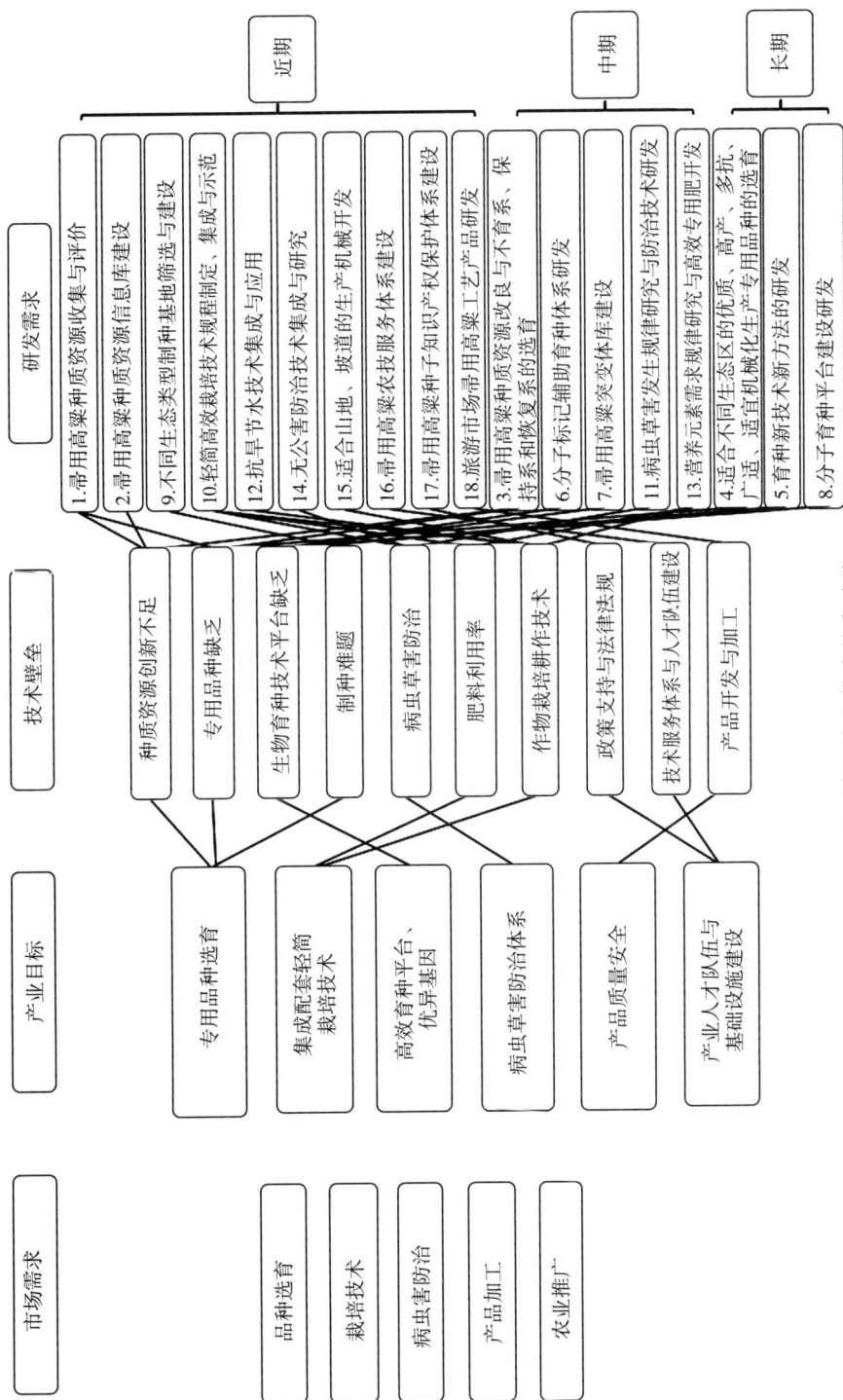

图 9-14　帚用高粱产业综合技术路线

第十章
饲料高粱产业技术路线图

　　饲料高粱是一种碳水化合物丰富的作物，含有丰富的淀粉、纤维素和蛋白质等营养成分。这些营养成分可以为动物提供能量，促进其生长和发育。同时，高粱中还含有丰富的维生素和矿物质，如 B 族维生素、维生素 E、钙、磷等，这些物质对于动物的健康也非常重要。饲料高粱中含有丰富的纤维素，可以增加动物的胃肠蠕动，促进消化吸收。纤维素还可以增加饲料的体积，有利于维持动物的体重和健康。饲料高粱中的蛋白质含量较高，且氨基酸组成较全面，能够提高饲料的蛋白质含量和营养价值。高粱中还含有一些特殊的成分，如多酚类物质，具有抗氧化、抗菌、抗炎等作用，可以提高饲料的品质和抗病能力。饲料高粱中的淀粉和纤维素含量适中，能够增加饲料的口感和嚼劲，提高动物对饲料的食欲，促进摄食和消化。同时，高粱中的一些特殊成分，如多酚类物质和香气物质，还能够增加饲料的香味，提高动物对饲料的接受度。饲料高粱在澳大利亚和美国等国家已经作为一种主要的饲料作物，研究饲料高粱对延伸产业链和调整我国饲料结构有重要意义。

　　饲料高粱产业是一项系统工程，涉及品种选育、生产技术研究与集成、技术服务、流通、加工、综合利用和基础研究等环节，任何一个环节的发展都会对饲料高粱全产业链建设产生重大影响。饲料高粱产业技术路线图的基本内容包括饲料高粱产品的市场需求、产业目标、技术壁垒、研发需求 4 个主要内容。产业路线图制定的基本流程可以分为三个阶段：第一阶段，饲料高粱产业技术路线图的启动与准备阶段；第二阶段，饲料高粱产业技术路线图制定和开发阶段；第三阶段，饲料高粱产业技术路线图的后续修正阶段。

　　饲料高粱产业技术路线图研究按照产业技术路线图绘制程序，通过头脑风暴、调查问卷、专家研讨等方式，召开多次递进式的系列研讨会。研讨会分别为：饲料高粱技术路线图的范围与边界界定研讨会、产业背景和现状分析研讨会、产业调查问卷制定研讨会、产业目标分析研讨会、阻碍产业目标实现的技术壁垒分析研讨会、解决技术壁垒的研发需求分析研讨会、技术路线图绘制研讨会。本研究中饲料高粱产业技术路线图的定位是解决饲料型高粱产业发展过程中的共性技术供给问题。

第一节　饲料高粱市场需求分析

本节市场需求分析是通过大量调研和研讨，筛选出饲料高粱市场需求要素，将其排列出优先序，获得市场需求要素重要性评价结果。

一、饲料高粱市场产业需求调研

笔者利用国家谷子高粱产业技术体系、科创中国高粱产业科技服务团调研、"一带一路"国际高粱产业科技创新院和山西农业大学高粱研究所的平台，在全国范围内就高粱的品种、生产、栽培、植物保护、加工、农机、市场需求与效益以及相关政策开展了调查研究，采用面谈、现场问卷和手机APP线上问卷的方式与科研单位、政府部门、种子企业、渠道经销商、种植养殖户、农资销售商、加工企业和其他机构开展调研问卷，参与人数200人，调查内容见表10-1。其中，填写饲料高粱问卷60人，参与问卷人员来源比例见图10-1；参与问卷人员的年龄结构以中青年为主，其中50岁以上占25%，40～50岁占33.33%，30～40岁占35%，30岁以下占6.67%（图10-2）。

表 10-1　饲料高粱市场需求调查问卷

1. 贵单位是？
   A. 科研单位
   B. 政府部门
   C. 种子企业
   D. 渠道经销商
   E. 种植养殖户（种植养殖合作社）
   F. 农资销售商
   G. 加工企业
   H. 其他（备注：　　　　）
2. 您的年龄层次为？
   A. 30 岁以下
   B. 30～40 岁
   C. 40～50 岁
   D. 50 岁以上

（续）

3. 请对以下饲料高粱产品需求量进行排序。
   A. 籽粒饲料
   B. 全株饲料（籽粒＋植株）
   C. 与其他的饲料混合产品
4. 贵单位饲料高粱的主要用途为？
   A. 饲喂牛羊
   B. 饲喂家禽
   C. 饲喂鱼类
   D. 饲喂宠物（鸽子等）
   E. 作为其他混合饲料的添加
5. 您对以下饲料高粱的市场需求要素进行排序。
   A. 饲料高粱农业补贴政策、投资政策等需求
   B. 饲料高粱农业基础设施配套的需求
   C. 饲料高粱农机配套的需求
   D. 饲料高粱的质量安全保障体系的建立（种子质量、种植安全质量、加工食品安全、是否转基因高粱食品、农药残留等）
   E. 饲料高粱成本控制（制种成本、播种成本等）
   F. 饲料高粱配套的技术需求（配套的栽培技术、制种技术、病虫害防治技术、优化施肥技术等）
   G. 饲料高粱新品种应用与推广新模式需求
   H. 饲料高粱进出口政策

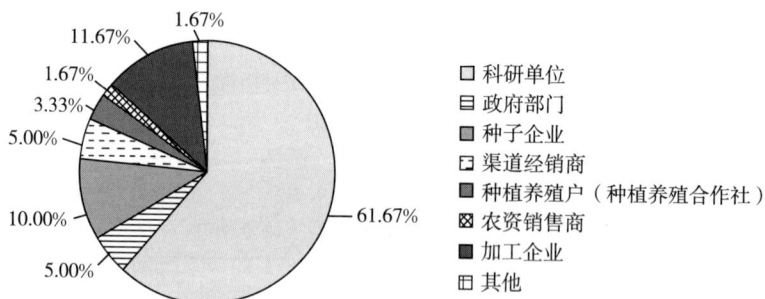

图 10-1　参与饲料高粱市场需求问卷调查人员来源统计

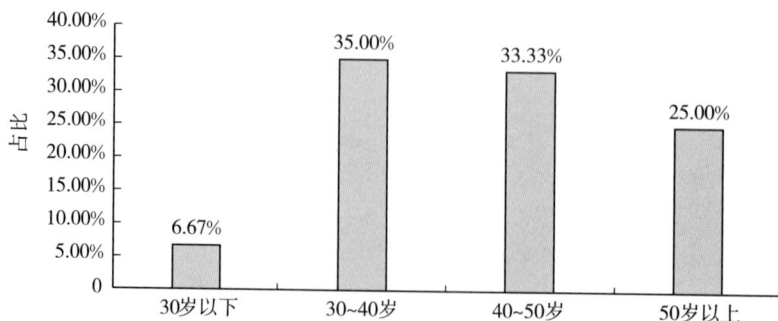

图 10-2　参与饲料高粱问卷调查人员年龄统计

二、饲料高粱市场需求分析研讨会

在市场调研的基础上，编制组召开了饲料高粱市场需求分析研讨会，结合市场调研结果，探讨饲料高粱产品消费状况以及市场潜力，并筛选出重要的市场需求要素。

三、饲料高粱市场需求要素分析

根据调查结果结合专家讨论会，对饲料高粱产品需求要素进行分析，按照公式 5-1 计算各要素的重要值。计算结果显示，目前饲料高粱的主要需求类型为全株饲料（籽粒＋植株），其次是与其他的饲料混合产品，最后是籽粒饲料，详见表 10-2。目前，饲料高粱的用途主要是饲喂牛羊，其次是饲喂家禽、作为其他混合饲料的添加物以及饲喂宠物（鸽子等），最少的是饲喂鱼类（图 10-3）。对于产业市场要素需求，首选是饲料高粱农业补贴政策、投资政策等，在推进产业发展中十分重要且远高于其他议题；其次是饲料高粱成本控制（制种成本、播种成本等）、饲料高粱农机配套的需求、饲料高粱新品种应用与推广新模式、饲料高粱的质量安全保障体系的建立（种子质量、种植安全质量、加工食品安全、是否转基因高粱食品、农药残留等）、饲料高粱配套的技术需求（配套的栽培技术、制种技术、病虫害防治技术、优化施肥技术等）需求也有较大的影响；饲料高粱农业基础设施配套的需求在饲料高粱产业中属于一般需求（表 10-3）。

表 10-2 饲料高粱产业市场需求类型分析

议题	头脑风暴统计值 T	问卷统计值 D	重要值 V	优先排序
全株饲料（籽粒＋植株）	2.12	2.05	4.35	1
与其他的饲料混合产品	1.80	1.70	3.06	2
籽粒饲料	1.81	1.42	2.57	3

表 10-3 饲料高粱产业市场需求要素重要性评价

议题	头脑风暴统计值 T	问卷统计值 D	重要值 V	优先排序
饲料高粱农业补贴政策、投资政策等需求	8.25	6.45	53.21	1
饲料高粱成本控制（制种成本、播种成本等）	9.32	4.38	40.82	2
饲料高粱农机配套的需求	8.52	4.12	35.10	4

（续）

议题	头脑风暴统计值 T	问卷统计值 D	重要值 V	优先排序
饲料高粱新品种应用与推广新模式需求	8.95	3.92	35.08	5
饲料高粱的质量安全保障体系的建立（种子质量、种植安全质量、加工食品安全、是否转基因高粱食品、农药残留等）	8.35	4.13	34.48	3
饲料高粱配套的技术需求（配套的栽培技术、制种技术、病虫害防治技术、优化施肥技术等）	8.62	3.52	30.34	6
饲料高粱农业基础设施配套的需求	7.53	3.63	27.33	7

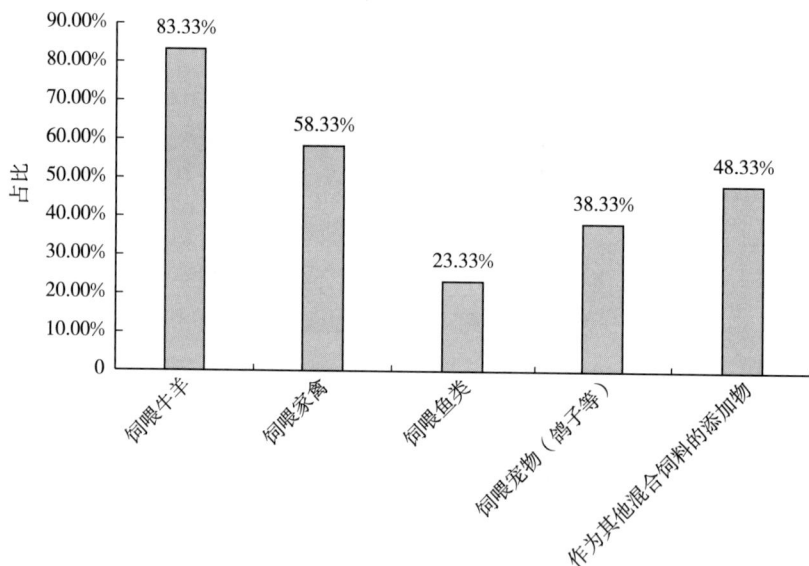

图 10-3 饲料高粱饲喂类型调研统计

第二节 饲料高粱产业目标分析

一、饲料高粱产业发展目标问卷调查

为了分析饲料高粱产业发展目标，编制组查阅相关文献，采用头脑风暴法等方式，提出问题，经反复论证，设计出最终调查问卷。问卷内容包括饲料高粱产业种植规模、产值、经营模式以及发展目标要素（表 10-4）。

表 10-4 饲料高粱产业目标调查问卷

1. 贵单位是？
   A. 科研单位
   B. 行业主管部门
   C. 大专院校
   D. 农技推广部门
   E. 种植养殖户（种植养殖合作社）
   F. 加工企业
   G. 其他（备注：　　　　）
2. 我国饲料高粱种植规模目标应定位在哪个级别最为合适（单选）？
   A. 50 万亩以下
   B. 50 万～100 万亩
   C. 100 万亩以上
3. 国内饲料高粱产值预期目标为？
   A. 10 亿元以下
   B. 10 亿～20 亿元
   C. 20 亿元以上
4. 请选择您认为最重要的 5 个产业目标要素。
   A. 选育高产、高营养、多抗、多熟期、多类型的饲料高粱新品种
   B. 完成饲料高粱种质资源收集和保存，完善饲料高粱育种平台
   C. 研究集成配套饲料高粱轻简化高效管理技术
   D. 建立饲料高粱配套的病虫草害防控技术体系
   E. 开发特色功能性饲料高粱，增加农民收入
   F. 保障饲料高粱的有效供给和质量安全
   G. 功能性饲料高粱产品的品牌化发展，培育龙头企业
   H. 建立饲料高粱信息化技术服务平台
   I. 稳定的饲料高粱全产业链风险管理和应急预案制定
   J. 发展饲料高粱安全生产加工技术
   K. 饲料高粱新型营销模式，加强饲料高粱营养功能宣传
   L. 建设政府主导的饲料高粱技术服务体系

通过调查问卷等方式调研了 109 人。调研对象有科研单位（34.58%）、大专院校（23.36%）、行业主管部门（11.21%）、农技推广部门（5.00%）、种植养殖户（种植养殖合作社）（14.02%）、加工企业（9.35%）和其他（1.87%）（图 10-4）。饲料高粱种植规模目标分析认为 100 万亩以上最为合适（表 10-5）；国内饲料高粱预期产值目标分析认为 20 亿元以上最为合适（表 10-6）。

表 10-5 饲料高粱种植规模目标分析

议题	头脑风暴统计值 T	问卷统计值 D	重要值 V	优先排序
50 万亩以下	1.25	1.17	1.46	3

（续）

议题	头脑风暴统计值 T	问卷统计值 D	重要值 V	优先排序
50 万～100 万亩	1.80	2.33	4.19	2
100 万亩以上	2.32	3.00	6.96	1

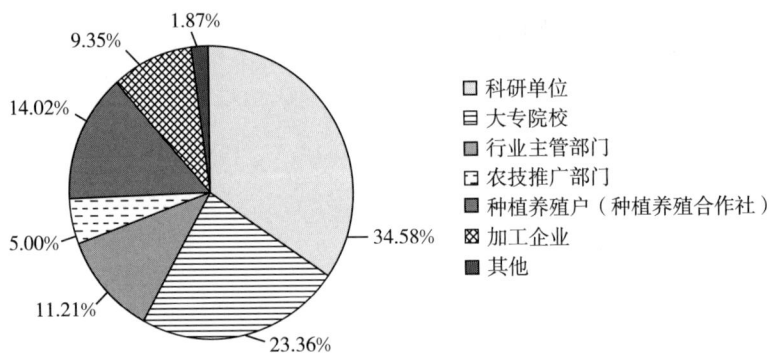

图 10-4 参与饲料高粱产业目标问卷调查人员来源统计

表 10-6 国内饲料高粱预期产值目标分析

议题	头脑风暴统计值 T	问卷统计值 D	重要值 V	优先排序
10 亿元以下	1.05	1.17	1.23	3
10 亿～20 亿元	1.32	3.00	3.96	2
20 亿元以上	3.32	1.83	6.08	1

表 10-7 显示，经过头脑风暴统计值和问卷统计结果获得 5 个方面重点产业的目标及相关要素。

表 10-7 饲料高粱产业目标问卷调查统计值

产业目标	头脑风暴统计值 T	问卷统计值 D	重要值 V	优先排序
选育高产、高营养、多抗、多熟期、多类型的饲料高粱新品种	8.11	8.83	71.61	1
研究集成配套饲料高粱轻简化高效管理技术	8.01	7.00	56.07	2
开发特色功能性饲料高粱，增加农民收入	7.12	6.83	48.63	3
完成饲料高粱种质资源收集和保存，完善饲料高粱育种平台	6.88	6.83	46.99	4
建立饲料高粱配套的病虫草害防控技术体系	7.02	6.17	43.31	5

　　（1）选育高产、高营养、多抗、多熟期、多类型的饲料高粱新品种　　重点是育种资源的遗传距离较远、来源丰富的群体材料；杂种优势强、丰产性好、蛋白质含量高的特异性资源；高抗丝黑穗病和蚜虫的抗性资源；适应整株青贮、籽粒饲喂和功能型饲料的多类型饲料高粱杂交新品种。

　　（2）研究集成配套饲料高粱轻简化高效管理技术　　重点解决适宜机械化和规模化生产的高产、高效轻简配套栽培管理技术，围绕减轻劳动量和农资投入为基础，开展高密度、高光合利用效率、全程机械化的技术研发。

　　（3）开发特色功能性饲料高粱，增加农民收入　　重点开发高粱的功能性饲料，围绕饲料高粱作为牛羊饲料，在调节肠胃、预防疾病方面的功能性解析。开发复合型饲料高粱产品，丰富饲料高粱产业链。

　　（4）完成饲料高粱种质资源收集和保存，完善饲料高粱育种平台　　重点收集来源广泛，品质优良的育种资源，并开展相关资源评价，建立饲料高粱高效育种平台。

　　（5）建立饲料高粱配套的病虫草害防控技术体系　　主要是生产环节的病害和虫害的高抗优良杂交种品种，建立轻污染无害化高效的防治综合技术。

二、饲料高粱产业目标要素分析

1. 用头脑风暴法对产业目标要素排序

　　专家经过头脑风暴法，对以上 5 大类饲料高粱产业目标分为 3 个时段（近期、中期和长期）预期得到多个相关产业目标要素，详见表 10 - 8。

表 10 - 8　头脑风暴法饲料高粱产业目标要素

序号	类型	近期（＜3 年）	中期（3~8 年）	长期（＞8 年）
1	选育高产、高营养、多抗、多熟期、多类型的饲料高粱新品种	丰富饲料高粱育种资源、丰产性好、蛋白质含量高的特异性资源；高抗丝黑穗病和蚜虫的抗性资源；适应整株青贮、籽粒饲喂和功能型饲料的多类型饲料高粱杂交新品种	引进新资源，利用新技术方法，包括转基因技术、单倍体诱导技术、化学诱变技术等，丰富优质资源，建立核心种质库，挖掘特异基因，开展分子标记抗逆境辅助育种；开展耐瘠、耐寒、抗旱、抗病资源创新，优先开展耐瘠、耐寒、抗旱品种选育，每个生态区育成主干品种 5~8 个；构建转基因技术体系	构建饲料高粱多样性基因图谱，丰富抗病、耐瘠、抗旱、高淀粉、高蛋白质资源库，选育专业化优良品种，新型智能化品种选育，资源丰富性和杂交利用技术以及育种资源鉴定技术达到国际先进水平

（续）

序号	类型	近期（<3年）	中期（3~8年）	长期（>8年）
2	研究集成配套饲料高粱轻简化高效管理技术	重点解决适宜机械化和规模化生产的高产、高效轻简配套栽培管理技术，围绕减轻劳动量和农资投入为基础，开展高密度、高光合利用效率、全程机械化的技术研发	适应大型地块和山区地块的多种类型机械化的研发，高密度、理想株型饲料高粱品种的选育，结合机械和品种针对不同地域的成套轻简栽培技术研发	完成多生态区的机械化和轻简化高效栽培技术
3	开发特色功能性饲料高粱，增加农民收入	重点开发高粱的功能性饲料，围绕饲料高粱作为牛羊饲料，在调节肠胃、预防疾病方面的功能性解析；开发复合型饲料高粱产品，丰富饲料高粱产业链	功能型饲料高粱的研发和饲料精深加工成为体系；开发籽粒和全株青贮优质饲料高粱品种10个以上，精深加工复合饲料产品5~8个	形成饲料高粱生产、收储和加工的全产业链，在饲料产业中提高1%~3%的市场占有率
4	完成饲料高粱种质资源收集和保存，完善饲料高粱育种平台	重点收集来源广泛，品质优良的育种资源，并开展相关资源评价，建立饲料高粱高效育种平台	完成饲料高粱品种的表型、生理、品质和基因型鉴定	建立饲料高粱资源的表型和基因型资源库，形成高效评价和育种平台
5	建立饲料高粱配套的病虫草害防控技术体系	主要是生产环节的病害和虫害的高抗优良杂交种品种，建立轻污染无害化高效的防治综合技术	无公害防治药剂开发和综合防治技术研究；实现饲料高粱种植、加工全程无公害监控与安全达标认证，实现检测技术速测化、精确化、标准化	完全实现无害化的饲料高粱生产、流通和加工

2. 产业目标要素与市场需求要素关联分析

在产业目标要素与市场需求要素关联分析中，以市场需求分析研讨会上确定的主要市场需求要素为基础，用头脑风暴法得到专家一致评议意见，与产业目标要素构建分析矩阵，筛选产业目标要素在市场拉动下的优先顺序（表10-9）。

表 10-9　饲料高粱产业目标要素与市场需求要素关联分析后产业目标要素

需求要素	V_1	V_2	V_3	V_4	V_5	V_6	V_7	$\sum(V_{ji} \times V_i)$	排序
重要值	0.740	0.527	0.448	0.434	0.422	0.412	0.402		
1. 选育高产、高营养、多抗、多熟期、多类型的饲料高粱新品种	3	2	3	1	2	1	1	6.710	1
2. 研究集成配套饲料高粱轻简化高效管理技术	0	1	2	1	0	1	1	2.671	5
3. 开发特色功能性饲料高粱，增加农民收入	3	2	1	1	2	0	0	5.000	4
4. 完成饲料高粱种质资源收集和保存，完善饲料高粱育种平台	3	2	3	1	2	1	0	6.308	2
5. 建立饲料高粱配套的病虫草害防控技术体系	3	2	2	1	2	1	0	5.860	3

注：V_1 为饲料高粱农业补贴政策、投资政策等需求；V_2 为饲料高粱成本控制（制种成本、播种成本等）；V_3 为饲料高粱农机配套的需求；V_4 为饲料高粱新品种应用与推广新模式需求；V_5 为饲料高粱的质量安全保障体系的建立（种子质量、种植安全质量、加工食品安全、是否转基因高粱食品、农药残留等）；V_6 为饲料高粱配套的技术需求（配套的栽培技术、制种技术、病虫害防治技术、优化施肥技术等）；V_7 为饲料高粱农业基础设施配套的需求。

第三节　饲料高粱技术壁垒分析

技术壁垒分析是指在提出、讨论和确定近期、中期和长期不同目标要素过程中存在的技术壁垒，以及多种技术壁垒要素的优先顺序，具体分析影响产业目标实现的技术难点和各关键技术应用的现状、特点等。

一、饲料高粱技术壁垒问卷调查

根据饲料高粱发展的现状和专家组对该领域的了解，在查阅相关资料的基础上，专家组设计了技术壁垒调查问卷（表 10-10）。调查对象包括科研单位（34.58%）、大专院校（23.36%）、政府部门（14.02%）、种子企业（9.35%）、种植养殖户（种植养殖合作社）（11.21%）、加工企业（6.54%）和其他（0.93%）。调查对象共 107 人，调查人员分布情况，详见图 10-5。

表 10 - 10　饲料高粱产业技术壁垒调查问卷

1. 贵单位是?
    A. 科研单位
    B. 政府部门
    C. 大专院校
    D. 种子企业
    E. 种植养殖户（种植养殖合作社）
    F. 加工企业
    G. 其他（备注：　　　）
2. 请您对饲料高粱品种选育中技术壁垒要素排序。
    A. 缺乏具有国际先进水平的饲料高粱种质资源库，资源创新能力弱
    B. 饲料高粱转基因等新技术应用不成熟
    C. 缺乏区域性的高抗逆、丰产性品种，缺乏适宜低温、生育期短、抗灾害性、高品质等饲料高粱系列品种
    D. 缺乏适合山地、边缘地块耕作的耐瘠薄、广适性的饲料高粱新品种
    E. 稳定的饲料高粱研究经费支持力度小
    F. 缺乏适用于饲料高粱田间试验的单行小型播种、收获技术
3. 请您对饲料高粱生产技术研究中技术壁垒要素排序。
    A. 饲料高粱不同季节病虫害发生规律机制研究
    B. 饲料高粱不同生长期需肥需水规律机制研究
    C. 饲料高粱品质营养精准调控技术
    D. 饲料高粱质量安全监测点建设尚不健全，确保无害化种植
    E. 缺乏高效、低毒、低残留、低成本农药及专用生物农药新产品研发
    F. 现有轻简化栽培技术不能满足饲料高粱现代农业生产的需要
    G. 饲料高粱功能性食品营养成分的标准制定
4. 请您对饲料高粱技术服务中技术壁垒要素排序。
    A. 缺乏稳定的饲料高粱技术服务经费
    B. 饲料高粱种子及产品的知识产权保护
    C. 先进技术推广速度慢，农户技术水平低，农技培训与咨询尚不到位
    D. 饲料高粱技术服务体系缺乏合理的人才结构、稳定的农技队伍、健全的服务机制
    E. 缺乏分布合理的饲料高粱新品种、新技术示范基地
    F. 农业研究机构与农业推广机构衔接不紧密
5. 请您对饲料高粱流通加工及综合利用过程中技术壁垒要素排序。
    A. 缺乏饲料高粱的精深加工能力，功能性高粱产品开发力度不足
    B. 饲料高粱功能性的新型加工技术
    C. 缺乏良好的信誉体系和合同履约体系
    D. 产供销一体化程度低，缺乏专业的饲料高粱行业协会
    E. 饲料高粱进出口配额等其他流通环节

　　通过对调查结果分析和总结，得出 9 大类技术壁垒要素。经专家充分讨论，结果排序如下：

　　（1）育种资源缺乏，优质多抗性资源创新不足，广适性特异性新品种缺乏。

　　（2）稳定支持经费不足，研发技术有待提高。

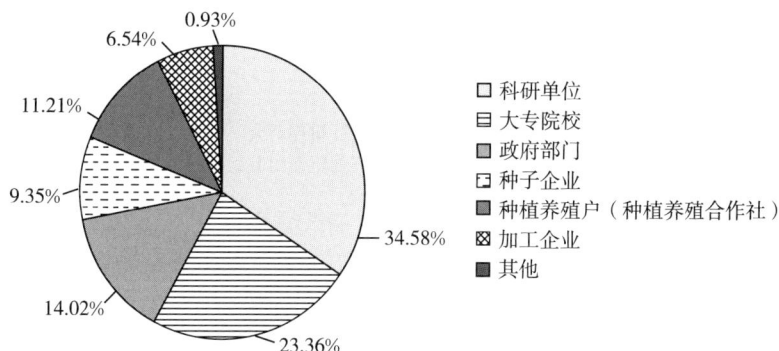

图 10 - 5 饲料高粱产业技术壁垒调查对象统计

（3）栽培生理、病虫害防治和品质规律研究滞后。

（4）加工研发技术创新和加工能力落后。

（5）轻简化栽培技术不能满足现代农业的发展。

（6）配套小型农机缺乏。

（7）新技术推广慢，科研和推广衔接不足。

（8）新农药的研发能力弱。

（9）相关行业组织和体系有待建设。

二、饲料高粱关键技术难点、技术差距与障碍分析

根据技术壁垒问卷调查结果，专家组针对产业链上的育种、栽培、加工、技术推广、产品流通等领域的关键技术难点、技术差距和障碍进行了分析，具体结果详见表 10 - 11。

表 10 - 11　饲料高粱产业的技术差距和障碍分析

技术领域	关键技术难点	技术差距和障碍
品种选育	1. 缺乏具有国际先进水平的饲料高粱种质资源库，资源创新能力弱 2. 缺乏区域性的高抗逆、丰产性品种，缺乏适宜低温、生育期短、抗灾害性、高品质等饲料高粱系列品种 3. 缺乏适合山地、边缘地块耕作的耐瘠薄、广适性的饲料高粱新品种 4. 饲料高粱转基因等新技术应用不成熟 5. 稳定的饲料高粱研究经费支持力度小 6. 缺乏适用于饲料高粱田间试验的单行小型播种、收获技术	育种资源缺乏；优质多抗性资源创新不足；边际土壤和山地饲料高粱品种缺乏；研发经费少；小型配套机械缺乏等

（续）

技术领域	关键技术难点	技术差距和障碍
生产技术研究与集成	7. 饲料高粱不同生长期需肥需水规律机制研究 8. 饲料高粱不同季节病虫害发生规律机制研究 9. 饲料高粱品质营养精准调控技术 10. 现有轻简化栽培技术不能满足饲料高粱现代农业生产的需要 11. 缺乏高效、低毒、低残留、低成本农药及专用生物农药新产品研发 12. 饲料高粱质量安全监测点建设尚不健全，确保无害化种植 13. 饲料高粱功能性食品营养成分的标准制定	栽培生理、病虫害防治和品质规律研究滞后；轻简化栽培技术落后；新农药研发缺乏；质量安全检测的基础建设落后等
技术服务	14. 缺乏稳定的饲料高粱技术服务经费 15. 饲料高粱技术服务体系缺乏合理的人才结构、稳定的农技队伍、健全的服务机制 16. 先进技术推广速度慢，农户技术水平低，农技培训与咨询尚不到位 17. 饲料高粱种子及产品的知识产权保护 18. 缺乏分布合理的饲料高粱新品种、新技术示范基地 19. 农业研究机构与农业推广机构衔接不紧密	技术服务经费不稳定；新技术推广慢；缺乏合理的示范基地；科研和推广衔接不紧密
流通、加工及综合利用	20. 缺乏饲料高粱的精深加工能力，功能性高粱产品开发力度不足 21. 饲料高粱功能性的新型加工技术 22. 产供销一体化程度低，缺乏专业的饲料高粱行业协会 23. 缺乏良好的信誉体系和合同履约体系 24. 饲料高粱进出口配额等其他流通环节	加工能力落后；相关组织建设有待提高；体系建设缺乏

三、饲料高粱技术壁垒要素与产业目标要素关联分析

表 10-12 为饲料高粱产业技术壁垒要素和产业目标要素关联分析结果。

根据访谈结果将饲料高粱产业链上 9 大类技术壁垒凝练为具体技术领域的 24 个技术难点。经过头脑风暴法，归纳出 17 个技术难点，详见表 10-13。

表 10-12　饲料高粱产业技术壁垒要素和产业目标要素关联分析

需求要素	V_1	V_2	V_3	V_4	V_5	$\sum(V_{ji} \times V_i)$	排序
重要值	0.949	0.701	0.952	0.950	0.949		
1	1	0	1	1	1	3.800	24
2	2	0	2	3	2	8.550	7
3	1	1	1	1	1	4.501	20
4	3	0	3	3	3	11.400	5
5	2	1	1	1	1	5.450	15
6	2	1	2	2	2	8.301	9
7	1	1	1	1	1	4.501	21
8	1	0	1	1	1	3.800	23
9	1	1	1	1	1	4.501	22
10	2	2	3	3	3	11.853	3
11	2	1	2	2	2	8.301	8
12	2	1	1	1	1	5.450	16
13	2	2	1	2	2	8.050	12
14	3	1	3	3	3	12.101	2
15	2	1	1	1	1	5.450	17
16	2	1	2	3	3	10.200	6
17	1	1	1	1	1	4.501	18
18	2	0	2	2	2	7.600	13
19	2	0	2	2	2	7.600	14
20	3	1	3	3	3	12.101	1
21	3	0	3	3	3	11.400	4
22	1	1	1	1	1	4.501	19
23	2	1	2	2	2	8.301	10
24	2	1	2	2	2	8.301	11

关键技术难点 (V_{ji})

注：V_1 为选育高产、高营养、多抗、多熟期、多类型的饲料高粱新品种；V_2 为研究集成配套饲料高粱轻简化高效管理技术；V_3 为开发特色功能性饲料高粱，增加农民收入；V_4 为完成饲料高粱种质资源收集和保存，完善饲料高粱育种平台；V_5 为建立饲料高粱配套的病虫草害防控技术体系。

表 10-13　筛选的饲料高粱产业 17 个重要技术难点（技术壁垒要素）

重要性排序	技术壁垒要素	关键技术难点序号
1	缺乏饲料高粱的精深加工能力，功能性高粱产品开发力度不足	20

（续）

重要性排序	技术壁垒要素	关键技术难点序号
2	缺乏稳定的饲料高粱技术服务经费	14
3	现有轻简化栽培技术不能满足饲料高粱现代农业生产的需要	10
4	饲料高粱功能性的新型加工技术	21
5	饲料高粱转基因等新技术应用不成熟	4
6	先进技术推广速度慢，农户技术水平低，农技培训与咨询尚不到位	16
7	缺乏区域性的高抗逆、丰产性品种，缺乏适宜低温、生育期短、抗灾害性、高品质等饲料高粱系列品种	2
8	缺乏高效、低毒、低残留、低成本农药及专用生物农药新产品研发	11
9	缺乏适用于饲料高粱田间试验的单行小型播种、收获技术	6
10	缺乏良好的信誉体系和合同履约体系	23
11	饲料高粱进出口配额等其他流通环节	24
12	饲料高粱功能性食品营养成分的标准制定	13
13	缺乏分布合理的饲料高粱新品种、新技术示范基地	18
14	农业研究机构与农业推广机构衔接不紧密	19
15	稳定的饲料高粱研究经费支持力度小	5
16	饲料高粱质量安全监测点建设尚不健全，确保无害化种植	12
17	饲料高粱技术服务体系缺乏合理的人才结构、稳定的农技队伍、健全的服务机制	15

表 10-14 显示了对关联筛选的 17 个关键技术难点，从近期、中期、长期时间节点上对存在的技术壁垒做出了评价。

表 10-14　饲料高粱产业技术壁垒与产业目标各时间节点关联分析结果

技术领域	近期（近 3 年）	中期（3~8 年）	长期（8 年以后）
品种选育	2. 缺乏区域性的高抗逆、丰产性品种，缺乏适宜低温、生育期短、抗灾害性、高品质等饲料高粱系列品种 6. 缺乏适用于饲料高粱田间试验的单行小型播种、收获技术	2. 缺乏区域性的高抗逆、丰产性品种，缺乏适宜低温、生育期短、抗灾害性、高品质等饲料高粱系列品种 4. 饲料高粱转基因等新技术应用不成熟	5. 稳定的饲料高粱研究经费支持力度小 4. 饲料高粱转基因等新技术应用不成熟

（续）

技术领域	近期（近3年）	中期（3～8年）	长期（8年以后）
生产技术研究与集成	10. 现有轻简化栽培技术不能满足饲料高粱现代农业生产的需要 11. 缺乏高效、低毒、低残留、低成本农药及专用生物农药新产品研发 13. 饲料高粱功能性食品营养成分的标准制定	11. 缺乏高效、低毒、低残留、低成本农药及专用生物农药新产品研发 13. 饲料高粱功能性食品营养成分的标准制定	12. 饲料高粱质量安全监测点建设尚不健全，确保无害化种植
技术服务	16. 先进技术推广速度慢，农户技术水平低，农技培训与咨询尚不到位 18. 缺乏分布合理的饲料高粱新品种、新技术示范基地	14. 缺乏稳定的饲料高粱技术服务经费 16. 先进技术推广速度慢，农户技术水平低，农技培训与咨询尚不到位 18. 缺乏分布合理的饲料高粱新品种、新技术示范基地	19. 农业研究机构与农业推广机构衔接不紧密 15. 饲料高粱技术服务体系缺乏合理的人才结构、稳定的农技队伍、健全的服务机制
流通、加工及综合利用	20. 缺乏饲料高粱的精深加工能力，功能性高粱产品开发力度不足 21. 饲料高粱功能性的新型加工技术	20. 缺乏饲料高粱的精深加工能力，功能性高粱产品开发力度不足 21. 饲料高粱功能性的新型加工技术 24. 饲料高粱进出口配额等其他流通环节	23. 缺乏良好的信誉体系和合同履约体系 24. 饲料高粱进出口配额等其他流通环节

第四节　饲料高粱研发需求分析

一、饲料高粱技术研发需求分析

为全面了解饲料高粱产业发展的研发需求，邀请了国内主要的高粱专家进行了详细的研讨和问卷调查，并对产业链各个环节重要研发领域进行综合分析和排序，详见表10-15。

表 10 - 15　饲料高粱产业链环节重要因素评价

环节	顶级	高级	中级
育种环节	资源改良与特异资源的创制（种子） 优良不育系和恢复系的筛选与测配（种子） 育种资源收集评价与信息库（资源） 优良组合筛选与鉴定（种子） 育种新技术新方法（种子）	转基因技术的利用（资源） 新品种示范与推广（品种） 种子质量检测（种子） 不育系和恢复系选育方法理论（资源）	种子制种技术规程应用（种子） 种子采收及种子贮藏（资源） 制种基地筛选及建设环节（种子）
生产环节	抗旱节水技术集成与应用（栽培） 轻简高效技术集成与示范（栽培） 瘠薄土壤配套品种高效栽培技术创新和集成（栽培） 病虫害发生规律与防治（植物保护） 高效轮作技术集成与示范（栽培）	品种配套技术集成与应用（栽培） 山地农业专业化耕种和收获机械（栽培） 灾害应急技术及体系建设（植物保护） 营养元素需求规律与施肥（栽培） 专用肥的开发与应用（栽培）	产业区域规划布局（栽培） 保护性耕作技术集成与示范（栽培） 产品生产规划布局（栽培） 运输包装及运输（产品贮运） 适应采收期及收获标准（栽培）
加工环节	籽粒饲料（精加工） 籽粒加整株青贮（精加工） 高粱淀粉加工工业（深加工） 高粱工业原料提取加工产业（深加工）	养殖饲料加工（精加工） 青贮饲料贮藏（粗加工） 籽粒饲料储藏技术（加工储藏） 功能混合饲料加工（精加工）	籽粒淀粉加工（粗加工） 籽粒饲料混合加工（粗加工） 籽粒脱皮脱壳（粗加工）

　　根据领域研发重要排序结果，邀请高粱产业专家及路线图技术团队共 40 人，开展研发需求头脑风暴，列举出项目 185 项，并对其评价，统计后研发需求要素按优先顺序分为顶级、高级和中级。其中，遴选出项目 41 项，顶级研发需求项目 15 项（表 10 - 16），高级研发需求项目 14 项（表 10 - 17），中级研发需求项目 12 项（表 10 - 18）。

表 10 - 16　饲料高粱顶级研发需求项目

编号	项　目
1	高品质饲料高粱材料的创制和品种选育
2	饲料高粱特异资源的挖掘
3	建立稳定的饲料高粱研发推广团队

（续）

编号	项　目
4	高淀粉饲料高粱资源的基因发掘
5	饲料高粱耐瘠薄关键基因的挖掘
6	轻简高效机械化饲料高粱栽培技术
7	转基因技术的研发
8	适应边际土壤的优良饲料高粱品种和土地综合治理
9	饲料高粱亲本资源的指纹图谱构建
10	饲料高粱的精深加工
11	饲料高粱病虫害规律和防控技术研究
12	适宜规模化种植的优质高粱品种
13	饲料高粱抗性材料的鉴选和优异基因的挖掘
14	饲料高粱饲喂效果和机理研究
15	抗除草剂饲料高粱的研发

表 10 - 17　饲料高粱高级研发需求项目

编号	项　目
1	高产饲料高粱品种的选育
2	优异饲料高粱育种资源的筛选与评价
3	生物农药开发及防治效果研究
4	山地机械化农机的研发
5	旱作节水品种的筛选
6	饲料高粱生产操作规程
7	高粱产品质量安全标准体系建设
8	优质饲料高粱品种展示基地建设
9	种子市场管理监督体系建设
10	饲料高粱经营组织的研究
11	饲料用高粱收获机械化应用
12	产供销一体化建设
13	饲料高粱产品质量安全标准体系建设
14	新品种展示基地建设

表 **10 - 18**　饲料高粱中级研发需求项目

编号	项　目
1	饲料高粱新品种示范与推广
2	饲料高粱贮藏技术研究
3	饲料高粱粗加工技术的研发
4	饲料高粱加工设备的研发
5	饲料高粱配套栽培技术研发
6	饲料高粱进出口政策
7	新型农民培养
8	饲料高粱种植保险业务研究与开发
9	饲料高粱种植贷款业务研究与开发
10	饲料高粱产品包装及运输
11	市场信用体系构建
12	饲料添加剂研发

　　按产业链环节看，研发项目中品种选育环节占 11 项，生产技术研究与集成环节占 11 项，技术服务环节占 13 项，流通、加工及综合利用环节占 6 项（图 10 - 6）。

重要性高	1、2、4、5、9、12、13、15	6、8、11	3、7、14	10	顶级研发项目
	1、2、5	3、4、6、11、14	7、8、9、13	10、12	高级研发项目
重要性低		2、5、12	1、6、7、8、9、11	3、4、10	中级研发项目
领域	品种育种	生产技术研究与集成	技术服务	流通加工及利用	

图 10 - 6　饲料高粱研发项目各环节位置

二、饲料高粱顶级研发需求分析

　　为了进一步对顶级研发需求项目进行评估，从项目执行风险、利润影响因素、技术研发时间节点和组织研发主体对顶级研发需求进行分析。

（一）风险性分析

1. 顶级研发需求项目市场风险分析（表 10 - 19）

表 10 - 19　饲料高粱顶级研发需求市场风险分析

市场风险 等级	低风险	中风险	高风险
研发 项目	1. 高品质饲料高粱材料的创制和品种选育 3. 建立稳定的饲料高粱研发推广团队 5. 饲料高粱耐瘠薄关键基因的挖掘 6. 轻简高效机械化饲料高粱栽培技术 11. 饲料高粱病虫害规律和防控技术研究 12. 适宜规模化种植的优质高粱品种 14. 饲料高粱饲喂效果和机理研究	2. 饲料高粱特异资源的挖掘 4. 高淀粉饲料高粱资源的基因发掘 8. 适应边际土壤的优良饲料高粱品种和土地综合治理 13. 饲料高粱抗性材料的鉴选和优异基因的挖掘	7. 转基因技术的研发 9. 饲料高粱亲本资源的指纹图谱构建 10. 饲料高粱的精深加工 15. 抗除草剂饲料高粱的研发

2. 顶级研发需求项目技术风险分析（表 10 - 20）

表 10 - 20　饲料高粱顶级研发需求技术风险分析

技术风险 等级	低风险	中风险	高风险
研发 项目	3. 建立稳定的饲料高粱研发推广团队 6. 轻简高效机械化饲料高粱栽培技术 8. 适应边际土壤的优良饲料高粱品种和土地综合治理 12. 适宜规模化种植的优质高粱品种 14. 饲料高粱饲喂效果和机理研究	1. 高品质饲料高粱材料的创制和品种选育 2. 饲料高粱特异资源的挖掘 4. 高淀粉饲料高粱资源的基因发掘 10. 饲料高粱的精深加工 11. 饲料高粱病虫害规律和防控技术研究 13. 饲料高粱抗性材料的鉴选和优异基因的挖掘	5. 饲料高粱耐瘠薄关键基因的挖掘 7. 转基因技术的研发 9. 饲料高粱亲本资源的指纹图谱构建 15. 抗除草剂饲料高粱的研发

（二）利润影响因素分析

1. 利润大小评估分析（表 10-21）

表 10-21 饲料高粱顶级研发需求项目利润分析

利润等级	低	中	高
研发项目	4. 高淀粉饲料高粱资源的基因发掘 5. 饲料高粱耐瘠薄关键基因的挖掘 6. 轻简高效机械化饲料高粱栽培技术 9. 饲料高粱亲本资源的指纹图谱构建	2. 饲料高粱特异资源的挖掘 7. 转基因技术的研发 12. 适宜规模化种植的优质高粱品种 13. 饲料高粱抗性材料的鉴选和优异基因的挖掘	1. 高品质饲料高粱材料的创制和品种选育 3. 建立稳定的饲料高粱研发推广团队 8. 适应边际土壤的优良饲料高粱品种和土地综合治理 10. 饲料高粱的精深加工 11. 饲料高粱病虫害规律和防控技术研究 14. 饲料高粱饲喂效果和机理研究 15. 抗除草剂饲料高粱的研发

2. 顶级研发需求利润影响因素分析（表 10-22）

表 10-22 饲料高粱顶级研发需求利润影响因素分析

序号	项目	有利因素	不利因素
1	高品质饲料高粱材料的创制和品种选育	现有育种资源经过育种改良，积累了大量优异资源	国内饲料高粱育种进度较慢，国际饲料育种材料较为丰富
2	饲料高粱特异资源的挖掘	积累大量育种材料	现有育种资源遗传距离较近，原始资源缺乏
3	建立稳定的饲料高粱研发推广团队	研发团队、推广团队技术较为成熟	科研、推广和市场分属不同体制，较难融合
4	高淀粉饲料高粱资源的基因发掘	现有育种资源较多，研发团队技术成熟	基础研究起步较晚
5	饲料高粱耐瘠薄关键基因的挖掘	资源较多，研发技术先进	影响因素较为复杂，关键基因寻找较为困难
6	轻简高效机械化饲料高粱栽培技术	技术成熟，对育种工作具有较大的促进作用	种植规模较小，成本较高
7	转基因技术的研发	对基础研究意义重大	关键基因的挖掘和转化体系有待提高

（续）

序号	项　目	有利因素	不利因素
8	适应边际土壤的优良饲料高粱品种和土地综合治理	研发成功对提高生产水平意义重大	边际土壤往往基础不配套，投入资金大
9	饲料高粱亲本资源的指纹图谱构建	对基础研究意义重大	需要长期经费支持开展
10	饲料高粱的精深加工	对延伸产业链意义重大	研发较难突破
11	饲料高粱病虫害规律和防控技术研究	病虫草害对农业危害重大，常造成农业严重减产，该研究对于保障农业生产安全意义重大	病虫草害研究不深入，抗性与产量及品质关系不清
12	适宜规模化种植的优质高粱品种	提高饲料高粱的光合利用效率和生产效率	配套技术较多
13	饲料高粱抗性材料的鉴选和优异基因的挖掘	育种资源较多，技术成熟	原始资源有待整理，资源和育种结合需要时间
14	饲料高粱饲喂效果和机理研究	对延伸产业链意义重大	需多学科配合
15	抗除草剂饲料高粱的研发	对生产中节约劳动力意义重大	常规技术较难突破

三、饲料高粱技术研发时间节点分析

1. 近期应解决的问题

项目名称	序号
高品质饲料高粱材料的创制和品种选育	1
轻简高效机械化饲料高粱栽培技术	6
适应边际土壤的优良饲料高粱品种和土地综合治理	8
饲料高粱病虫害规律和防控技术研究	11
适宜规模化种植的优质高粱品种	12

2. 中期应解决的问题

项目名称	序号
饲料高粱特异资源的挖掘	2
建立稳定的饲料高粱研发推广团队	3
高淀粉饲料高粱资源的基因发掘	4

（续）

项目名称	序号
饲料高粱耐瘠薄关键基因的挖掘	5
转基因技术的研发	7
饲料高粱的精深加工	10
饲料高粱抗性材料的鉴选和优异基因的挖掘	13
饲料高粱饲喂效果和机理研究	14

3. 长期应解决的问题

项目名称	序号
饲料高粱亲本资源的指纹图谱构建	9
抗除草剂饲料高粱的研发	15

四、饲料高粱技术研发主体分析

1. 科研单位可承担的项目

项目名称	序号
饲料高粱特异资源的挖掘	2
高淀粉饲料高粱资源的基因发掘	4
饲料高粱耐瘠薄关键基因的挖掘	5
转基因技术的研发	7
适应边际土壤的优良饲料高粱品种和土地综合治理	8
饲料高粱亲本资源的指纹图谱构建	9
饲料高粱病虫害规律和防控技术研究	11
适宜规模化种植的优质高粱品种	12
饲料高粱抗性材料的鉴选和优异基因的挖掘	13
饲料高粱饲喂效果和机理研究	14
抗除草剂饲料高粱的研发	15

2. 企业可承担的项目

项目名称	序号
高品质饲料高粱材料的创制和品种选育	1
轻简高效机械化饲料高粱栽培技术	6
饲料高粱的精深加工	10
适宜规模化种植的优质高粱品种	12

3. 政府推广部门可承担的项目

项目名称	序号
建立稳定的饲料高粱研发推广团队	3
适应边际土壤的优良饲料高粱品种和土地综合治理	8

五、饲料高粱技术发展模式分析

1. 自主研发

根据技术的重要性及人才、基地和经费情况，确定在顶级研发需求中，可以或需要自主研发的项目 11 个。自主研发的承担机构须具备国内同行认可的较强的学术优势和产业化基础，项目执行可采用的模式有联合攻关或独立承担模式。

项目名称	序号
高品质饲料高粱材料的创制和品种选育	1
建立稳定的饲料高粱研发推广团队	3
高淀粉饲料高粱资源的基因发掘	4
饲料高粱耐瘠薄关键基因的挖掘	5
轻简高效机械化饲料高粱栽培技术	6
转基因技术的研发	7
适应边际土壤的优良饲料高粱品种和土地综合治理	8
饲料高粱的精深加工	10
饲料高粱病虫害规律和防控技术研究	11
适宜规模化种植的优质高粱品种	12
饲料高粱饲喂效果和机理研究	14

2. 中外技术合作

部分项目可以通过中外技术合作的方式，充分利用国外的技术、资金和人才优势，加快完成项目研发与执行。通过对需求风险、研发时间节点和利润等分析，认为以下 4 个研发项目可以采取中外技术合作的方式实施。

项目名称	序号
饲料高粱特异资源的挖掘	2
饲料高粱亲本资源的指纹图谱构建	9
饲料高粱抗性材料的鉴选和优异基因的挖掘	13
抗除草剂饲料高粱的研发	15

第五节　编制饲料高粱技术路线图

一、绘制饲料高粱顶级研发需求技术路线图

根据顶级研发需求风险性分析、利润分析、研发节点分析、研发主体分析及研发模式分析结果，绘制顶级研发需求项目路线图。图 10 - 7 中的项目编号对应于表 10 - 23 中相应编号的项目题目。

时间	近期（<3年）	中期（3～8年）	长期（>8年）
科研单位层面	研发项目组（少） ★8　★11 ◆12　◆18 ▲34	研发项目组（中） ★2　★4 ★5　★7 ★13　★14 ◆16　◆17 ◆19　◆20 ◆26　▲31 ▲32　▲41	研发项目组（少） ★9　★15
企业层面	研发项目组（中） ★1　★6 ★12　◆21 ◆23　◆25 ▲36	研发项目组（少） ★10　◆27 ▲30　▲33 ▲39	
政府层面	研发项目组（中） ★8　◆22 ◆24　◆29 ▲35　▲37 ▲38	研发项目组（中） ★3　◆28	研发项目组（少） ▲40

图 10 - 7　饲料高粱研发需求技术路线

图中■代表凝练和筛选的研发项目，框中的数字代表项目编号，（多）（中）（少）代表项目组的多少，★表示顶级研发项目、◆表示高级研发项目、▲表示中级研发项目。

表 10 - 23　饲料高粱顶级研发需求项目注释

优先级别	项　目
顶级研发需求	1. 高品质饲料高粱材料的创制和品种选育 2. 饲料高粱特异资源的挖掘 3. 建立稳定的饲料高粱研发推广团队 4. 高淀粉饲料高粱资源的基因发掘 5. 饲料高粱耐瘠薄关键基因的挖掘 6. 轻简高效机械化饲料高粱栽培技术 7. 转基因技术的研发 8. 适应边际土壤的优良饲料高粱品种和土地综合治理 9. 饲料高粱亲本资源的指纹图谱构建 10. 饲料高粱的精深加工 11. 饲料高粱病虫害规律和防控技术研究 12. 适宜规模化种植的优质高粱品种 13. 饲料高粱抗性材料的鉴选和优异基因的挖掘 14. 饲料高粱饲喂效果和机理研究 15. 抗除草剂饲料高粱的研发
高级研发需求	16. 高产饲料高粱品种的选育 17. 优异饲料高粱育种资源的筛选与评价 18. 生物农药开发及防治效果研究 19. 山地机械化农机的研发 20. 旱作节水品种的筛选 21. 饲料高粱生产操作规程 22. 高粱产品质量安全标准体系建设 23. 优质饲料高粱品种展示基地建设 24. 种子市场管理监督体系建设 25. 饲料高粱经营组织的研究 26. 饲料用高粱收获机械化应用 27. 产供销一体化建设 28. 饲料高粱产品质量安全标准体系建设 29. 新品种展示基地建设
中级研发需求	30. 饲料高粱新品种示范与推广 31. 饲料高粱贮藏技术研究 32. 饲料高粱粗加工技术的研发 33. 饲料高粱加工设备的研发 34. 饲料高粱配套栽培技术研究 35. 饲料高粱进出口政策 36. 新型农民培养 37. 饲料高粱种植保险业务研究与开发 38. 饲料高粱种植贷款业务研究与开发 39. 饲料高粱产品包装及运输 40. 市场信用体系构建 41. 饲料添加剂研发

二、绘制饲料高粱顶级研发需求技术路线图

对项目所罗列的 15 个顶级研发需求在实施过程中可能存在的风险、利润及研发节点进行了分析，绘制了顶级研发需求技术路线图，详见图 10-8、表 10-24 至表 10-38。

	高风险	中风险	低风险
高利润		4、8、11、15	9
中利润	5	6、10、12、13、14	
低利润		2、3、7	1

图 10-8 饲料高粱顶级研发需求风险利润关系

表 10-24 高品质饲料高粱材料的创制和品种选育技术路线

顶级研发需求	综合风险	影响利润的因素
高品质饲料高粱材料的创制和品种选育	低　　中　　高 项目属于产业的核心竞争力之一，该研究技术风险较低，研究成果很快影响市场，但资源评价周期较长需要政府的支持，国际竞争较为激烈且我国处于相对落后的地位	有利因素：现有育种资源经过育种改良，积累了大量优异资源 不利因素：国内饲料高粱育种进度较慢，国际饲料育种材料较为丰富

关键技术	时间表
高品质饲料高粱材料的创制；优良饲料高粱品种的选育	近期　中期　长期 首先完成现有育种资源的饲料高粱品质评价；其次集合育种材料的性状和现有育种资源开展高品质、高配合力的新组合的选育；最后选育出优良饲料高粱品种

表 10-25 饲料高粱特异资源的挖掘技术路线

顶级研发需求	综合风险	影响利润的因素
饲料高粱特异资源的挖掘	低　　中　　高 项目属于产业的基础竞争力，该研究技术风险为中，关键的问题在于长期的坚持和广泛的收集且收集不限于国内，不会产生直接的经济效益，需要政府资金的长期支持	有利因素：积累大量育种材料 不利因素：现有育种资源遗传距离较近，原始资源缺乏

（续）

关键技术	时间表
广泛的资源收集；饲料相关的鉴定评价；优异资源和特异资源的挖掘	近期　中期　长期 首先开展长期的广泛的饲料高粱资源的收集；其次在完成一定储备以后开展饲料高粱相关的品质、生理和抗性等的资源评价鉴定；最后通过现代生物手段发掘优异资源用于育种，发掘特异资源用于开发

表 10 - 26　建立稳定的饲料高粱研发推广团队技术路线

顶级研发需求	综合风险	影响利润的因素
建立稳定的饲料高粱研发推广团队	低　中　高 项目属于产业研发的团队建设，该研究技术风险低但是利润风险较高。需要突破现有体制实现科研推广和市场的有效衔接，是保证各项研究的人才基础，一旦形成有效体制将会产生较大利润	有利因素：研发团队、推广团队技术较为成熟 不利因素：科研、推广和市场分属不同体制，较难融合

关键技术	时间表
体制建设和团队建设；人才梯队建设	近期　中期　长期 首先完成高技术人才和梯度人才的储备；其次研发和推广团队领军人才的培养；最后突破体制机制建设高质量的饲料高粱研发推广团队

表 10 - 27　高淀粉饲料高粱资源的基因发掘技术路线

顶级研发需求	综合风险	影响利润的因素
高淀粉饲料高粱资源的基因发掘	低　中　高 项目属于产业研发的基础，该研究技术风险低但是利润风险为中；需要广泛的收集资源，在分子基础研究方面增强人才基础和理论突破	有利因素：现有育种资源较多，研发团队技术成熟 不利因素：基础研究起步较晚

关键技术	时间表
高淀粉、高品质饲料高粱材料的收集；高品质饲料高粱特异基因的挖掘	近期　中期　长期 首先完成广泛的饲料高粱高品质材料的收集，其次在现有生物技术的支撑下完成特异资源基因的挖掘

表 10 - 28　饲料高粱耐瘠薄关键基因的挖掘技术路线

顶级研发需求	综合风险	影响利润的因素
饲料高粱耐瘠薄关键基因的挖掘	低　中　高 项目属于产业研发的基础，对边际土壤的开发和生态建设极其重要；该研究技术风险高但是利润风险较低；需要长期的多点试验筛选材料，评价体系的建立和材料的筛选可在中期完成，但关键基因的挖掘较为困难，建立后经济和社会效益较高	有利因素：资源较多，研发技术先进 不利因素：影响因素较为复杂，关键基因寻找较为困难

关键技术	时间表
耐瘠薄饲料材料的收集整理和评价体系建设；耐瘠薄饲料高粱特异基因的挖掘	近期　中期　长期 首先完成广泛的饲料高粱耐瘠薄材料的收集并建立评价体系完成材料的筛选整理，其次在现有生物技术的支撑下完成耐瘠薄基因的挖掘

表 10 - 29　轻简高效机械化饲料高粱栽培技术路线

顶级研发需求	综合风险	影响利润的因素
轻简高效机械化饲料高粱栽培技术	低　中　高 项目属于产业的应用研发，对减轻劳动量和规模化生产很重要；该研究综合风险较低；需要品种和农业机械的配合，但小规模生产成本会增加，需要规模化生产	有利因素：技术成熟，对育种工作具有较大的促进作用 不利因素：种植规模较小，成本较高

关键技术	时间表
机械化饲料高粱的选育；配套高效机械和防治器械的研发	近期　中期　长期 首先完成适宜大规模机械化饲料高粱的选育，其次完成与品种配套和种植区域配套的机械化和形成防治病、虫、草害的研发体系

表 10 - 30 转基因技术的研发技术路线

顶级研发需求	综合风险	影响利润的因素
转基因技术的研发	低　中　高 项目属于产业基础研究，对育种研究极其重要；该研究技术风险较高，市场风险为中；在其他大型作物方面转基因技术较为成熟，但饲料高粱开展起步较晚，是未来的技术储备，政府应采取经费支持	有利因素：对基础研究意义重大 不利因素：关键基因的挖掘和转化体系有待提高
关键技术	**时间表**	
候选基因的挖掘；高效饲料高粱转化平台的建立	近期　中期　长期 首先明确饲料高粱急需解决的问题，明确候选基因；其次是转基因技术的人才和技术储备，建立高效转化平台	

表 10 - 31 适应边际土壤的优良饲料高粱品种和土地综合治理技术路线

顶级研发需求	综合风险	影响利润的因素
适应边际土壤的优良饲料高粱品种和土地综合治理	低　中　高 项目属于产业应用研究，对于开发边际土壤意义重大，实现粮食增产且不与主粮争地的效果，综合风险低；边际土壤往往农业基础设施较差、优良品种生产效率较低，前期开发需要政府资金支持	有利因素：研发成功对提高生产水平意义重大 不利因素：边际土壤往往基础不配套，投入资金大
关键技术	**时间表**	
饲料高粱品种的选育；边际土壤饲料高粱品种筛选；边际土壤农业基础设施的综合改良	近期　中期　长期 首先选育和筛选出边际土壤的优良饲料高粱品种，其次完成边际土壤的平整、保墒、道路和农机等的基础设施，最后实现对边际土壤的饲料高粱综合开发系统	

表 10 - 32 饲料高粱亲本资源的指纹图谱构建技术路线

顶级研发需求	综合风险	影响利润的因素
饲料高粱亲本资源的指纹图谱构建	低　中　高 项目属于产业基础研究，对于开展饲料高粱相关基础研究意义重大；综合风险为中高；前期研究需要大量人才支撑和经费支撑，对后期开展研究意义重大	有利因素：对基础研究意义重大 不利因素：需要长期经费支持开展

（续）

关键技术	时间表
亲本资源的收集整理；指纹图谱的构建	近期　中期　长期 首先丰富亲本资源需要长期收集和整理；其次指纹图谱的构建需要人才支撑和经费支撑，建成指纹图谱高效开展相关基础研究

表 10-33　饲料高粱的精深加工技术路线

顶级研发需求	综合风险	影响利润的因素
饲料高粱的精深加工	低　中　高 项目属于下游产业链研究，对于延伸饲料高粱的产业链意义重大；综合风险为中高；该研究需要研发和市场对接，找到突破点，研究成功对整个产业的发展极其重要	有利因素：对延伸产业链意义重大 不利因素：研发较难突破

关键技术	时间表
饲料高粱特异资源的发掘；饲料高粱精深加工材料和工艺	近期　中期　长期 首先对饲料高粱特异性资源进行发掘，重点开展美妆原料、功能饲料等的开发；其次饲料高粱精深加工材料和工艺的研发，形成饲料高粱下游新的产业链

表 10-34　饲料高粱病虫害规律和防控技术研究路线

顶级研发需求	综合风险	影响利润的因素
饲料高粱病虫害规律和防控技术研究	低　中　高 项目属于产业应用研究，对高效和无害化生产的意义重大，综合风险为中；该研究是生产中急需解决的问题	有利因素：病虫草害对农业危害重大，常造成农业严重减产，该研究对于保障农业生产安全意义重大 不利因素：病虫草害研究不深入，抗性与产量及品质关系不清

关键技术	时间表
饲料高粱病虫害规律研究；饲料高粱病虫害防治技术研究	近期　中期　长期 重点发现饲料高粱的病虫害要点和规律，明确新发病虫害的规律；形成高效、无害化的防治技术，建立饲料高粱病虫害防治技术体系

表 10 - 35　适宜规模化种植的优质高粱品种技术研究路线

顶级研发需求	综合风险	影响利润的因素
适宜规模化种植的优质高粱品种	低　　中　　高 ● 项目是实现产业效益的关键，综合风险为中低；规模化生产的第一步是适宜规模化生产的品种，高顶土力饲料高粱，高光合材料的创制是培育规模化生产品种的关键，需要理论和应用研究的有效结合，应尽快开展相关研究，满足变化的农业生产结构	有利因素：提高饲料高粱的光合利用效率和生产效率 不利因素：配套技术较多

关键技术	时间表
高顶土力、高光合材料的创制；规模化生产优良饲料高粱的选育	近期　中期　长期 ●├────────► 首先开展饲料高粱高顶土力、高光合材料的创制，综合应用现代分了技术和杂种优势技术培育优良组合，最终创制出适宜规模化生产的优良饲料高粱品种并结合配套农业基础设施

表 10 - 36　饲料高粱抗性材料的鉴选和优异基因的挖掘技术研究路线

顶级研发需求	综合风险	影响利润的因素
饲料高粱抗性材料的鉴选和优异基因的挖掘	低　　中　　高 ● 逆境是造成产业发展不稳定甚至农业生产绝收的主要问题；该项目综合风险为中，是产业发展的基础研究；该项目的研究是多逆境下的综合研究，对今后开展相关研究现实意义较大，需要政府经费支撑	有利因素：育种资源较多，技术成熟 不利因素：原始资源有待整理，资源和育种结合需要时间

关键技术	时间表
多类型材料的收集整理；多逆境条件下的材料筛选评价；抗逆境基因的挖掘	近期　中期　长期 ├───●───► 首先完成多类型尤其是原始饲料高粱资源的收集整理；其次开展干旱、高温、涝害等逆境条件下的材料筛选和完成评价；综合应用现代生物技术开展抗逆境基因的挖掘

表 10-37　饲料高粱饲喂效果和机理研究技术研究路线

顶级研发需求	综合风险	影响利润的因素
饲料高粱饲喂效果和机理研究	低　　中　　高　该项目目前处于空白，对于发展饲料高粱产业至关重要，综合风险为中；该项目的研发要结合不同品种、不同饲料类型和不同养殖动物开展，需要多学科联合	有利因素：对延伸产业链意义重大　不利因素：需多学科配合

关键技术	时间表
不同饲料高粱籽粒、青贮和添加混合饲料类型研究；饲喂不同养殖动物效果研究	近期　中期　长期　首先要根据养殖动物的营养需求研发饲料高粱的不同类型；其次开展相关的饲喂效果研究，形成饲料高粱和不同养殖产业的产业体系，形成新的产业链

表 10-38　抗除草剂饲料高粱的研发技术研究路线

顶级研发需求	综合风险	影响利润的因素
抗除草剂饲料高粱的研发	低　　中　　高　该项目属于突破性技术研发，风险较高；抗除草剂饲料高粱的研发对于饲料高粱规模化和机械化以及节约劳动力方面意义较大，但前期研究发现常规技术很难突破	有利因素：对生产中节约劳动力意义重大　不利因素：常规技术较难突破

关键技术	时间表
抗除草剂育种材料的创制；抗除草剂饲料高粱的选育	近期　中期　长期　首先选择常规技术筛选抗除草剂育种材料；其次采用现代基因手段创制抗除草剂育种材料，培育抗除草剂饲料高粱品种

三、绘制饲料高粱顶级研发需求风险利润路线图

将 15 个顶级研发需求项目（表 10-39）对应于表 10-40 相应编号的项目名称，显示了每一个优先项目风险和利润之间的相关性，为科技主管部门

或产业联盟领导在项目立项、科研经费投入等方面做出科学判断提供依据。

表 10 - 39　饲料高粱顶级研发需求风险-利润路线

项　目	高风险	中风险	低风险
高利润	15	1、10、11	3、6、8、14
中利润		2、7、13	12
低利润	5、9	4	

表 10 - 40　饲料高粱顶级研发需求项目利润风险注释

序号	项　目	备注
1	高品质饲料高粱材料的创制和品种选育	高利润，中风险
2	饲料高粱特异资源的挖掘	中利润，中风险
3	建立稳定的饲料高粱研发推广团队	高利润，低风险
4	高淀粉饲料高粱资源的基因发掘	低利润，中风险
5	饲料高粱耐瘠薄关键基因的挖掘	低利润，高风险
6	轻简高效机械化饲料高粱栽培技术	高利润，低风险
7	转基因技术的研发	中利润，中风险
8	适应边际土壤的优良饲料高粱品种和土地综合治理	高利润，低风险
9	饲料高粱亲本资源的指纹图谱构建	低利润，高风险
10	饲料高粱的精深加工	高利润，中风险
11	饲料高粱病虫害规律和防控技术研究	高利润，中风险
12	适宜规模化种植的优质高粱品种	中利润，低风险
13	饲料高粱抗性材料的鉴选和优异基因的挖掘	中利润，中风险
14	饲料高粱饲喂效果和机理研究	高利润，低风险
15	抗除草剂饲料高粱的研发	高利润，高风险

四、绘制饲料高粱优先研发需求技术发展模式路线图

对饲料高粱技术发展模式（自主研发、技术合作）按近期、中期、长期
3 种时间节点进行分类，绘制 15 个顶级研发需求技术发展模式路线图，详

见表10-41。图中标示的项目编号对应于优先研发需求技术发展模式注释（表10-42）中相应编号的项目名称。

表10-41 饲料高粱优先发展需求技术发展模式与时间节点路线

时间	近期（<3年）	中期（3~8年）	长期（>8年）
自主研发	1、6、8、11、12	3、4、5、7、10、14	
合作研发		2、13	9、15

表10-42 饲料高粱顶级研发需求项目发展模式与时间节点注释

序号	项目	备注
1	高品质饲料高粱材料的创制和品种选育	自主研发，近期
2	饲料高粱特异资源的挖掘	合作研发，中期
3	建立稳定的饲料高粱研发推广团队	自主研发，中期
4	高淀粉饲料高粱资源的基因发掘	自主研发，中期
5	饲料高粱耐瘠薄关键基因的挖掘	自主研发，中期
6	轻简高效机械化饲料高粱栽培技术	自主研发，近期
7	转基因技术的研发	自主研发，中期
8	适应边际土壤的优良饲料高粱品种和土地综合治理	自主研发，近期
9	饲料高粱亲本资源的指纹图谱构建	合作研发，长期
10	饲料高粱的精深加工	自主研发，中期
11	饲料高粱病虫害规律和防控技术研究	自主研发，近期
12	适宜规模化种植的优质高粱品种	自主研发，近期
13	饲料高粱抗性材料的鉴选和优异基因的挖掘	合作研发，中期
14	饲料高粱饲喂效果和机理研究	自主研发，中期
15	抗除草剂饲料高粱的研发	合作研发，长期

五、绘制饲料高粱综合技术路线图

综合市场需求、产业目标、技术壁垒、研发需求进行整理和凝练，结合全产业链进程，绘制饲料高粱产业综合技术路线图10-9。

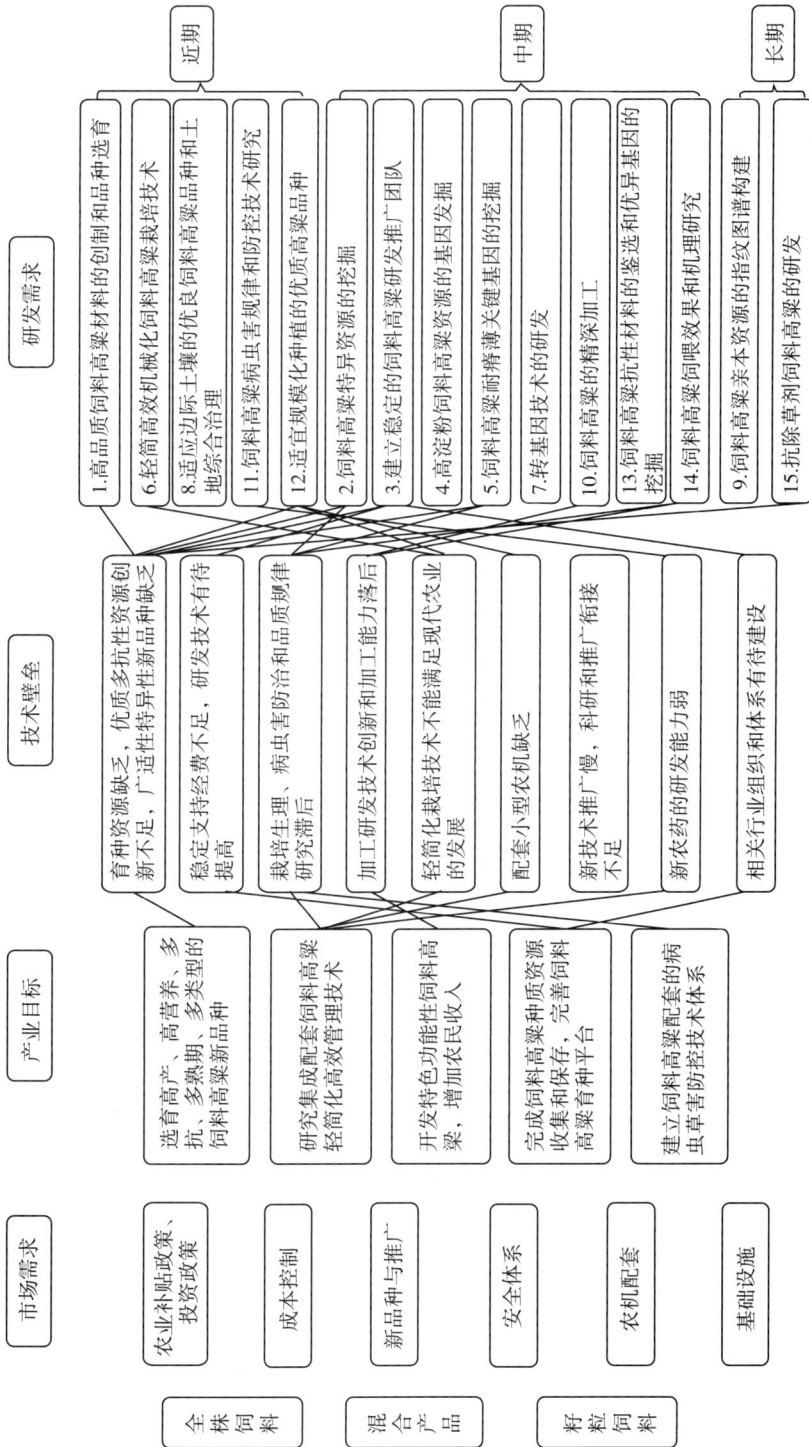

图 10-9 饲料高粱产业综合技术路线

第十一章
中国高粱产业科技发展战略及政策建议

科技自立自强是国家强盛之基、安全之要，是推进中国式现代化的重大原则性战略。以生命科学和智能技术为基础支撑的现代农业正在快速孕育，对准确研判未来中国高粱科技发展方向、目标和任务提出更高挑战。基于当前中国高粱产业科研力量布局，谋划中国高粱产业科技发展目标和发展战略，并提出针对性的政策建议，是强力夯实高粱全产业链科技支撑的重要举措。

第一节　中国高粱产业科技发展目标

针对高粱产业发展进程中的技术壁垒，着力在挖掘和利用优异基因的高效育种技术、高粱专用品种选育、集成配套轻简栽培技术、产品质量安全、建立病虫草害防治技术体系以及打造强大的科研力量等六个方面确定出高粱产业科技发展的近期、中期、长期发展目标，以期实现高粱产业持续高质量发展。

一、高粱专用品种选育

近期目标（<3年）：系统整理现有育种资源，重组国内、国外收集的高粱种质资源，以系谱图清楚的骨干系为参考，开展高产、优质、广适型高粱新品种选育。

中期目标（3~8年）：引进新种质资源，利用生物技术方法，包括单倍体诱导技术、化学诱变技术等，丰富遗传多样性，建立核心种质库，开展分子标记辅助育种。

长期目标（>8年）：优异表型与基因型精准鉴定，利用转基因技术与传统技术相结合，开展分子设计育种，定向选择目标性状。

二、集成配套轻简栽培技术

近期目标（＜3年）：高粱轻简艺机一体化技术研发，水肥高效技术研发，掌握高粱全生育期水、肥、害规律。

中期目标（3～8年）：在一系列栽培措施基础上，集成高粱轻简、高效栽培技术规程，研发配套专用肥。

长期目标（＞8年）：与农业机械应用成果整合形成完备的高粱轻简栽培技术标准，并应用到生产中。

三、产品质量安全

近期目标（＜3年）：开展高粱生产大数据分析，高效快速检测方式方法研究。

中期目标（3～8年）：建立高粱生产环节质量安全检测体系。

长期目标（＞8年）：建成高粱全生育期跟踪管理、产品溯源、质量检测标准化体系。

四、完善高效育种技术平台，挖掘利用优异基因

近期目标（＜3年）：通过国内外科研单位、企业联合研发，搜集、整理国内外高粱优异材料。

中期目标（3～8年）：建立高粱种质资源库，完成优异表型精准鉴定与基因挖掘。

长期目标（＞8年）：建立高粱种质、基因应用平台，建立高效分子育种技术平台。

五、建立高粱病虫草害防控技术体系

近期目标（＜3年）：开展高粱病害、虫害、草害等重要监控及发生规律研究。

中期目标（3～8年）：无公害防治药剂开发和综合防治技术研发，实现检测技术速测、精准、标准。

长期目标（＞8年）：实现高粱产品生产、加工全程标准化、绿色化管理。

六、打造强大的科研力量

近期目标（<3年）：在高粱生产优势区，增强现有高粱科研院所研发队伍的创新能力，培养层次合理的科研梯队。完善科研、技术推广、高粱企业、专业合作社和种植大户紧密衔接的科技研发推广体系，培育一支高素质的基层农技人员和职业农民队伍。

中期目标（3~8年）：建成素质高、结构合理、具有创新活力的高粱科技人才队伍，培养3~5名有国际影响力的专家，培育3~5个具有较大影响力的高粱产业创新型企业。

远期目标（>8年）：实施高粱产业创新人才推进计划，促进高粱产业高层次创新型科技人才队伍建设和发展。打造一支国际先进水平的科研队伍，培养3~5名世界级领军人才，建成1~2所在国际上有较大影响力的高粱科研机构，培养2~3家高粱产业科技型跨国企业，引领全球高粱产业科技发展趋势。

第二节　中国高粱产业科技发展战略

一、做强高粱种业芯片

开展种质资源鉴定与种质创新。针对高粱产业需求，广泛收集、引进、整理国内外优异种质资源，构建高粱种质资源基因型鉴定和表型精准鉴定平台和质量控制体系，发掘携带优异基因资源种质材料，筛选、创制符合专用品种选育的关键育种材料。

构建高粱分子模块育种平台。借鉴大作物的育种经验，研究高粱重要性状形成的分子基础，发掘功能基因和优异单倍型，开展基因编辑、标记辅助选择、全基因组选择、高效遗传转化等共性关键技术研究，多学科融合推进高粱分子育种。

抓好品种更新换代工程。针对高粱酿造、能源、食用、饲料、帚用等不同需求，创新不同熟期、不同功能、抗除草剂、适合机械化收获、综合抗性好的专用高粱品种。针对高粱品种单一、退化严重和更新换代速度滞后等生产问题，支持科研单位开展高粱种质资源创新和改良，选育优质高粱专用品种。开展优良酒用高粱品种的提纯复壮工作，培育壮大种业龙头公司，开展高粱育种、选种和品种优化工程，提升高粱科技育种研发能力。

建好用好良种繁育基地。按照优质繁育基地建设的体系标准，支持高粱种子繁育公司扩大种子繁育规模，选择和培育 8～10 家标准化高粱种子繁育企业，确保全国以高粱为原料的加工企业基地用种需求。在高粱核心产区以及海南地区建好用好高粱良种繁育基地，推动高粱种质创新和新品种培育，加快优质高粱种子繁育进程。

二、实施高粱全产业链科技产业化

以市场需求为导向，从高粱品种选育、生产栽培、技术服务和流通加工及综合利用四个环节征集研发需求，对高粱全产业链发展的技术壁垒联合攻关突破。按照高粱产业技术路线图制定的近期、中期和长期发展目标，从顶级、高级、中级研发需求方面设置科研项目，创造符合高粱产业生产和社会经济发展需要的科技成果和科技产品。

开展高粱科技成果区域试验、技术产品的生产、示范和推广应用，实现产业化运营。加强单项科技成果的集成和规模使用，通过项目推广、技术承包和经营服务、"公司＋农户"等形式，扩大种子（苗）、专用肥料、专用农药以及高粱产品深加工、节水节肥、生物工程、农业信息与咨询服务领域的物化技术和产品的推广应用范围，不断提升高粱科技产业化水平。

三、创新产业科技体制

加强高粱产业科技力量资源整合，提高科技资源利用率。按照区域特点和高粱产业发展需要，对全国高粱产业科研任务进行布局调整，明确国家和地方两级科研机构的任务，合理分工、各有侧重、互相补充、形成特色，逐步建设高粱产业科技创新基地和区域创新中心。

完善技术服务体制。在高粱种植主产区，组建由高粱产业技术体系的岗位专家为头雁、地区岗位专家为依托、基层农技推广人员为主体的省、市、县、乡"四级联动"的高粱专家团队，在高粱产区设立科技小院、产业研究院，联合开展科技攻关。依托国家高粱产业技术体系和各省高粱科研院所提供的优质品种资源，开展高粱品种小区试验，进行高产高效高粱主导品种筛选和生态适应性鉴定。

建立农业科技示范基地。在不同的主产区示范新型的高粱品种、新型的栽培技术或机械化生产的农机具设备等，针对高粱生产中的关键、共性技术瓶颈，加大科技研发，合力推进高粱应用科技创新与转化推广工作，为高粱新品种、新技术、新设备的推广应用提供展示平台，引导农民应用现代化的机械设备及栽培手段进行高粱生产加工。

四、健全科研平台，打造人才队伍

建立独立的国家、省、市上下贯通的高粱产业研究体系和科研平台。主要有高粱产业应用技术体系（高粱产业先进技术示范平台）、高粱食品开发研究体系（高粱食品工艺创新平台）、高粱产业育种研究体系（高粱品种改良创新平台）、高粱高产栽培研究体系（高粱高产技术创新平台）、高粱农用机械研发与应用体系（高粱设施设备创新平台）、高粱深度加工研究体系（高粱深度创新平台）、高粱基因组学研究体系（高粱基因组信息研究平台）。

实施高粱科研人才精准培养。建立高粱产业科技带头人机制，重点围绕高粱产业顶级需求，面向农业高校、农业科研院所，挖掘培育高层次高粱产业科技创新带头人。增强带头人辐射带动和梯队建设效果，依托重大科研项目，引领一批高粱产业科研人才快速成长。根据高粱学科和行业特点，科学完善人才评价体系，保障高粱科技人员依法享有科技成果所有权、长期使用权和转化收益权。

强化高粱产业技术人才培育平台建设。推动农业院校提高高粱人才培育规模，壮大高粱产业科技人才基础。鼓励中国农业大学、南京农业大学等高水平农业行业特色高校培养和引进一流高粱研究科学家、学科领军人物和创新团队，支持地方农业院校培育高粱优势学科，对接本区域高粱产业发展，培养优质适配人才。推进高粱学科重点实验室建设，依托重点实验室实施高粱技术优秀创新人才引进和培养。

稳定高粱产业科研队伍。从国家到地方，对高粱产业设置稳定的科研项目资金，集中科研优势力量，为高粱产业打造一支稳定、可持续、有活力，且科研经费有保障的科研攻关团队。提升高粱产业从业人员的科学素养，培育一批稳定、高素质的高粱产业科技成果转化、推广、应用队伍。充分发挥省、市、县、乡四级技术推广体系作用，加强技术指导，利用科技特派员、农技专家、科技入户工程、涉农信息服务平台等，大力开展技术培训与指导。

五、合作交流，开放共赢

加强国内横向联合。在省市级高粱研究单位开展多种方式的学科融合和学术交流活动，多维度、多形式地开展高粱基础理论研究。通过科研院所之间联合攻关，在种质资源收集评价、分子标记与辅助育种、病虫害发生规律与防治、高粱新型专用农药的筛选与应用等方面进行深入研究，大力提升高粱研究水平。

加强国内外合作交流。设立稳定的高粱科研国际交流合作项目，通过中外技术合作方式，充分利用国外的技术、资金和人才优势，加快完成项目研发与执行。做好项目需求风险、研发时间节点和利润等分析，在高粱特异资源的挖掘、高粱亲本资源的指纹图谱构建、高粱抗性材料的鉴选、优异基因的挖掘和抗除草剂饲料高粱的研发等方面开展项目合作。

完善配套政策推动高粱产业科技外交。引导和支持科研机构、科研人员积极参与"一带一路"建设。优化完善科技援外政策，选派一批一线高粱产业科研人员参与科技外交工作，畅通科技援外人员绿色通道。充分发挥已有国际协同创新平台作用，积极推动高粱科研院所、大学、企业研发机构等加强合作，支持联合建设高粱产业研发中心、实验室、技术转移中心等。以需求和问题为导向，凝练实施一批科技合作重点任务。组织国内和相关国家研究力量，在甜高粱、能源高粱的选种、种植、基因工程抗病虫害品种研发和高粱米发酵、高粱秆纤维素生产乙醇等转化技术等重点领域，实施一批重大国际合作项目和重大科学研究计划，有力地支撑"一带一路"建设。加大高粱产业研究基金和研究项目的开放力度，加强对共建"一带一路"国家和地区人才培养的倾斜支持，鼓励更多从事高粱产业的科研人员和学生开展国内外交流学习。

第三节　相关政策建议

依据路线图编制研究成果，建议从产业规划部署、经费投入机制、科研力量建设和科研项目管理四方面入手，全面提升中国高粱科研水平，对高粱产业技术研发需求项目特别是顶级需求项目进行突破，完成中国高粱产业技术发展目标。

一、完善高粱科研力量布局

以满足高粱产业技术研发需求为导向，科学规划高粱科技发展，重组中国高粱科研力量，形成科研院所、高粱企业、农技推广机构、高粱新型农业经营主体和高粱职业农民五位一体的科研力量格局,确保高粱科技创新能力的提升。

(一) 做好高粱科技发展规划部署

合理的规划是高粱科技发展的基础。建议相关部门出台国家高粱产业科技发展规划,对中国高粱产业技术创新工作做出统一部署。依据高粱产业技术研发需求的优先度、风险性、利润前景、研发时间节点因素,合理设置不同阶段高粱产业科技发展目标,高效有序安排技术研发计划,确保科技研发计划与产业发展需求协调一致。对于研发需求级别高的项目予以优先安排,将在高粱品种选育、生产栽培、技术服务、流通加工及综合利用方面阻碍产业发展的主要技术壁垒、共性顶级技术研发需求项目纳入国家级规划。在满足顶级研发需求的前提下,对于高级、中级研发需求项目予以适当安排。依据不同研发需求的时间节点设置各类科研项目的完成时间,可划分为近期、中期、长期三类科研项目。

以高粱为特色产业的地区,地方政府应编制本地高粱科技发展规划。地方规划立足于本地高粱产业特色,对于地方高粱产业的顶级技术需求进行重点支持。

(二) 高效合理配置科研院所研发力量

根据技术路线图研究结果,大多数研发需求依然需要科研院所来承担,在较长时间内,科研院所仍是中国高粱科研的主要力量。因此,对于高粱科研院所要进一步完善组织结构,提高研发效率。建议充分发挥国家作为重大科技创新组织者的作用,构建国家-地方、境内-境外分级协作的高粱科研体系。

加快建立国家-地方差异化高粱科研立项、评估标准体系。长期以来,在农业科研活动过程中的研究课题立项、结题要求、成果评价均是以追赶国内一流为评估标准的,这对国家研究机构来说是适用的,但对省级农业科研机构来说,既没有先天优势,也没有后发潜能。建议按照地方农业科研院校主要任务是服务地方"三农",在科技战略部署上重新定位。除了国家实验室、国家重点实验室等国家级科技战略力量外,省级农业院校、科研院所的研究与科研活动主要聚焦于传授知识和技术的引进、集成、转化和应用。从广义来讲,技术的集成和熟化也是一种创新,可以满足本地区战略性、区域性、应用性经济社会发展需求,开展农业发展模式集成构建和农业科技示范引领。

进一步完善国家-地方协作的高粱科研力量布局。在国家层面，建议依托现有主要高粱研究团队和科研院所，组建高粱领域国家实验室，对于高粱产业顶级需求技术、重大科学问题、共性关键技术、前沿技术开展攻关。培育高层次高粱产业科技创新带头人，作为攻关项目的领军人带动建设高层次研究梯队。在华北、东北、西南三大高粱产区创建国家高粱产业创新中心，对接吸引更多的国内外高粱产业科技战略人才开展创新创业，熟化、孵化、转化最新科研成果。在地方层面，支持地方科研院所、农业院校根据本地高粱产业发展需求，强化、新增高粱科研力量，主要围绕本地高粱特色优势产业需求，聚焦技术引进、集成、转化和应用，充分发挥地方高校、农业科学院等科研机构的在地优势。强化国家-地方各级各类科研院所之间的协同，实现全国具有高粱科研团队的院所之间科研人才、设备资源的共享，提高资源的配置效率。

以中外技术合作为高粱技术发展的重要支撑。根据路线图分析，在顶级研发需求中有多个项目适合采用中外技术合作的方式实施。因此，建议采用"走出去"和"引进来"相结合的方式，加强国内高粱科研院所与国外研究机构、专家的合作，充分利用国外的技术、资金和人才优势，加快相关技术需求项目的完成步伐。具体而言，一方面要积极引进海外人才，进入国内高粱科研院所兼职、全职工作；另一方面要布局高粱产业海外研究中心。建议围绕农业"一带一路"倡议，选择高粱资源丰富、增产潜力大、国内政局稳定的区域，设立海外研究中心，积极引进当地高层次人才，推动品种、技术、装备、加工等高粱企业"走出去"。

（三）逐渐建立高粱科研院所-企业并举的格局

中国高粱科研力量主要集中在科研院所，企业科研实力相对不足，与发达国家高粱科研以企业为主的情形有很大不同。与科研院所相比，企业科研对于项目利润前景更重视，在对市场需求的跟踪方面效率更高。从路线图对顶级需求项目的研究来看，高粱技术创新中很多项目是适合由企业来进行的，这主要是一些近期可以完成、利润前景较好、技术风险和市场风险较低的技术应用性项目，如高粱新品种选育、加工利用技术研究等。此类项目优先由企业完成，不仅能够提升研发效率，而且能够不断提高高粱企业的科技创新能力，有助于建立以企业为主体的高粱科技研发体系。

要不断提升高粱企业的研发能力。建立高粱产业科技创新型企业遴选机制，以企业自主技术研发能力为考察的主要方面，精准测定企业技术研发潜能，建立高粱科技创新型企业目录。对于目录中企业进行精准扶持，推动高粱科研院所与企业建立稳定合作关系，对于更多项目进行合作研发。完善体现知识、技术等创新要素价值的收益分配机制。鼓励高粱科研院所科研人员在履行岗位职责、完成本职工作、不发生利益冲突的前提下，经所在单位同意，可以从事兼职工作获得合法收入。支持科学技术研究开发机构、高等学校、企业等采取股权、期权、分红等方式激励科学技术人员。支持院所科研平台、科技报告、科研数据等科技资源向企业开放。鼓励院所与企业合作创办企业科研机构，推动企业科研机构更多承担国家科研项目，同时支持企业科研机构自主确定研发项目。鼓励有条件的农业院校与科研院所、企业合作共建高粱专业实习实践培训基地，更好地培养高粱专业科研人才。在企业研发能力逐渐提高的基础上，远期应探索建立由高粱科技创新型企业牵头，科研院所支持，农民专业合作社、家庭农场等参加的高粱产业创新联合体，使之成为高粱产业的科技创新和应用主体，能够承担国家重大科技项目。

（四）实现高粱科技创新向农技推广领域延伸

高粱农技推广是促进高粱科技创新并将高粱科技创新成果落地转化的重要环节。在高粱技术顶级需求项目中，有一部分项目属于推广部门可以承担的项目，包括高粱新品种示范、高粱栽培技术、耕作技术集成与示范等。建议对现有的高粱农技推广体系进行完善，使之更加适应高粱技术创新的要求。进一步推动高粱科研院所和农业院校高粱专业人员下沉，在东北、华北、西南高粱主产区建立高粱产业科技园区，设立高粱特色农业小镇、高粱技术驿站、专家大院、高粱技术服务超市、高粱科技信息平台、田间学校等。园区应具备承接推广类科研项目能力，成为产区内高粱农技的推广中心。

要发挥新型农业经营主体和职业农民在高粱技术推广中的基础作用，园区对产区内高粱种植大户、家庭农场、合作社等新型农业经营主体加强培训，教授高粱农技专业知识。应积极确立农民在高粱农技推广中的主体地位，培育一批高粱产业的专业高素质农民，培养农村大学生、返乡青年等综合文化素质较高人群成为高粱职业农民骨干力量。逐步将高粱科技创新型企业纳入农技推广体系中，使之与农业经营主体建立沟通网络，发挥企业在高粱产业集群中技术溢出的能力。

二、完善科研项目管理机制

聚焦关键领域强化高粱科技创新，提升高粱全产业链科技服务水平。纵深深化改革农业院校、科研院所考评机制，建立以产业需求为导向的科研选项、立项、评估机制，建设以产业贡献为导向的评价机制，从项目立项、任务承接、项目过程管理和项目验收等各个环节改进项目管理机制，全面提升高粱科研项目的立项科学性和项目完成质量，满足高粱产业发展中的技术需求。

（一）完善项目需求征集机制

高效、科学地进行高粱科技重大需求征集。行业主管部门要进行充分调研，进行"开放式"科技需求征集，广泛征求高粱行业科研人员、高粱产业链企业、各类高粱农业经营主体的意见。成立高粱领域专家、行业代表、农业经济学专家等相关领域专家联合组成的高粱产业专家咨询组，从高粱产业发展的市场需求、产业发展目标及面临的主要技术壁垒等方面，对所征集的研发需求进行分析探讨，确定顶级技术研发需求及高级、中级研发需求。

对于确定的顶级及高级、中级技术研发需求，应对研发需求的市场风险和技术风险、研发的时间节点、适合的承担主体进行分析和归类，整理形成技术需求目录，便于相关部门发布科技计划时使用。

（二）完善高粱科研项目承接机制

发挥科研院所、高粱企业、农技推广机构各自优势，形成分工合作机制。对于各类研发需求项目，依据其利润前景、市场风险、技术风险大小、研发需求类别的不同，分别由科研院所、高粱企业和农技推广机构承担。优先开展顶级研发需求项目的研究，兼顾高级、中级研发需求项目。利润前景小的基础研究、平台建设类项目，如高粱种质资源收集与评价、高粱分子育种平台建设等，一般由科研院所承担。鉴于我国高粱科研力量仍集中在科研院所、企业研发能力较弱的现实情况，对于技术风险较大的技术应用类项目，如育种新技术新方法的研发，一般也由科研院所来承担；而利润前景较好，技术风险较低的项目，如适宜机械化生产的专用品种的选育，鼓励由企业来承担；对于属于农技推广应用类别的项目，一般由农技推广机构来承担。远期随着企业科研力量的增强，可逐渐增加企业承担项目的比例。

（三）完善高粱科研项目常规管理机制

精准分类高粱科研项目管理。在具体支持方式上，根据研发时间节点，技术风险的不同而有所区别。对于需要长期推进、连续支持的基础研究类项目，采取对优势单位择优委托、长周期稳定支持的方式。对于近期可完成的顶级需求项目，一般采取"揭榜挂帅"方式进行重点支持，其中技术风险高的项目可采取"赛马制"支持。对于"揭榜人"放开学历、资历等背景限制，立足于揭榜人创新能力综合评价；对于"赛马制"方式项目实施平行资助；对于属于潜在需求的顶级需求项目及高级、中级项目可采取自由探索制。

改革项目验收机制。对于项目结题，尽量不搞集中验收，采取成熟一个验收一个的方式，重点考核项目创新度和对产业的贡献度。项目验收由立项单位组织，要吸收项目成果用户参与，验收标准要与其研究目标相适应。对于基础性研究，如高粱种质资源收集与评价，在验收过程采用同行评议；对属于长期连续性支持的基础性研究项目可以简化结题验收程序。对于应用性研究，如高粱抗旱节水技术集成与应用、无公害防治技术集成等，以其对高粱产业发展的实质性贡献为中心，以是否实现重大核心技术突破和是否产生经济社会效益为标准进行全方位评价；对于应用性项目中属于近期可完成、预期成果利润前景高的项目，如适合山地、坡道地的高粱生产机械开发等，项目任务应要求其生产出具体产品、成果在市场中检验，不再实施专家组验收。对于技术风险高的项目要设立容错机制，对于非主观原因的，可以允许失败和失误。

对于已完成的高粱科研项目成果转化和权益分配问题，应进一步明确企业对所参与项目产生的科技成果的所有权和使用权，落实并提高对科技人员的成果转化收益分配比例。

三、搭建对接平台，增强科技成果供给的适配性

推动科研院校科技力量重心下沉。一是建立项目需求数据库，构建自下而上的农业科技需求信息收集机制，探索"村级信息员-乡镇农技专岗-县农技员-县农技推广机构-技术研发机构"信息及时收集制度。二是建立科技成果数据库，梳理各大科研院校、农业企业等集成熟化的成果，应用到农业生产发展一线。把县域作为统筹农业科技服务的基本单元，创新农业科技服务资源配置机制，引导科技、人才、信息、资金、管理等创新要素在县域集聚。建议在各个乡镇至少派驻一名科技人员长期驻守，县域产业和科技部门做好科技对接，县域是实现农业科技现代化的主体单元，要建立长期稳定的科技对接体制机制。县域根据主导产业设立若干个科技小院，保障该机构在资金、人力、信息等配备上的优先性，成为科研院所专家、蹲点科技人员、地方土专家汇聚的科技高地，搭建起产学研融合发展的平台。

四、推进多元化科技经费筹集和使用

建议从拓展经费来源、提高经费利用效率两方面下功夫，为高粱科技研发提供经费保障。政策性资金投入与社会资金投入、国家财政投入与地方财政投入之间要实现合理分工。从财政投入、企业投入、融资信贷、风险投资和成果转化等多渠道拓展高粱科技研发投入来源。做到研发投入方向紧跟产业技术需求，最大化提升经费利用效率。

中央部门从宏观战略层面上指导高粱产业科技投入，确保对于关键重大项目的投资，优先投入顶级需求项目，兼顾高级、中级需求项目。国家层面上重要基础性、重大示范引领性的高粱研发项目，如转基因技术及其在创新高粱育种材料的应用、高粱品种及其亲本标准指纹图谱库的构建等，均属于顶级研发需求，需求资金量大，而综合风险较高，利润前景低，对于这些项目，国家政策性资金应重点投入。对于需要长期完成、利润前景低的重大顶级需求项目，如广适性高粱品种的选育，国家政策性资金应给予长期支持。以高粱产业为特色产业的各省级政府应保障省内基础性研究项目的经费投入，组织实施适合本地的区域性顶级需求研发项目并兼顾高级、中级需求项目。

通过政策优惠引导社会资金投入需求度高的项目。建议国家依据所从事科研项目的需求度，对于从事高粱技术创新性工作的高粱企业、合作社等行业经营主体在税收、财政补贴、水电费等政策上给予优惠。高粱主要产区的地方财政设立高粱科技创新专项资金，对于区域内的高粱产业科技创新型企业进行定向补贴支持，激励企业投入需求度高、利润前景好的项目。

引导金融机构加大对高粱技术创新支持力度。鼓励农村信用社、农业银行、农业发展银行等涉农金融机构对从事顶级需求研发项目的高粱企业降低信贷门槛。针对需求度高，但市场风险、技术风险较高的高粱技术研发项目，应支持成立高粱产业科技创新基金会、风险投资有限责任公司和融资担保有限责任公司等，在合理评估基础上实施风险投资。

对于高利润前景的项目，要完善高粱科技成果交易机制，使成果转化收入成为研发经费重要来源，实现正向循环。建议针对高粱产业特征，建设独立的国家级高粱科技成果交易市场，引入相应的交易商。在初期启动阶段，政府可考虑牵头成立国有控股、多元投资的技术收储公司，对高粱产业科技成果进行收购和出售，以激发市场的活跃度。

参 考 文 献

Molatudi L R，2016. 内蒙古半干旱地区柳枝稷和能源高粱对土壤主要理化性质的影响［D］.
　　北京：中国农业大学.

白文斌，张福跃，焦晓燕，等，2013. 中国高粱产业工程技术研究的定位思考［J］. 中国农
　　学通报，29（11）：107-110.

曹文伯，李翠珍，吕凤金，1998. 全国高粱品种资源目录（1991—1995）［M］. 北京：中国
　　农业出版社.

陈冰嫣，李继洪，高士杰，2011. 高粱长穗型恢复系吉 R107 的选育与应用［J］. 现代农业
　　科技，24：107-108.

陈冰嫣，李继洪，王阳，等，2013. 高粱（Sorghum bicolor（L.）Moench）种质资源研究进
　　展［J］. 西北农林科技大学学报（自然科学版），41（1）：67-72，77.

陈峰，2017. 内蒙古边际地施氮量对能源高粱产量和土壤氮有效性的影响［D］. 北京：中国
　　农业大学.

崔野韩，郝彩环，卢庆善，等，2013.NY/T 2233—2012，植物新品种特异性、一致性和稳
　　定性测试指南 高粱［S］. 北京：中国农业出版社.

邓奇风，高凤仙，2015. 植物单宁在畜禽养殖中的应用［J］. 中国饲料，13：38-41.

邓翔，王仕忠，2020. 农业科技创新投入对农业经济增长影响研究［J］. 东岳论丛，41
　　（12）：109-120，192.

翟世宏，白文斌，贺文文，等，2014. 我国酿造高粱生产现状及发展趋势［J］. 现代农业科
　　技，2：93-94.

丁延庆，周棱波，汪灿，等，2019. 酱香型酒用糯高粱研究进展［J］. 生物技术通报，35
　　（5）：28-34.

董怀玉，姜钰，徐秀德，等，2003. 高粱抗病虫优异种质资源鉴定与筛选研究［J］. 杂粮作
　　物，23（2）：80-82.

董怀玉，徐秀德，姜钰，等，2004. 高粱优异种质资源对多种病虫的抗性鉴定［J］. 24（4）：
　　198-199.

董怀玉，徐秀德，刘彦军，等，2000. 高粱种质资源抗高粱蚜鉴定与评价研究［J］. 杂粮作
　　物，20（2）：43-45.

段晓敏，任倩倩，林何莺，2023. 山西高粱产业高质量发展现状及建议 [J]. 山西农经，19：160-162，182.

段有厚，邹剑秋，朱凯，等，2006. 高粱抗螟育种研究进展 [J]. 杂粮作物，26 (1)：11-12.

冯家中，付立波，2009. 发展优质饲料高粱大有前途 [J]. 吉林农业，8：24-25.

傅翠晓，庄珺，沈应龙，等，2022. 面向战略需求的产业技术路线图方法体系研究 [J]. 科技管理研究，42 (7)：137-143.

高士杰，陈冰嫣，2011. 旱地农业的主力军：高粱种植管理综合知识 [M]. 北京：台海出版社.

高士杰，李继洪，李伟，2009. 高粱优良恢复系吉 R105 的选育与利用 [J]. 种子，28 (5)：107-108.

桂松，牛静，胡建，2019. 中国高粱产业发展现状分析 [J]. 农业与技术，39 (1)：18-20.

郭鹏燕，王彩萍，左联忠，等，2015. 绿豆种质资源创新研究及应用 [J]. 农业科技通讯，4：213-214.

郭瑞，2020. 提高玉米籽粒锌含量的全基因组选择技术研究 [D]. 沈阳：沈阳农业大学.

郭小勇，陈方芳，周瑾，等，2023. 标准体系与技术路线图的关系和协调发展研究 [J]. 标准科学，3：21-24.

韩立杰，才宏伟，2024. 高粱遗传转化研究进展 [J]. 中国农业科学，57 (3)：454-468.

郝正刚，魏玉清，2020. 环境因子与基因型及其互作对甜高粱能源品质影响的综合评价 [J]. 西北农林科技大学学报（自然科学版），48 (3)：91-98，106.

侯丽薇，杨艳涛，吴永常，等，2021. 甘薯产业技术路线图 [M]. 北京：中国农业科学技术出版社.

贾永旭，陈春光，卢庆善，等，2004. 高粱种质资源的利用与创新 [J]. 辽宁农业科学，3：23-25.

江俊达，2019. 酒业突围者，做跨界新赛道上的摆渡人 [J]. 酿酒，46 (2)：1-2.

姜长云，2022. 新发展格局、共同富裕与乡村产业振兴 [J]. 南京农业大学学报（社会科学版），22 (1)：1-11，22.

蒋兰，2013. 酿酒高粱淀粉含量测定及性质研究 [D]. 重庆：重庆大学.

蒋玉涛，汤勇力，曾路，等，2013. 产业技术路线图在我国的应用研究 [J]. 广东科技，22 (11)：42-44.

焦少杰，2006. 黑龙江省高粱种质抗丝黑穗病、靶斑病、高粱蚜和亚洲玉米螟鉴定 [J]. 植物遗传资源学报，7 (3)：356-358.

焦少杰，2019. 再现漫山遍野高粱红 [J]. 酿酒，46 (2)：2.

金善宝，1962. 中国小麦栽培学 [M]. 北京：中国农业出版社.

孔令旗，张文毅，1988. 高粱籽粒蛋白质赖氨酸和单宁含量在不同环境中的遗传表现 [J]. 辽宁农业科学，3：18-22.

寇兴凯，徐同成，宗爱珍，等，2015. 高粱的营养价值以及应用现状 [J]. 安徽农业科学，

43（21）：271-273.

寇兴凯，徐同成，宗爱珍，等，2015. 高粱营养及其制品研究进展［J］. 粮食与饲料工业，12：45-48.

兰静，叶红红，孙向东，等，2018. 我国高粱品质现状分析［J］. 黑龙江农业科学，2：99-102.

李佰重，黄道友，许超，等，2023. 能源高粱在轻度与中度镉污染稻田的修复研究［J］. 中国农学通报，39（14）：41-47.

李翠珍，黎裕，2000. 全国高粱品种资源目录（1996—2000）［M］. 北京：中国农业出版社.

李丹，2022. 基于公共风险逻辑的农业科技投入体制改革研究［J］. 农业科研经济管理，2：16-24，28.

李慧明，李霞，平俊爱，等，2015. 我国高粱机械化发展前景及配套栽培技术研究［J］. 现代农业科技，14：45-48.

李继洪，陈冰嫣，高士杰，2011. 高粱不育系吉2055A特征特性与应用潜力分析［J］. 安徽农业科学，39（28）：17192-17194.

李建平，郭孝，2007. 国内外饲用高粱生产、科研状况及应用前景［J］. 饲料研究，10：68-70.

李剑敏，2018. 基于产业技术路线图的产业关键技术识别及其创新模式研究［D］. 广州：暨南大学.

李剑敏，余婉祯，2017. 融合情景分析的产业技术路线图集成规划过程研究［J］. 科技进步与对策，34（3）：56-61.

李顺国，刘猛，刘斐，等，2021. 中国高粱产业和种业发展现状与未来展望［J］. 中国农业科学，54（3）：471-482.

李嵩博，唐朝臣，陈峰，等，2018. 中国粒用高粱改良品种的产量和品质性状时空变化［J］. 中国农业科学，51（2）：246-256.

李团银，张福耀，李三棉，等，1995. 高粱新型细胞质雄性不育系A2V4A选育及其应用研究［J］. 中国农学通报，11（5）：10-13.

李伟，陈冰嫣，于淼，等，2020. 国内外高粱生产和贸易概况及我国高粱生产面临的挑战与措施［J］. 现代农业科技，11：47-48.

李晓翼，2008. 农民及其现代化［M］. 北京：地质出版社.

李兴华，2010. 广东省现代农业产业技术路线图［M］. 广州：华南理工大学出版社.

梁俊杰，杨慧勇，张福耀，2013. 高粱耐盐种质筛选及耐盐种质多态性分析［J］. 山西农业科学，41（5）：401-406，411.

林伯德，2010. 农业科技创新能力评价的理论模型探讨［J］. 福建农林大学学报（哲学社会科学版），13（3）：54-59.

刘晨阳，张蕙杰，辛翔飞，2020. 中国高粱产业发展特征及趋势分析［J］. 中国农业科技导报，22（10）：1-9.

刘斐，刘猛，赵宇，等，2020. 2019年中国谷子高粱产业发展分析及后期展望［J］. 农业展望，4：67-70.

刘欢，曾飞燕，刘青，2014. 高粱属植物的地理分布 [J]. 热带亚热带植物学报，22 (1)：1-11.

刘慧，周向阳，2016. 国内外高粱贸易现状及发展趋势 [J]. 农业展望，12 (8)：63-66.

刘铭三，刘树琴，王意春，等，1979. 东北地区部分高粱品种蛋白质、赖氨酸和单宁含量的分析 [J]. 辽宁农业科学，1：21-26.

刘瑞明，马晶，李厥桐，等，2022. 农业科技战略人才力量建设研究：内涵、需求与路径 [J]. 中国人事科学，12：28-35.

刘涛，2015. 吉林省西部帚用高粱优异资源引进筛选 [D]. 白城：吉林省白城市农业科学院.

刘涛，于艳红，孔凡甲，等，2010. 吉林省高粱种质资源研究现状及对策 [J]. 吉林农业科学，35 (5)：17-19.

刘天朋，丁国祥，倪先林，等，2020. 优质、高产酿酒糯高粱新品种金糯粱 7 号的选育 [J]. 园艺与种苗，40 (9)：45-46.

刘威，程国平，2021. 面向小农户的农业生产性服务演进脉络及供需复衡路径 [J]. 中州学刊，11：36-42.

刘旭，黎裕，曹永生，等，2009. 中国禾谷类作物种质资源地理分布及其富集中心研究 [J]. 植物遗传资源学报，10 (1)：1-8.

柳金良，郑琪，孙志强，2017. 西北旱作区酿饲兼用高粱育种目标与策略 [J]. 现代农业科技，14：25-28.

卢峰，邹剑秋，朱凯，等，2015. 积极应对高粱进口剧增，稳定我国高粱产业发展 [J]. 农业经济，11：124-125.

卢庆善，1985. 高粱种质资源的搜集、保存和利用 [J]. 世界农业，6：28-30.

卢庆善，1999. 高粱学 [M]. 北京：中国农业出版社.

卢庆善，丁国祥，邹剑秋，等，2009. 试论我国高粱产业发展——二论高粱酿酒业的发展 [J]. 杂粮作物，29 (3)：174-177.

卢庆善，宋仁本，卢峰，等，1997. 世界高粱种质资源的研究和利用（一）[J]. 国外农学-杂粮作物，4：19-23.

卢庆善，孙毅，2005. 杂交高粱遗传改良 [M]. 北京：中国农业科学技术出版社.

卢庆善，张志鹏，卢峰，等，2009. 试论我国高粱产业发展——三论甜高粱能源业的发展 [J]. 杂粮作物，29 (4)：246-250.

卢庆善，邹剑秋，2023. 高粱学 [M]. 2 版. 北京：中国农业出版社.

卢庆善，邹剑秋，石永顺，2009. 试论我国高粱产业的发展——四论高粱饲料业的发展 [J]. 杂粮作物，29 (5)：313-317.

卢庆善，邹剑秋，朱凯，等，2009. 试论我国高粱产业发展——一论全国高粱生产优势区 [J]. 杂粮作物，29 (2)：78-80.

卢庆善，邹剑秋，朱凯，等，2010. 试论我国高粱产业发展——五论高粱产业发展的科技支

撑 [J]. 杂粮作物，300 (1)：55 - 58.

芦千文，苑鹏，2021. 农业农村现代化中的小农户发展动态与衔接机制研究 [J]. 江淮论坛，4：60 - 67.

陆平，2006. 高粱种质资源描述规范和数据标准 [M]. 北京：中国农业出版社.

吕富堂，韩爱清，杜秀兰，等，2002. 建国以来中国高粱发展历程及发展趋势 [J]. 山西农业科学，30 (3)：20 - 24.

吕鑫，张福耀，平俊爱，等，2013. 25 个饲草高粱恢复系主要农艺性状及其抗旱性的相关分析 [J]. 中国农学通报，29 (29)：6 - 13.

吕耀昌，贺微仙，2000. 中国高粱种质资源主要营养品质鉴定及评价 [J]. 植物遗传资源科学，1 (4)：30 - 33.

马俊华，2003. 帚用高粱 [J]. 山西农业，4：46.

孟宪学，颜蕴，2014. 中国农业科研机构导览 [M]. 北京：中国农业科学技术出版社.

娜日苏，吕宁，项错锋，等，2014. 赤峰地区帚用高粱产业发展现状及建议 [J]. 中国农业信息，4：50 - 51.

牛天堂，余华盛，赵学孟，等，1981. 杂交高粱抗旱生理初步研究 [J]. 山西农业科学，4：2 - 4.

牛天堂，张福耀，吴树彪，等，1994. 高粱无融合生殖系 SSA - 1A 和 296B 的选育 [J]. 作物杂志，1：5 - 6.

潘明凤，2022. 乡村振兴背景下贵州高粱产业可持续发展路径研究 [D]. 贵阳：贵州财经大学.

平俊爱，张福耀，杜志宏，等，2015. "晋牧 1 号" 高丹草的选育及其特征特性研究 [J]. 草地学报，23 (6)：57 - 62.

平俊爱，张福耀，程庆军，等，1998. 高粱耐盐性鉴定及其应用 [J]. 山西农业科学，26 (2)：12 - 14.

平俊爱，张福耀，程庆军，等，2007. 高粱新型细胞质雄性不育系 A3SX - 1A 选育及其应用 [J]. 中国农学通报，9：221 - 225.

祁剑英，2019. 能源作物甜高粱与玉米对重金属的富集及响应 [D]. 太原：山西农业大学.

乔魁多，1984. 中国高粱品种资源目录 [M]. 北京：中国农业出版社.

乔魁多，1992. 中国高粱品种资源目录续编 (1982—1989) [M]. 北京：中国农业出版社.

邵健丰，邹桂花，翟国伟，2020. 帚高粱分子标记遗传图谱的构建 [J]. 浙江农业科学，61 (8)：1522 - 1524.

史红梅，宋旭东，李爱军，等，2012. 高粱产业化生产如何与现代农业机械相结合 [J]. 山西农业科，40 (4)：307 - 309，356

宋仁本，卢峰，卢庆善，等，2002. 我国高粱生产演变及发展前景分析 [J]. 杂粮作物，22 (4)：16 - 218.

苏德峰，焦少杰，王黎明，等，2017. 高粱籽粒单宁遗传规律研究［J］. 黑龙江农业科学，
　　12：1－4.

苏衍坤，2017. 产业技术路线图编制中情报分析方法集成与应用研究［D］. 昆明：云南大学.

拓晓瑞，2014. 技术路线图的制定与应用研究［J］. 全球科技经济瞭望，29（11）：46－51.

谭斌，2007. 粒用高粱的特性及其在食品工业中开发利用前景［J］. 粮食与饲料工业，7：16－18.

汤勇力，陆焯彬，胡欣悦，2016. 技术路线图方法设计研究回顾［J］. 技术经济，2016，35
　　（5）：32－37，91.

唐三元，谢旗，2019. 高粱—小作物大用途［J］. 生物技术通报，5：1.

童小林，2019. 基于文本挖掘的产业技术路线图分类研究［D］. 武汉：华中科技大学.

王富德，何富刚，1993. 中国高粱种质资源抗病虫鉴定研究［J］. 辽宁农业科学，2：1－4.

王海洋，姜鹏，孙健雄，等，2023. 江苏沿海盐碱地能源型甜高粱高产栽培技术［J］. 大麦
　　与谷类科学，40（4）：55－57，68.

王慧贤，王慧杰，张建华，等，2016. 高粱产业技术创新链研究［J］. 山西农业科学，44
　　（12）：1887－1890.

王健楠，2019. 现代农业产业技术体系与新型经营主体对接模式研究［D］. 秦皇岛：河北科
　　技师范学院.

王敬文，2021. CRISPR/Cas 系统介导的水稻基因组编辑技术的建立与优化［D］. 北京：中
　　国农业科学院.

王坤波，2011. 棉花南繁［M］. 北京：中国农业科学技术出版社.

王黎明，焦少杰，姜艳喜，等，2018. 帚高粱的遗传多样性及其在种质创新中的应用［J］.
　　植物遗传资源学报，19（6）：1083－1091.

王瑞，平俊爱，张福耀，等，2020. 高粱育种资源耐瘠性鉴定与评价［J］. 作物杂志，6：30－37.

王瑞，张福耀，王华云，等，2014. 高粱抗旱种质筛选及遗传多样性的 SSR 分析［J］. 植物
　　遗传资源学报，15（4）：871－876.

王艳秋，张志鹏，朱凯，2005. 优质饲料高粱的加工利用［J］. 农产品加工，9：32－33.

王玉斌，平俊爱，牛皓，等，2019. 粒用高粱种质中后期抗旱性鉴定筛选与分类指标评价
　　［J］. 中国农业科学，52（22）：4039－4049.

王志广，赵颖华，1982. 中国高粱种质资源品质性状的鉴定与分析［J］. 辽宁农业科学，1：
　　13－17.

隗玲，李姝影，方曙，2020. 技术路线图：方法及其应用综述［J］. 数据分析与知识发现，4
　　（9）：1－14.

卫永太，张镔，张桂香，2016. 中国高粱品质性状的区域差异［J］. 天津农药科学，22
　　（11）：138－140.

夏泽义，2011. 城乡联系视角的农业产业化及其路径选择［J］. 农村经济，7：47－50.

景小兰，柳青山，平俊爱，等，2014. 山西省高粱产业发展趋势与对策［J］. 山西农业科学，

42 (6)：621-624.

肖梦颖，张瑞栋，张壮，等，2019. 辽宁省地方高粱品种食用品质性状研究 [J]. 中国农业科学，52 (4)：591-601.

肖亚成，古林，2013. 重庆市农业产业技术路线图研究 [M]. 北京：中国农业大学出版社.

谢文帅，宋冬林，毕怡菲，2022. 中国数字乡村建设：内在机理、衔接机制与实践路径 [J]. 苏州大学学报（哲学社会科学版），43 (2)：11.

谢鑫，蒋君梅，王勇，等，2019. 高粱原生质体的制备及转化方法研究 [J]. 种子，38 (8)：43-46.

熊先勤，陈瑞祥，杨菲，等，2003. 贵州酒用高粱种质资源考察及鉴定 [J]. 山地农业生物学报，22 (2)：117-121.

徐瑞洋，1987. 高粱品质育种 [M]. 北京：农业出版社.

徐秀德，董怀玉，姜钰，等，2004. 高粱抗病虫资源创新与利用研究 [J]. 植物遗传资源学报，5 (4)：360-363.

徐雪娣，徐志祥，杜方岭，等，2017. 适合糖尿病患者食用的高粱馒头改良剂的研究 [J]. 食品科技，42 (6)：251-255.

薛云飞，2017. 山西省杂粮机械化发展近况与建议 [J]. 农业装备，333 (9)：64-67.

阎淑华，1994. 中国高粱部分种质资源主要品质性状的分析研究 [J]. 国外农学-杂粮作物，4：29-31.

杨慧勇，柳青山，张一中，等，2020. 高粱种质筛选抗蚜性鉴定 [J]. 植物遗传资源学报，21 (5)：1112-1123.

杨慧勇，王华云，赵文博，等，2014. 高粱丝黑穗病抗原筛选及遗传多样性分析 [J]. 山西农业科学，42 (12)：1252-1264.

杨勇，刘敏，2014. 广东省产业技术路线图工作未来发展问题研究 [J]. 科技进步与对策，31 (15)：40-43.

杨志远，孙永健，徐徽，等，2013. 不同栽培方式对免耕水稻茎鞘物质积累转运与抗倒伏能力的影响 [J]. 中国水稻科学，27 (5)：511-519.

叶力，邓莉川，刘沛通，等，2023. 酿酒高粱及新型酿酒原料研究进展 [J]. 农产品加工，3：80-83.

由向平，2020. 赤峰市巴林左旗笤帚苗产业发展研究报告 [J]. 赤峰学院学报（自然科学版），36 (5)：59-62.

于福安，段有厚，吴庆凯，等，2008. 辽宁省饲料高粱的发展及推广应用 [J]. 杂粮作物，1：55-56.

袁蕊，敖宗华，刘小刚，等，2011. 南北方几种高粱酿酒品质分析 [J]. 酿酒科技，12：33-36.

曾弓剑，程云伟，韩少鹏，等，2021. 高粱品种 BTx623 原生质体分离及瞬时表达体系的建立 [J]. 生物资源，43 (1)：42-49.

张福耀，李团银，李占林，2010. 高粱产业发展与科技创新目标研究 [J]. 农业技术与装备，9：10-13.

张福耀，平俊爱，2012. 高粱的根本出路在于机械化 [J]. 农业技术与装备，10B：19-21.

张福耀，平俊爱，2022. 高粱的起源，驯化与传播 [J]. 陕西农业科学，68（4）：82-87.

张福耀，平俊爱，程庆军，等，2005. 新型细胞质雄性不育系 A3SX-1A 的创制与饲草高粱晋草1号的选育 [J]. 中国农业科技导报，7（5）：13-16.

张福耀，平俊爱，赵威军，2019. 中国酿造高粱品质遗传改良研究进展 [J]. 农学学报，9（3）：21-25.

张福耀，邹剑秋，董良利，等，2009. 中国酿造高粱遗传改良与加工利用 [M]. 北京：中国农业科学技术出版社.

张桂华，2018. 高粱乌米应用价值与宣传推广策略 [J]. 吉林农业，24：123.

张桂香，高儒萍，宋旭东，2001. 国内外优异高粱种质资源的综合评价 [J]. 国外农学：杂粮作物，21（5）：18-20.

张桂香，史红梅，李爱军，2009. 高粱高淀粉基础材料的筛选及评价 [J]. 作物杂志，1：97-99.

张凯，杜丽英，张伯池，等，2019. 高粱替代不同水平玉米对育肥猪生长性能胴体性状及肉品质的影响 [J]. 动物营养学报，31（7）：3058-3066.

张淑君，马忠良，周紫阳，等，2004. 外国抗蚜资源在高粱杂交种选育中的应用 [J]. 杂粮作物，24（3）：144-146.

张伟利，翁伯琦，2013. 农业科技创新的实践探索与策略选择——基于福建省农业科学院的实证分析 [J]. 农业科研经济管理，2：17-20.

张伟敏，谭小蓉，钟耕，2005. 高粱蛋白质研究进展 [J]. 粮食与油脂，1：7-9.

张文毅，1980. 高粱品质性状的遗传研究 [J]. 辽宁农业科学，2：37-43.

张小刚，2005. 科技视野下的"三农"问题 [J]. 科技情报开发与经济，16：153-154.

张笑笑，潘映红，任富莉，等，2019. 基于多重表型分析的准确评价高粱抗旱性方法的建立 [J]. 作物学报，45（11）：1735-1745.

张宇，赵丽丽，2023. 创业政策汇编 [M]. 天津：天津大学出版社.

张悦，2018. "一带一路"背景下如何深化沈阳市国际科技合作体系建设 [J]. 经济师，6：159-160.

赵婧，张福耀，詹志杰，等，2011. 高粱酿造品质性状配合力分析 [J]. 中国农学通报，27（33）：44-47.

中国生物化学与分子生物学会，2023. 中国科协学科发展预测与技术路线图系列报告——生物化学与分子生物学学科路线图 [M]. 北京：中国科学技术出版社.

中华人民共和国科学技术部，2017. 中国科技人才发展报告（2016）[M]. 北京：科学技术文献出版社.

周腰华，李蔚青，张淼，等，2017. 中国高粱贸易与美国高粱生产成本收益分析 [J]. 浙江农业学报，29（9）：1589－1594.

周瑜，李泽碧，黄娟，等，2021. 高粱种质资源表型性状的遗传多样性分析 ［J］. 植物遗传资源学报，22（3）：654－664.

周紫阳，李光华，王江红，等，2008. 我国高粱品质改良研究 ［J］ 杂粮作物，28（6）：353－356.

朱振兴，张丽霞，李金红，等，2022. 高粱生物育种进展与展望 ［J］. 中国基础科学，24（4）：42－52.

朱志华，李为喜，刘方，等，2003. 高粱种质资源主要品质性状鉴定与评价 ［J］. 植物遗传资源学报，4（4）：326－330.

邹剑秋，2010. 加快高粱体系建设促进高粱产业发展 ［J］. 农业技术与装备，17：6－9.

邹剑秋，2012. 产业体系助力高粱香飘大地 ［J］. 农业技术与装备，10：18－19.

邹剑秋，2020. 高粱育种与栽培技术研究新进展 ［J］. 中国农业科学，53（14）：2769－3773.

邹剑秋，2020. 加强高粱应用技术研究，助力高粱产业发展 ［J］. 山西农业大学学报（自然科学版），3：1.

邹剑秋，2020. 辽宁省农业科学院高粱育种与栽培团队 ［J］. 山西农业大学学报（自然科学版），40（3）：129.

Belton P S，Delgadillo I，Halford N G，et al.，2006. Kafirin structure and functionality ［J］. Journal of Cereal Science，44（3）：272－286.

Chubb I G，1982. Anti-nutritional Factors in Animal Feedstuff ［J］. Studies in the Agricultural and Food Sciences：21－37.

D' Mello P M，Jadhav M A，Jolly C L，2000. Free radical scavenging activity of *Syzygium cumini* and *Ficus bengalensis* － Plants used in ayurveda for diabetes mellitus ［J］. Indian Drugs，37（11）：518－520.

Deosthale，Nagarajan Y G，Rao V，et al.，1972. Some factors influencing the nutrient composition of sorghum grain ［J］. Indian J Agric Sci，42：100－108.

Ebadi M R，Sedghi M，Golian A，et al.，2011. Prediction of the true digestible amino acid contents from the chemical composition of sorghum grain for poultry ［J］. Poultry Sci.，90（10）：2397－2401.

Harlan J R，de Wet J M J，1972. A simplified classification of cultivated sorghum ［J］. Crop Science，12：172－176.

ICRISAT，2012. Sorghum ［*Sorghum bicolor*（L.）Moench］ current status ［EB/OL］. http：//www. icrisat. org/what-we-do/crop/sorghum/Project1/pfirst. asp.

Ithal N，Recknor J，Nettleton D，et al.，2007. Developmental transcript profiling of cyst nematode feeding cells in soybean roots ［J］. Molecular Plant-Microbe Interactions，20（5）：510－525.

Jaradat M R，Feurtado J A，Huang D，et al.，2013. Multiple roles of the transcription factor

AtMYBR1/AtMYB44 in ABA signaling, stress responses, and leaf senescence [J]. BMC Plant Biology, 13: 192.

Jiang M J, Yamamoto E, Yamamoto T, et al., 2019. Mapping of QTLs associated with lodging resistance in rice (*Oryza sativa* L.) using the recombinant inbred lines derived from two high yielding cultivars, Tachisugata and Hokuriku 193 [J]. Plant Growth Regulation, 87 (2): 267 – 276.

Jung C, Seo J S, Han S W, et al., 2008. Overexpression of AtMYB44 enhances stomatal closure to confer abiotic stress tolerance in transgenic *Arabidopsis* [J]. Plant Physiology, 146 (2): 623 – 635.

Jung C, Shim J S, Seo J S, et al., 2010. Non-specific phytohormonal induction of AtMYB44 and uppression of jasmonate-responsive gene activation in Arabidopsis thaliana [J]. Molecules and Cells, 29 (1): 71 – 76.

Loolhart G L, Bean S R, 2000. Cereal protein: composition of their major fractions and methods for identification [C] //Kulp K, Ponte J G. Handbook of Cereal Science and Technology. New York: Dekker: 363 – 384.

Lu Q S, Dalhberg J A, 2001. Chinese sorghum genetic resources [J]. Econ Bot, 55 (3): 401 – 425.

Neucere N J, Sumrell G, 1979. Protein fractions from five varieties of grain sorghum: amino acid composition and solubility properties [J]. Journal of Agricultural and Food Chemistry, 27 (4): 809 – 812.

Plucknett D L, Anishetty N M, 1987. Global Crop Resources [J]. Science, 236: 617 – 618.

Purseglove J W, 1972. Monocotyledons [M]. Longman Group Ltd., London.

Rashwan A K, Yones H A, Karim N, et al., 2021. Potential processing technologies for developing sorghum-based food products: An update and comprehensive review [J]. Trends in Food Science & Technology, 110 (4): 168 – 182.

Ritter K B, Mcintye C L, Godwin I D, et al., 2007. An assessment of the genetic relation between sweet and grain sorghum within *Sorghum bicolor* ssp. *bicolor* (L.) Moench using AFLP [J]. Euphytica, 157: 161 – 176.

Rosenow D T, Dalhberg J A, 2000. Collection conversion and utilization of sorghum [J]. Wiley series in crop science: 309 – 328.

Subramanian A R, 1984. Structure and functions of the largest *Escherichia* coli ribosomal protein [J]. Trends in biochemical sciences, 9 (11): 491 – 494.

Tanner J C, Reed J D, Owen E, 1990. The Nutritive Value of Fruits (Pods with Seeds) from Four *Acacia* spp. Compared with Noug (*Guizotia abysriniea*) Meal as Supplements to Maize Stover for Ethiopian High land Sheep [J]. Animal Production, 51: 127 – 133.

Wang M L, Zhu C S, Barkley N A, et al. , 2009. Genetic diversity and population structure analysis of accessions in the U S historic sweet sorghum collection [J]. Theoretical and Applied Genetics, 9: 1155 – 1165.

Watterson J J, Shull J M, Kirleis A W, 1993. Quantitation of α -, β -, and γ - kafirins in vitreous and opaque endosperm of sorghum bicolor [J]. Cereal Chemistry, 70 (4): 452 – 457.

Wendorf F C, et al. , 1992. Saharan exploitation of plants 8,000 years BP [J]. Nature, 359 (10): 721 – 724.

图书在版编目（CIP）数据

中国高粱产业技术路线图研究 / 党德宣等著.
北京：中国农业出版社，2025. 2. -- ISBN 978-7-109
-33137-2

Ⅰ. F326.11

中国国家版本馆 CIP 数据核字第 202501KH50 号

中国农业出版社出版

地址：北京市朝阳区麦子店街 18 号楼
邮编：100125
责任编辑：肖　邦　王金环
版式设计：王　晨　　责任校对：赵　硕
印刷：北京中兴印刷有限公司
版次：2025 年 2 月第 1 版
印次：2025 年 2 月北京第 1 次印刷
发行：新华书店北京发行所
开本：700mm×1000mm　1/16
印张：20
字数：338 千字
定价：130.00 元